我的名著阅读笔记2 上

WO DE MINGZHU YUEDU BIJI

主编——黄菲

湖南大学出版社·长沙

图书在版编目（CIP）数据

我的名著阅读笔记.2：上、下/黄菲主编. —长沙：湖南大学出版社，2022.12
ISBN 978-7-5667-2790-9

Ⅰ.①我… Ⅱ.①黄… Ⅲ.①阅读课-中小学-教学参考资料 Ⅳ.①G634.333

中国版本图书馆 CIP 数据核字（2022）第 240539 号

我的名著阅读笔记 2：上、下
WO DE MINGZHU YUEDU BIJI 2：SHANG、XIA

策　　划：《时代邮刊》
主　　编：黄　菲
撰　　稿：张　琼　奚在银　胡晨曦　刘一苇　等
责任编辑：邹　彬　全　健
印　　装：湖南鑫成印刷有限公司
开　　本：880 mm×1230 mm　1/32
印　　张：14.375　　　　　　　字　　数：326 千字
版　　次：2022 年 12 月第 1 版　印　　次：2022 年 12 月第 1 次印刷
书　　号：ISBN 978-7-5667-2790-9
定　　价：60.00 元

出 版 人：李文邦
出版发行：湖南大学出版社
社　　址：湖南·长沙·岳麓山　　邮　　编：410082
电　　话：0731-88822559(营销部),88820008(编辑室),88821006(出版部)
传　　真：0731-88822264(总编室)
网　　址：http://www.hnupress.com
电子邮箱：437291590@qq.com

《我的名著阅读笔记》特约编委

少年，现在是你读名著的时间了

少年人，你得知道，无论人类文明发展到何种程度，我们出生的时候，依然跟一只猴子差不多。几十万年的文明成果，很少会附载在基因里，成为我们的遗传天赋。换句话说，基因能携带的，只是我们的生物属性。所以，一出生，我们会哭会笑，但我们绝不会说话唱歌。

社会文明程度越高，对刚出生的婴儿来说，这个社会就越陌生。而太陌生的东西，只会让我们既无热情，也无兴趣，更不会孜孜以求。正因为这样，我们需要一个摆渡者，把基因记忆尚处在莽荒中的一只只懵懂小猴，摆渡到文明的彼岸。这个摆渡者，就是文学。

从儿歌开始，文学就以它的魅力，让婴儿对文明社会的好奇，多于对山林生活的向往。文学是人性萌发的第一缕阳光。是文学让我们心甘情愿去掉身上某些已不被现代文明所容忍的自然属性，比如不受约束的冲动、毫无节制的狂野；也是文学，让我们非常乐意将身上的社会属性一点点加浓染深，去接受文明的诸多成果和无数规制。世界的丰富多彩，最初的我们，其实并不知晓，是文学生动形象的渲染、推心置腹的描摹，才让我们神往、倾心于这个奇妙的世界。我们最初所知的这个活色生香的世界，是文学语言营造出来的。

每个阶段，文学都有自己的使命与情怀，吸引着我们一步步进入文明的"藕花深处"，让我们不但"与有荣焉"，还想参与进来，续以薪火。

少年人，现在是你读文学名著的时间了。

在这个年序，你对世界已经有一定了解；对斑斓的人类文明，也想进一步探求。你很想告诉身边亲友，甚至全世界，你的所思所想。你渴望喊出自己的声音，将一个独一无二的自我，标识在天地和众生之间。

　　然而你做不到。你羡慕别人流畅的文笔，自己却如茶壶里煮饺子，满肚子货倒不出。你还不具备用文字精准表达内心的能力，你也没有形成自己的叙事风格。你捉襟见肘的知识储备，也会让你在叙述的途中困难重重。

　　少年人，要想达成所愿，你得去精读大量名著。现在正是你文学阅读的黄金期，也是文学名著影响个人的最佳期，简直是花月春风的完美匹配。

　　这个年龄，你若专门去读历史、哲学、人类学、社会学、心理学、艺术学、经济学、政治学，会感觉很吃力。你需要一层知识的糖衣。而文学名著中优美的文字、曲折的故事和热烈的情感，就可以当作糖衣。它蕴藏着你所需的知识，像随风潜入夜的春雨，丰富你的头脑，滋养你的精神，最后成为任你随意调动的思维精灵。

　　更重要的是，少年时代正是培养我们独特语感和叙事风格的最佳时节。我们借鉴文学名著，是想找到自己的表达密码，形成一种与自己气质匹配的语言，让读者迷醉在我们用文字制造的幻境中。并且，我们还能从名著中学习主题规划、结构编排、细节描写、人性剖析……而成年之后，形成了自己的叙事风格，即便是有志于用文字来立身的人，也很难再从名著中寻找到语言的共鸣。

　　青春年少遇上文学名著，是何等幸运、何等美好的机缘。少年人，请珍惜时间，珍惜阅读，也珍惜你遇到的这本和你一起赏析名著、拓展名著的《我的名著阅读笔记》。

谢宗玉

目 录

CONTENTS

一 **骆驼祥子**

1 导　　读 / 002

2 阅读计划 / 003

3 作者名片 / 004

4 名著概要 / 005

5 原文节选 / 014

6 名著赏析 / 024

【结构篇】拼尽了全力，却用潦草了却这一生 / 024

【人物篇】祥子：活生生地死去 / 032

虎妞：剥削者也被剥削 / 034

小福子：软弱可欺的大杂院女性 / 037

刘四爷：一个典型的剥削阶级人物 / 038

曹先生：旧社会里难得的光 / 039

高妈：找到旧社会生存方式 / 040

孙排长：恶势力的代表 / 041

【句子篇】名句赏析 / 042

7 拓展阅读 / 047

《龙须沟》：新中国老百姓的生活巨变 / 047

名家笔下的"车夫" / 054

六位影响中国现代文坛的作家 / 057

8 考点速记 / 072

9 阅读笔记 / 076

二 创业史

1 导　　读 / 078

2 阅读计划 / 079

3 作者名片 / 080

4 名著概要 / 081

5 原文节选 / 100

6 名著赏析 / 111

【背景篇】柳青与《创业史》/ 111

【内容解读篇】"瓜娃"梁生宝的创业史 / 116

【人物篇】 梁生宝：时代先进者的符号 / 119

梁三老汉：倔强但讲理的老派农民 / 122

徐改霞：女性意识的觉醒与奋斗 / 123

郭振山：一个自私又矛盾的人 / 125

【句子篇】 佳句赏析 / 127

7　拓展阅读 / 130

《太阳照在桑干河上》：具有创造性的史诗般的作品 / 130

《平凡的世界》：历尽千辛万苦创造生活之蜜 / 132

《大江大河》：致敬改革开放时代的奋斗者 / 133

《鸡毛飞上天》：中国故事里的创业精神 / 134

六部值得推荐的"高燃"创业影片 / 137

8　考点速记 / 142

9　阅读笔记 / 144

三　银河帝国：基地

1　导　　读 / 146

2　阅读计划 / 147

3　作者名片 / 148

4　名著概要 / 149

5　原文节选 / 156

6 名著赏析 / 176

　　【内容解读篇】科幻之下的人类史 / 176

　　【词语篇】读《基地》必须掌握的九个关键词 / 187

　　【艺术篇】科学理性之美、历史哲思之光 / 193

　　【句子篇】经典名句 / 198

7 拓展阅读 / 200

　　影响世界历史进程的科幻小说 / 200

　　值得一看的高分科幻电影 / 204

　　元宇宙究竟是什么 / 210

　　机器人技术发展到了什么程度 / 214

8 考点速记 / 217

9 阅读笔记 / 218

骆驼祥子

◎ 钱会把人引进恶劣的社会中去，把高尚的理想撇开，而甘心走入地狱中去。

◎ 最伟大的牺牲是忍辱，最伟大的忍辱是预备反抗。

◎ 其实，雨并不公道，因为下落在一个没有公道的世界上。

1 导 读

　　一个曾经善良淳朴、正直诚实的人，最后因为时代的捉弄沦为社会垃圾；一个曾经勤劳坚韧、充满希望的人，最后因为无尽的绝望堕落为"末路鬼"：这就是老舍笔下的骆驼祥子，一个饱尝痛苦的苦命人。

名师读名著

　　《骆驼祥子》① 以 20 世纪 20 年代末的北平为背景，那是一个黑暗、混乱、多灾多难的年代。新旧军阀连年不断地进行争权夺势的战争，城市买办阶级、乡村豪绅阶级对工农阶层的经济剥削和政治压迫，特别是 1929 年资本主义世界经济危机的影响和自然灾害的不断发生，不仅加剧了中国民族工商业的破产，也加速了中国农村经济的破产。成批的破产农民为了谋求生路纷纷涌入城市。小说中的祥子正是这千百万破产农民中的一个。

　　《骆驼祥子》是一部优秀的现实主义小说。小说深刻揭露了旧中国的黑暗，控诉了统治阶级对劳动者的剥削、压迫，表达了作者老舍对劳动人民的深切同情，向人们展示了军阀混战、黑暗统治下的北京底层贫苦市民，生活于痛苦深渊中的图景。

---

　　① 《骆驼祥子》，老舍著，北京：人民文学出版社，1962 年 11 月第 2 版，2021 年 5 月第 16 次印刷。

2 阅读计划

篇幅：24 章，18.2 万字。

阅读时间：每天半小时，两周读完。

要求：

1. 通读全书。通过梳理祥子的三起三落，了解祥子的悲剧命运。

2. 人物解读。解读书中人物的性格特征与行为，了解这些人物在祥子的命运中起到什么样的作用。

3. 自主查阅资料。了解作者老舍、作品创作背景，认识《骆驼祥子》的艺术价值，并写下阅读笔记。

3 作者名片

老舍（1899—1966），原名舒庆春，字舍予，北京人。

中国现代作家、语言大师、北京人民艺术剧院编剧，新中国第一位获得"人民艺术家"称号的作家。代表作有小说《骆驼祥子》《四世同堂》，剧本《茶馆》等。

1913年，考取公费的北京师范学校。1918年毕业，被派到方家胡同小学当校长。

1926年，在《小说月报》上连载长篇小说《老张的哲学》，第1期署名"舒庆春"，第2期起改为"老舍"。1932年，创作《猫城记》，并在《现代》杂志连载。此后几年，陆续创作了《离婚》和《月牙儿》等在中国现代文学史上具有重要地位的作品。

1934年，任山东大学文学系教授。1936年，辞去教授一职专心从事写作；同年，《骆驼祥子》在《宇宙风》连载。

1938年，被选为中华全国文艺界抗敌协会总务部主任，主持"文协"工作。

1957年，剧本《茶馆》发表于《收获》第1期。

4 名著概要

第一章

祥子本来生长在乡间，后来失去了父母和几亩薄田，十八岁时跑到北平做工。他的梦想就是凭借自己的努力拥有一辆属于自己的人力车，通过个人奋斗走向生命的成功。祥子年轻壮实，善良淳朴，虽然沉默、木讷，却不失为一个可爱的人。他用了三年时间，凭借自己的努力，买上了第一辆人力车——他的理想人生拉开了序幕。

第二章

战火的蔓延使得整个北平人心惶惶，祥子却不大关心这些。一次，祥子为了多赚点钱，拉客人去了危险地带，结果被无理的乱兵拉去充军。他在军营里干各种活，车也不明不白地没了。祥子跟着军队走，又趁乱偷偷地逃了。

第三章

祥子逃跑时顺手牵走了部队里的三匹骆驼，当作对自己丢了车的补偿。他拉着骆驼艰难地往北平走，途中路过一个小村子。他乞求一位老者买下骆驼，最终用三匹骆驼换了三十五块大洋。带着又可以买车的新希望，祥子再次上路了。

第四章

祥子回到北平，在海甸的一家小店住了三天，梦话或胡话中道出了他与骆驼的关系，被别人听了去，醒来后得了个"骆驼祥子"的绰号。他花了些钱将自己捯饬了一下，又再次干起了拉车的营生。他将家安在刘四爷的人和车厂，将剩下的三十块大洋交给刘四爷保管，希望有一天攒够了买车的钱，再去买车。祥子还送了刘四爷一包洋火。

第五章

"骆驼祥子"的外号悄悄传开，大家都以为祥子发了邪财。祥子对丢车的事始终耿耿于怀，他还是一心一意想自己买车。为了买车，祥子饭里茶里地自苦，风里雨里地卖命。刘四爷的女儿虎妞对祥子表现出了特别的关爱，而刘四爷暗地里看着心里却不怎么满意。祥子在杨宅拉上了包月，可这家人异常刻薄，拼命使唤祥子，令祥子身心疲惫。终于，在一次受辱后，祥子拿了四天的工钱，挺着硬骨头离开了。

第六章

离开了杨宅的祥子有点懊恼，也有点无所适从，无奈之下他只得回到人和车厂。虎妞趁机诱惑了祥子，祥子在酒精的作用下糊里糊涂办下错事。第二天醒来，祥子感到羞愧、难过，不知所措，竭力想忘记自己和虎妞的关系，却做不到。在西安门，祥子碰到了原来的主顾曹先生，他在曹宅拉上了包月。

第七章

祥子去了曹宅，也有着躲避虎妞的想法。他想着最近几个月发生的事，心里特别苦闷。曹先生和曹太太待人非常和气，祥子在曹家吃得好、睡得好，感受到了温暖的人情味。一次，祥子在拉车的时候不小心摔了曹先生，愧疚不已时，曹宅众人不但没责怪他还安慰他，让祥子从烦闷中逐渐恢复过来。

第八章

曹宅女仆高妈的一套金钱哲学，令祥子十分佩服。高妈劝祥子把钱放出去投资或存银行，祥子均无动于衷，一心一意只想靠拉车攒钱买上车。年节将近，祥子想着要给刘四爷买点礼物，好取回自己那三十块大洋。

第九章

虎妞突然出现在曹宅门前。她谎称自己怀了祥子的孩子，出主意要祥子趁着刘四爷生日那天去给他磕三个头，转过年来，去拜年时再认刘四爷做干爹，她好顺理成章跟祥子结婚，继承刘四爷的车厂。祥子就这样糊里糊涂落进了虎妞的陷阱。

他觉得生活变得灰暗而痛苦，只能借酒消愁。

第十章

祥子盘算起和虎妞的这一场闹剧，躲不开，可是若娶虎妞又不甘心。他也知道玩心眼自己不是虎妞的对手，因此感到委屈，又一次觉得被命运捉弄。为等曹先生，祥子来到小茶馆。在这里他遇到了车夫老马，祥子同情他，给快要饿死的老马买了包子。老马的命运刺激了祥子，他开始对靠个人奋斗摆脱贫穷的信念产生怀疑。

第十一章

祥子拉曹先生回家的路上被侦探跟踪，曹先生躲进了左宅，而祥子在躲藏的过程中却发现侦探就是当年抓自己进军营的孙排长。孙排长借机要挟祥子，要他交出所有的积蓄保命，祥子只得从命。茫茫大雪中，祥子觉得前途也一样的茫茫，第二次买车的希望成了泡影。

第十二章

祥子茫然地走回曹宅，到隔壁王家和车夫老程凑合了一晚。曹府为何遭此横祸？曹先生是个社会主义者，曹先生有个学生叫阮明，原来爱和他一起谈论社会、革命，但在学业等方面意见相左；阮明因功课太差被退学，就想把曹先生也拉下马……于是祥子就倒霉地碰上了这件事。晚上祥子琢磨来琢磨去，推醒老程要他证明自己没拿曹家一分一毫。

第十三章

一早起来，祥子给曹宅扫了雪就再去寻曹先生一家，得知曹先生早已离开了北平，祥子又一个希望破灭。钱丢了，相处融洽的人也走了，祥子无奈之下又回到了刘四爷的车厂。因为与虎妞的关系，祥子心里总觉得噎着一块，心里堵。刘四爷大寿，祥子没少出力，虎妞在刘四爷耳边吹着风，大伙也都看了出来：虎妞相中了祥子。

第十四章

刘四爷的寿辰很热闹，可他看着别人家的女眷小孩，想到自己没有儿子，心里很不舒服。而这天早上，车夫们拿祥子开玩笑，说他将来必得继承刘四爷的车厂。刘四爷听了，琢磨过来虎妞的意思，到了晚上把白天积攒的气儿一股脑地对着虎妞发了出来。虎妞眼看戏已没法唱，索性把一切都抖搂出来，说她怀了祥子的孩子并决定跟祥子走。父女俩吵得不可开交。

第十五章

虎妞和刘四爷大闹一场后，借着劲儿就和祥子结了婚，此时祥子才知道虎妞"怀"的不过是个枕头，他的天又黑了一半。祥子现在非常嫌弃自己，因为虎妞，他觉得一辈子不顺心，一辈子抬不起头见人。虎妞想要祥子带她出去玩玩，祥子不肯去，想再拉车赚钱。虎妞给祥子出主意：等快把钱花完时再去找刘四爷，毕竟那是她爸。

第十六章

虎妞利用管理人和车厂时藏下来的私房钱把祥子养在家里，她自己也吃好的喝好的，大把花钱，看不到同院里其他人的疾苦。祥子不同，他有自己的打算，过了元宵节，他又拉上了车。路过人和车厂，祥子发现厂子变了样儿。

第十七章

刘四爷卖了车厂，拿着钱享福去了，虎妞心里着了慌，便拿出一百块大洋让祥子去买车。大杂院的二强子把女儿小福子卖给了一个军官，换了钱后挥霍一阵又买了车准备自己干。可他生性好吃懒做，买卖没做起来，他于是琢磨着把车卖了。虎妞趁着便宜价买了二强子的车，祥子对这车虽说不十分满意，可也这么一直拉着。四月半小福子又回到了大杂院，军官丈夫把她扔了。为了养家，小福子干起了暗娼，虎妞则主动借房给她从中获利。

第十八章

虎妞真的怀了孕，祥子早出晚归躲着她。二强子因为小福子干的营生觉得丢脸，可也不阻拦，喝醉了酒就骂小福子，只有虎妞能对付他。北平的六月热得人发昏，吃不下饭，而且天气说变就变，突然就是一阵暴雨。祥子艰难地拉着车，因为淋了雨，冷热交加，不久就病了。

第十九章

祥子病了一个月，还未完全康复就拉上了车，结果再次病倒，怎么也好不了。祥子病了，在家休养，小福子就失去了干营生的地方，只好降价在自己家里干。虎妞身体已经不大方便活动，见小福子不常来看自己便生了气，经常让小福子难堪。小福子给虎妞跪了下来。经过一番折腾，虎妞还是给小福子提供房子。虎妞越来越接近生产，便使唤小福子做饭菜，吃喝上一点不对自己怠慢，结果难产而死。

第二十章

祥子卖车葬了虎妞，他心里积压的苦楚也快到了不能承受的地步，此时小福子给了他希望，小福子愿意与他同甘共苦。二强子不干，小福子也没法说什么，毕竟她还有家。祥子也不敢要小福子，因为他无力养活小福子的酒鬼爸爸和两个年幼的弟弟。祥子不再相信拉车能过上好日子，渐渐往堕落里走。他再次拉上了包月，在夏家。他厌恶那家人，尤其是夏太太，她身上藏着虎妞般的恶毒与厉害。

第二十一章

祥子心里总想着夏太太的诱惑，仿佛她是欲擒故纵，又仿佛她根本没那意思。祥子最终还是和夏太太发生了关系，且因为夏太太染上了病。回到车厂，祥子身上的那点正气再也没有了。祥子堕落了，抽烟、耍坏、犯懒，对车也不再爱惜。一次拉车，祥子碰到了刘四爷。刘四爷问祥子女儿虎妞的下落，祥子说死了，也没告诉他埋在哪里，就这么甩头走了。

第二十二章

对刘四爷出了口恶气，祥子的心又痛快了。他要让那些恶人都死，而自己得要强地活着，他的身上又有了活力与生机。他又重新找到了曹宅，曹先生答应祥子还让他拉包月，而且愿意让小福子在曹宅做女仆。祥子觉得生命又有了希望，他又从死里活了过来。可小福子已经不在大杂院了。祥子又一次心灰意冷，他回到车厂，借烟酒消愁。

第二十三章

祥子失魂落魄地在街上游荡，遇到了老马，他的孙子小马儿已经死了。老马感叹，一辈子做车夫就是死路一条，穷人活该死，再要强也没用。老马建议祥子去白房子（城郊妓院）找小福子。祥子在白房子得知了小福子上吊自杀的消息，他的心彻底沉到了谷底。他所有的希望都破灭了，再也没了生活的希望。不能要强就只有使劲儿地堕落。祥子开始吃喝嫖赌，开始跟人借钱甚至骗钱，他成了一个低等车夫、一个无赖。

第二十四章

祥子为了赚钱用了所有阴狠的坏招，最终他出卖了阮明——一个在政治上投机倒把因而过得春风得意的小人。祥子也不再拉车，什么来钱快他干什么，可是从来不出力。在祥子心里，什么事都是"那么回事"，有便宜他不能不占。祥子最终混成了个人主义的末路鬼。

5 原文节选

第一章

我们所要介绍的是祥子，不是骆驼，因为"骆驼"只是个外号；那么，我们就先说祥子，随手儿把骆驼与祥子那点关系说过去，也就算了。

北平的洋车夫有许多派：年轻力壮，腿脚灵利的，讲究赁漂亮的车，拉"整天儿"，爱什么时候出车与收车都有自由；拉出车来，在固定的"车口"或宅门一放，专等坐快车的主儿；弄好了，也许一下子弄个一块两块的；碰巧了，也许白耗一天，连"车份儿"也没着落，但也不在乎。这一派哥儿们的希望大概有两个：或是拉包车；或是自己买上辆车，有了自己的车，再去拉包月或散座就没大关系了，反正车是自己的。

比这一派岁数稍大的，或因身体的关系而跑得稍差点劲的，或因家庭的关系而不敢白耗一天的，大概就多数的拉八成新的车；人与车都有相当的漂亮，所以在要价儿的时候也还能保持住相当的尊严。这派的车夫，也许拉"整天"，也许拉"半天"。在后者的情形下，因为还有相当的精气神，所以无论冬天夏天总是"拉晚儿"。夜间，当然比白天需要更多的留神与本事；钱自然也多挣一些。

年纪在四十以上，二十以下的，恐怕就不易在前两派里有个地位了。他们的车破，又不敢"拉晚儿"，所以只能早早的出车，希望能从清晨转到午后三四点钟，拉出"车份儿"和自己的嚼谷。他们的车破，跑得慢，所以得多走路，少要钱。到瓜市，果市，菜市，去拉货物，都是他们；钱少，可是无须快跑呢。

在这里，二十岁以下的——有的从十一二岁就干这行儿——很少能到二十岁以后改变成漂亮的车夫的，因为在幼年受了伤，很难健壮起来。他们也许拉一辈子洋车，而一辈子连拉车也没出过风头。那四十以上的人，有的是已拉了十年八年的车，筋肉的衰损使他们甘居人后，他们渐渐知道早晚是一个跟头会死在马路上。他们的拉车姿式，讲价时的随机应变，走路的抄近绕远，都足以使他们想起过去的光荣，而用鼻翅儿扇着那些后起之辈。可是这点光荣丝毫不能减少将来的黑暗，他们自己也因此在擦着汗的时节常常微叹。不过，以他们比较另一些四十上下岁的车夫，他们还似乎没有苦到了家。这一些是以前绝没想到自己能与洋车发生关系，而到了生和死的界限已经不甚分明，才抄起车把来的。被撤差的巡警或校役，把本钱吃光的小贩，或是失业的工匠，到了卖无可卖，当无可当的时候，咬着牙，含着泪，上了这条到死亡之路。这些人，生命最鲜壮的时期已经卖掉，现在再把窝窝头变成的血汗滴在马路上。没有力气，没有经验，没有朋友，就是在同行的当中也得不到好气儿。他们拉最破的车，皮带不定一天泄多少次气；一边拉着人还得一边儿央求人家原谅，虽然十五个大铜子儿已经算是甜买卖。

此外，因环境与知识的特异，又使一部分车夫另成派别。生于西苑海甸的自然以走西山，燕京，清华，较比方便；同样，在安定门外的走清河，北苑；在永定门外的走南苑……这是跑长趟的，不愿拉零座；因为拉一趟便是一趟，不屑于三五个铜子的穷凑了。可是他们还不如东交民巷的车夫的气儿长，这些专拉洋买卖的讲究一气儿由交民巷拉到玉泉山，颐和园或西山。气长也还算小事，一般车夫万不能争这项生意的原因，大半还是因为这些吃洋饭的有点与众不同的知识，他们会说外国话。英国兵，法国兵，所说的万寿山，雍和宫，"八大胡同"，他们都晓得。他们自己有一套外国话，不传授给别人。他们的跑法也特别，四六步儿不快不慢，低着头，目不旁视的，贴着马路边儿走，带出与世无争，而自有专长的神气。因为拉着洋人，他们可以不穿号坎，而一律的是长袖小白褂，白的或黑的裤子，裤筒特别肥，脚腕上系着细带；脚上是宽双脸千层底青布鞋；干净，利落，神气。一见这样的服装，别的车夫不会再过来争座与赛车，他们似乎是属于另一行业的。

有了这点简单的分析，我们再说祥子的地位，就像说——我们希望——一盘机器上的某种钉子那么准确了。祥子，在与"骆驼"这个外号发生关系以前，是个较比有自由的洋车夫，这就是说，他是属于年轻力壮，而且自己有车的那一类：自己的车，自己的生活，都在自己手里，高等车夫。

这可绝不是件容易的事。一年，二年，至少有三四年；一滴汗，两滴汗，不知道多少万滴汗，才挣出那辆车。从风里雨里的咬牙，从饭里茶里的自苦，才赚出那辆车，那辆车是他的一切挣扎与困苦的总结果与报酬，像身经百战的武士的一颗徽章。在他赁人家的车的时候，他从早到晚，由东到西，由南到北，像被人家抽着转的陀螺；他没有自己。可是在这种旋转之中，他的眼并没有花，心并没有乱，他老想着远远的一辆车，可以使他自由，独立，像自己的手脚的那么一辆车。有了自己的车，他可以不再受拴车的人们的气，也无须敷衍别人，有自己的力气与洋车，睁开眼就可以有饭吃。

他不怕吃苦，也没有一般洋车夫的可以原谅而不便效法的恶习，他的聪明和努力都足以使他的志愿成为事实。假若他的环境好一些，或多受着点教育，他一定不会落在"胶皮团"里，而且无论是干什么，他总不会辜负了他的机会。不幸，他必须拉洋车；好，在这个营生里他也证明出他的能力与聪明。他仿佛就是在地狱里也能作个好鬼似的。生长在乡间，失去了父母与几亩薄田，十八岁的时候便跑到城里来。带着乡间小伙子的足壮与诚实，凡是以卖力气就能吃饭的事他几乎全作过了。可是，不久他就看出来，拉车是件更容易挣钱的事；作别的苦工，收入是有限的；拉车多着一些变化与机会，不知道在什么时候与地点就会遇到一些多于所希望的报酬。自然，他也晓得这样的机遇不完全出于偶然，而必须人与车都得漂亮精神，有货可卖才能遇到识货的人。想了一想，他相信自己有那个资格：他有力气，年纪正轻；所差的是他还没有跑过，与不敢一上手就拉漂亮的车。但这不是不能胜过的困难，有他的身体与力气作基础，他只要试验个十天半月的，就一定能跑得有个样子，然后去赁辆新车，说不定很快的就能拉上包车，然后省吃俭用的一年二年，即使是三四年，他必能自己打上一辆车，顶漂亮的车！看着自己的青年的肌肉，他以为这只是时间的问题，这是必能达到的一个志愿与目的，绝不是梦想！

他的身量与筋肉都发展到年岁前边去；二十来岁，他已经很大很高，虽然肢体还没被年月铸成一定的格局，可是已经像个成人了——一个脸上身上都带出天真淘气的样子的大人。看着那高等的车夫；他计划着怎样杀进他的腰去，好更显出他的铁扇面似的胸，与直硬的背；扭头看看自己的肩，多么宽，多么威严！杀好了腰，再穿上肥腿的白裤，裤脚用鸡肠子带儿系住，露出那对"出号"的大脚！是的，他无疑的可以成为最出色的车夫；傻子似的他自己笑了。

他没有什么模样，使他可爱的是脸上的精神。头不很大，圆眼，肉鼻子，两条眉很短很粗，头上永远剃得发亮。腮上没有多余的肉，脖子可是几乎与头一边儿粗；脸上永远红扑扑的，特别亮的是颧骨与右耳之间一块不小的疤——小时候在树下睡觉，被驴啃了一口。他不甚注意他的模样，他爱自己的脸正如同他爱自己的身体，都那么结实硬棒；他把脸仿佛算在四肢之内，只要硬棒就好。是的，到城里以后，他还能头朝下，倒着立半天。这样立着，他觉得，他就很像一棵树，上下没有一个地方不挺脱的。

他确乎有点像一棵树，坚壮，沉默，而又有生气。他有自己的打算，有些心眼，但不好向别人讲论。在洋车夫里，个人的委屈与困难是公众的话料，"车口儿"上，小茶馆中，大杂院里，每人报告着形容着或吵嚷着自己的事，而后这些事成为大家的财产，像民歌似的由一处传到一处。祥子是乡下人，口齿没有城里人那么灵便；设若口齿伶俐是出于天才，他天生来的不愿多说话，所以也不愿学着城里人的贫嘴恶舌。他的事他知道，不喜欢和别人讨论。因为嘴常闲着，所以他有工夫去思想，他的眼仿佛是老看着自己的心。只要他的主意打定，他便随着心中所开开的那条路儿走；假若走不通的话，他能一两天不出一声，咬着牙，好似咬着自己的心！

　　他决定去拉车，就拉车去了。赁了辆破车，他先练练腿。第一天没拉着什么钱。第二天的生意不错，可是躺了两天，他的脚脖子肿得像两条瓠子似的，再也抬不起来。他忍受着，不管是怎样的疼痛。他知道这是不可避免的事，这是拉车必须经过的一关。非过了这一关，他不能放胆的去跑。

　　脚好了之后，他敢跑了。这使他非常的痛快，因为别的没有什么可怕的了；地名他很熟习，即使有时候绕点远也没大关系，好在自己有的是力气。拉车的方法，以他干过的那些推，拉，扛，挑的经验来领会，也不算十分难。况且他有他的主意：多留神，少争胜，大概总不会出了毛病。至于讲价争座，他的嘴慢气盛，弄不过那些老油子们。知道这个短处，他干脆不大到"车口儿"上去；哪里没车，他放在哪里。在这僻静的地点，他可以从容的讲价，而且有时候不肯要价，只说声："坐上吧，瞧着给！"他的样子是那么诚实，脸上是那么简单可爱，人们好像只好信任他，不敢想这个傻大个子是会敲人的。即使人们疑心，也只能怀疑他是新到城里来的乡下老儿，大概不认识路，所以讲不出价钱来。以至人们问道，"认识呀？"他就又像装傻，又像耍俏的那么一笑，使人们不知怎样才好。

　　两三个星期的工夫，他把腿溜出来了。他晓得自己的跑法很好看。跑法是车夫的能力与资格的证据。那撇着脚，像一对蒲扇在地上扇乎的，无疑的是刚由乡间上来的新手。那头低得很深，双脚蹭地，跑和走的速度差不多，而颇有跑的表示的，是那些五十岁以上的老者们。那经验十足而没什么力气的却另有一种方法：胸向内含，度数很深；腿抬得很高；一走一探头。这样，他们就带出跑得很用力的样子，而在事实上一点也不比别人快；他们仗着"作派"去维持自己的尊严。祥子当然决不采取这几种姿态。他的腿长步大，腰里非常的稳，跑起来没有多少响声，步步都有些伸缩，车把不动，使座儿觉到安全，舒服。说站住，不论在跑得多么快的时候，大脚在地上轻蹭两蹭，就站住了；他的力气似乎能达到车的各部分。脊背微俯，双手松松拢住车把，他活动，利落，准确；看不出急促而跑得很快，快而没有危险。就是在拉包车的里面，这也得算很名贵的。

他换了新车。从一换车那天，他就打听明白了，像他赁的那辆——弓子软，铜活地道，雨布大帘，双灯，细脖大铜喇叭——值一百出头；若是漆工与铜活含忽一点呢，一百元便可以打住。大概的说吧，他只要有一百块钱，就能弄一辆车。猛然一想，一天要是能剩一角的话，一百元就是一千天。一千天！把一千天堆到一块，他几乎算不过来这该有多么远。但是，他下了决心，一千天，一万天也好，他得买车！第一步他应当，他想好了，去拉包车。遇上交际多，饭局多的主儿，平均一月有上十来个饭局，他就可以白落两三块的车饭钱。加上他每月再省出个块儿八角的，也许是三头五块的，一年就能剩起五六十块！这样，他的希望就近便多多了。他不吃烟，不喝酒，不赌钱，没有任何嗜好，没有家庭的累赘，只要他自己肯咬牙，事儿就没有个不成。他对自己起下了誓，一年半的工夫，他——祥子——非打成自己的车不可！是现打的，不要旧车见过新的。

　　他真拉上了包月。可是，事实并不完全帮助希望。不错，他确是咬了牙，但是到了一年半他并没还上那个誓愿。包车确是拉上了，而且谨慎小心的看着事情；不幸，世上的事并不是一面儿的。他自管小心他的，东家并不因此就不辞他；不定是三两个月，还是十天八天，吹了；他得另去找事。自然，他得一边儿找事，还得一边儿拉散座；骑马找马，他不能闲起来。在这种时节，他常常闹错儿。他还强打着精神，不专为混一天的嚼谷，而且要继续着积储买车的钱。可是强打精神永远不是件妥当的事：拉起车来，他不能专心一志的跑，好像老想着些什么，越想便越害怕，越气不平。假若老这么下去，几时才能买上车呢？为什么这样呢？难道自己还算个不要强的？在这么乱想的时候，他忘了素日的谨慎。皮轮子上了碎铜烂瓷片，放了炮；只好收车。更严重一些的，有时候碰了行人，甚至有一次因急于挤过去而把车轴盖碰丢了。设若他是拉着包车，这些错儿绝不能发生；一搁下了事，他心中不痛快，便有点楞头磕脑的。碰坏了车，自然要赔钱；这更使他焦躁，火上加了油；为怕惹出更大的祸，他有时候懊睡一整天。及至睁开眼，一天的工夫已白白过去，他又后悔，自恨。还有呢，在这种时期，他越着急便越自苦，吃喝越没规则；他以为自己是铁作的，可是敢情他也会病。病了，他舍不得钱去买药，自己硬挺着；结果，病越来越重，不但得买药，而且得一气儿休息好几天。这些个困难，使他更咬牙努力，可是买车的钱数一点不因此而加快的凑足。

　　整整的三年，他凑足了一百块钱！

　　他不能再等了。原来的计划是买辆最完全最新式最可心的车，现在只好按着一百块钱说了。不能再等；万一出点什么事再丢失几块呢！恰巧有辆刚打好的车（定作而没钱取货的）跟他所期望的车差不甚多；本来值一百多，可是因为定钱放弃了，车铺愿意少要一点。祥子的脸通红，手哆嗦着，拍出九十六块钱来："我要这辆车！"铺主打算挤到个整数，说了不知多少话，把他的车拉出去又拉进来，支开棚子，又放下，按按喇叭，每一个动作都伴着一大串最好的形容词；最后还在钢轮条上踢了两脚，"听听声儿吧，铃铛似的！拉去吧，你就是把车拉碎了，要是钢条软了一根，你拿回来，把它摔在我脸上！一百块，少一分咱们吹！"祥子把钱又数了一遍："我要这辆车，九十六！"铺主知道是遇见了一个心眼的人，看看钱，看看祥子，叹了口气："交个朋友，车算你的了；保六个月：除非你把大箱碰碎，我都白给修理；保单，拿着！"

祥子的手哆嗦得更厉害了，揣起保单，拉起车，几乎要哭出来。拉到个僻静地方，细细端详自己的车，在漆板上试着照照自己的脸！越看越可爱，就是那不尽合自己的理想的地方也都可以原谅了，因为已经是自己的车了。把车看得似乎暂时可以休息会儿了，他坐在了水簸箕的新脚垫儿上，看着车把上的发亮的黄铜喇叭。他忽然想起来，今年是二十二岁。因为父母死得早，他忘了生日是在哪一天。自从到城里来，他没过一次生日。好吧，今天买上了新车，就算是生日吧，人的也是车的，好记，而且车既是自己的心血，简直没什么不可以把人与车算在一块的地方。

怎样过这个"双寿"呢？祥子有主意：头一个买卖必须拉个穿得体面的人，绝对不能是个女的。最好是拉到前门，其次是东安市场。拉到了，他应当在最好的饭摊上吃顿饭，如热烧饼夹炮羊肉之类的东西。吃完，有好买卖呢就再拉一两个；没有呢，就收车：这是生日！

自从有了这辆车，他的生活过得越来越起劲了。拉包月也好，拉散座也好，他天天用不着为"车份儿"着急，拉多少钱全是自己的。心里舒服，对人就更和气，买卖也就更顺心。拉了半年，他的希望更大了：照这样下去，干上二年，至多二年，他就又可以买辆车，一辆，两辆……他也可以开车厂子了！

可是，希望多半落空，祥子的也非例外。

6 名著赏析

【结构篇】

提起《骆驼祥子》，最广为人知的就是"三起三落"的故事结构，这也是《骆驼祥子》的行文脉络。在结构篇中，我们将主人公祥子的"三起三落"拆分细品，一品结构特色，二品故事语言，三品时代悲剧，深刻体会老舍构筑此结构的用心。

拼尽了全力，却用潦草了却这一生

张　琼

在说《骆驼祥子》之前，我们先来说说作者老舍。

1899 年 2 月 3 日，老舍出生在北京西城小羊圈胡同（现小杨家胡同）一个满族城市贫民家庭。原名舒庆春，字舍予，老舍是他后来写作时所用的笔名。他生逢末世，彼时的清王朝已是残灯破庙，气息奄奄。在他还不满两岁时，父亲就去世了。全家靠母亲替人缝补洗衣做杂工维持艰难的生活，佐饭的菜，往往是盐拌小葱或腌白菜帮子，每逢下雨还要坐到天亮以防屋塌。这样的家庭生活使老舍幼年早熟，同时母亲的勤俭和坚毅，给了他最初的"生命教育"。

从老舍的成长环境可以看出，老舍在旧北京的大杂院中长大，从小接触的是小商人、小手工业者、人力车夫、旧艺人等普通平民，他们的生活方式、兴趣爱好、人生态度，都在老舍脑海中沉淀为最原始的素材，奠定了他创作的生活基础和平民化的艺术审美倾向。老舍的一生大多时间都在忘我地工作，他是文艺界当之无愧的"劳动模范"。他一生创作了1000多篇作品，长篇小说《骆驼祥子》就是老舍的代表作之一。

老舍的作品素以"京味儿"与幽默著称于世，这种鲜明而独特的艺术风格使他的作品卓尔不群。《骆驼祥子》重点关注下层劳动者的生活场景，尤其是车夫的圈子以及大杂院的生活。这些充满京腔京韵的北京风情，为小说增加了难以取代的文学魅力。我国现代文学从"五四"倡导之初就提倡平民的文学，但直到《骆驼祥子》出现，中国文学才真正有了把劳动者作为主人公、感同身受去表现的作品，《骆驼祥子》的意义也就在这里。老舍也因此确立了"都市平民文学第一家"的地位。

老舍在自传中用三个词描绘自己：老实、隐忍、骄傲。这三个形容词放在祥子身上同样也合适，可以说，老舍在祥子身上投注了自己的影子。老舍先生虽然是一个幽默大师，但《骆驼祥子》却是一个悲剧作品。老舍没有刻意幽默，而是细细临摹着生活的本来面目。我们读完作品可以发现，作品中的人物都在走下坡路，从祥子、虎妞、小福子、二强子、老马祖孙到曾经扬威一时的刘四爷，都在走向黑暗与绝望。这些人物的悲剧构成了整个作品的悲剧，凸显了那个时代、那个社会的大悲剧。

此刻，让我们跟随祥子人生的"三起三落"走进《骆驼祥子》，既看文风结构，也看人物命运，一起跟随祥子去体会独特浓郁的北京风情，一起感受那个人物沉浮、众生皆苦的时代悲剧。

一起一落：希望使他快活，恐惧使他惊惶

许多人说，《骆驼祥子》是老舍最动情的一本小说。书中的祥子少言寡语却有着丰富的内心。主人公祥子生长在乡间，是个破产的青年农民，他勤劳、淳朴、善良，十八岁的时候来到北平成了一名靠卖力气吃饭的洋车夫。

祥子的人生理想是挣钱买车，然后挣更多的钱，娶一个年轻、长相过得去、身子干净、老实本分的乡下姑娘当老婆，养俩孩子开开心心过一世。这时候的祥子纯净又有活力，满怀希望，浑身充满了使不完的力气。按老舍的话说"仿佛就是在地狱里也能做个好鬼似的"。

祥子进城时一无所有，但他却有着小小的骄傲，他身材魁梧，有的是力气，他觉得自己是"下等人中的上等人"。买车做自己的老板，是祥子的希望。祥子为自己的理想和目标铆足了劲地干着，把自己忙成了一个不知疲惫的陀螺。凭着勤快的劳动，他用三年的时间省吃俭用凑足了九十六块钱，终于买了一辆新车。摸着新车，祥子几乎激动得哭出来，车，对于祥子来说意味着独立和自由。

自从有了这辆车，祥子的生活过得越来越起劲，他甚至幻想着照这样下去他也可以开车厂子了。但是，希望多半落空，祥子的也不例外。

祥子每天努力地拉车，就算是在兵荒马乱的时候他也照样出去拉车，意外很快就找上了祥子。有一天，祥子为了赚两块钱冒险把车拉到清华，途中连车带人被十来个兵捉了去。被抓

到军营后，祥子成了兵们的奴才，他什么活都干，受尽了欺辱，生活充满了黑暗。那时的祥子恨透了那些乱兵，恨世上的一切，恨他们凭什么把人欺辱到这个地步。车子没有了，他自食其力的理想第一次破灭了。

也不算太惨，机灵的祥子趁兵营混乱逃了出去，他还顺手牵走了部队的三匹骆驼，在路上把骆驼卖了三十五块大洋。祥子想着自己在军营干遍了累活，车也毁了，拿走骆驼卖钱换新车，有何不可呢？经过精神极度紧张再彻底放松，祥子病倒了。他在一家小店里躺了三天，在说梦话或胡话时与人道出了三匹骆驼的故事，从此他得了"骆驼祥子"的绰号。

二起二落：越是想要挣脱泥沼，却越是深陷

捡回一条命后，祥子决定不再苦着自己。他剃了头，穿上干净的衣服鞋子，吃了一顿舒服的饱饭，决心从头开始。

他回头去找自己的老东家人和车厂刘四爷。刘四爷是快七十岁的人了，他是一个狠人：年轻的时候当过兵，开过赌场，买卖过人口，放过"阎王债"；清朝时候打过群架，抢过良家妇女。这个狠人刘四爷在民国以后，审时度势开了这个车厂子。

刘四爷为人自私自利、残忍霸道，他有一个三十七八岁的女儿叫虎妞，长得虎头虎脑，像个"大黑塔"。虎妞为人爽快利落，像个男人一样，用祥子的话说当朋友没挑，但是当女人，她又老又丑还不要脸。虎妞虽然帮助父亲办事是把好手，可是没人敢娶她做太太。

刘四爷很喜欢祥子的勤快，虎妞更喜欢祥子的高大威猛与

憨厚可靠。祥子回到人和车厂以后受到了虎妞的热情款待，祥子把三十块大洋交给刘四爷保管，希望以后可以再买车。这时的祥子已经悄然有了变化：他更加拼命地挣钱，甚至不惜去抢别人的生意，这是从前祥子不屑干的事，可现在，祥子觉得没什么大不了的。

后来，祥子去了杨先生家拉包月。杨家的几位太太阴阳怪气十分难伺候，活又十分多，祥子受了气只待了四天就离开了杨家。

敢爱敢恨的虎妞一直在暗中观察祥子，祥子的身材、性格都非常对她的口味。当祥子从杨家受气归来，虎妞知道机会来了。她本就是个不择手段的人，打算使一个歪招收了祥子。虎妞涂脂抹粉勾引祥子，她把祥子灌醉，趁机睡了祥子。第二天醒来，祥子感到疑惑、羞愧又非常难过。他觉得自己的人生不该是这样，他决定离开人和车厂，跟刘四爷和虎妞一刀两断。

迷茫的祥子碰到了待人和气的老雇主曹先生，曹先生让他感到亲切又温暖。他去买了一个闷葫芦罐，准备把剩下的钱都攒起来，再买一辆车。

希望之火刚刚燃起，虎妞再次打破了祥子的美梦。虎妞怀孕了，祥子痛苦极了，他觉得自己像掉进陷阱的猎物，永远都逃不掉了。祸不单行，小年夜的晚上，有社会主义思想的曹先生被孙侦探盯上。幸好曹先生及时转移，让孙侦探扑了个空，可是祥子被逮住了。心狠手辣的孙侦探逼祥子拿出所有的积蓄换命。看着自己辛苦攒下的钱被无耻的孙侦探抢走，祥子的心都碎了。第二次买车的希望成了幻境，他撕心裂肺，哭着说："我招谁惹谁了？!"

几经周折，梦想还是远去了。祥子心想，生活还是有奔头，那些受过的苦难和屈辱，那些曾经的迷茫和无助，让它们随风过去吧。祥子仍然还在期待明天。

三起三落：没有希望就没有绝望，哀莫大于心死

虎妞执意和祥子成了亲，婚后祥子才明白虎妞并没有真怀孕。祥子感到受骗，十分讨厌虎妞。虎妞打算把自己的钱用完以后继承老头子的产业，祥子认为这样做不体面，坚决要出去拉车。虎妞拗不过他，只得同意。人算不如天算，刘四爷居然变卖了人和车厂，自己带着钱享福去了。虎妞非常失望，她看清了自己的将来，只得给祥子买一辆车。

书中在虎妞盘算给祥子买车的时候写道，祥子心中很高兴，假如这个主意能实现，他算是又拉上了自己的车，虽然是老婆给买的，可是慢慢地攒钱自己还能再买车。直到这个时候他才觉出来虎妞也有点好处。他居然向虎妞笑了笑，一个天真的、发自内心的笑，仿佛把以前的痛苦一笔勾销，尽管再次买车是以和虎妞畸形的婚姻为代价，但祥子的内心就像换了一个新的世界，他很快乐。

此处祥子的内心活动让人动容。祥子是那么简单、纯粹，他的世界、他的理想、他的指望，就是有一辆属于自己的车，有了自己的车就好似有了自己的灵魂、自己的世界、自己的自由，他就是那个能挺起腰杆的人了。祥子的车，是理想，是美梦。

慢慢地，祥子发现自己拉车的时候体力不支，每天都没有回家的勇气。不久后，虎妞真的怀孕了。祥子拼命拉车干活，

一场大雨将祥子激出病来。为了生活，祥子硬撑着去拉车。此时的祥子，为了心中一点希望的光，努力着。

虎妞的产期到了，但由于她年岁大，不爱活动又贪吃，最终因为胎儿过大难产死去。为了给虎妞办丧事，祥子又卖掉了车。

此时的祥子连哭都哭不出声来。车是他的饭碗，买了，丢了，再卖出去，三起三落——他的人生永远抓不牢那辆车，永远在失去那份希望。

祥子要搬出大院了，二强子的女儿小福子来看他。小福子是个苦命人，她为了养活弟弟而被迫出卖自己。小福子对祥子说，愿意跟他一起过日子。祥子从内心喜欢小福子，但又苦于无力养活他们全家。看着眼已哭肿的小福子，祥子狠心地说："等着吧！等我混好了，我来！一定来！"

祥子又在永和宫附近的夏家拉上了包月。年轻的夏太太引诱祥子，祥子没有经受住诱惑，最终染上淋病。病了之后祥子几乎变了一个人，他身上那股正气彻底没有了。有一天，祥子拉车的时候遇到刘四爷，祥子告诉刘四爷虎妞死了，又把刘四爷赶下了车。看着错愕的刘四爷，祥子仿佛出了长久以来的一口恶气，他感到了舒畅，他想重新找回无牵无挂、处处努力的祥子。

祥子又想到了曹先生。他找到曹先生家里，请曹先生给他拿主意。善良的曹先生同意让祥子拉包月，答应让小福子来曹家帮忙，还同意让出一间房子给他们住。祥子心里充满了希望和光明。

心中激动的祥子带着这个好消息去找小福子，却只得到了噩耗：小福子两月前因不堪娼妓的非人生活，上吊死了。

小福子的死吹熄了祥子心中最后一朵希望的火花。

如果祥子不是对"美好生活"怀有希望，那可能此刻便没有如此绝望。此后，祥子丧失了对于生活的任何乞求和信心，再也无法鼓起生活的勇气。他没有回曹先生那里去，他不再想什么，不再希望什么。用我们现在的词来说，祥子开始"摆烂"，开始吃喝嫖赌。为了喝酒，祥子到处骗钱，出卖别人也没有心理压力。终于，祥子堕落为城市垃圾。

书中，有一个饱经人生沧桑的老车夫说："干苦活儿的打算独自一个人混好，比登天还难。一个人能有什么蹦儿？看见过蚂蚱吧？独自一个儿也蹦得怪远的，可是教个小孩子逮住，用线儿拴上，连飞也飞不起来。赶到成了群，打成阵，哼，一阵就把整顷的庄稼吃净，谁也没法儿治它们！"这句话，其实是老舍在以局中人的语言，控诉旧社会吃人的现象。

很多励志鸡汤文告诉我们，要想过上人人艳羡的生活，就要努力，要拼搏。我们都知道这很对，因为这能让人成长，让人过上更美好、更有希望、更幸福的生活，前提是，时代是对的。但有很多人却没有这么幸运。穷尽一生力气，想过上普通平凡的生活，最后却落得一无所有，这就是祥子——仅仅是比鬼多了一口气的下场，拼尽了全力，最后用潦草了却这一生。

【人物篇】

人物是小说的灵魂。读懂人物，可以帮助我们更好地了解《骆驼祥子》的时代悲剧。老舍刻画人物的功力被读者誉为"点铁成金"，在他笔下，一个个独具特色的底层小人物，是那么生动鲜活，那么可悲可悯可叹。在时代的不幸中，在坎坷的命运中，这些小人物依旧想拼尽全力挣扎着活下去。

祥子：活生生地死去

老舍笔下的祥子来自乡间，带着中国农村破败凋敝的大背景，也带着农民的质朴和固执。祥子，一个曾经那么要强的高等车夫，最后却还是没有挣扎出悲惨的命运。

他曾经也不信命，可是又有什么用呢？祥子是旧社会贫苦劳动人民的缩影，他的悲剧反映了旧社会劳动人民生活的苦难与无奈。骆驼祥子善良淳朴，对于生活，有着骆驼一般的积极和坚韧，他唯一的愿望就是买一辆自己的车来拉，做一个独立的劳动者。后来，经过三年的努力，他用自己的血汗钱换来了一辆崭新的洋车，但是没过多久，车被大兵抢走，接着反动政府的侦探又骗去了他所有的积蓄，那本是他打算第二次买车的钱。虎妞对他的那种推脱不开的"爱情"又给他的身心带来了磨难。第三次，他用虎妞的钱买了一辆车，很快，又不得不卖掉以料理虎妞的丧事。他的这一愿望在经过多次挫折后，终于完全破灭。他所喜爱的小福子的自杀，熄灭了他心中最后一朵希望的火花。他丧失了对生活的任何乞求和信心，从上进好强沦为自甘堕落。他开始游戏人生，吃喝嫖赌，彻底堕落为城市的垃圾，活生生地死去。

老舍通过这个人物写出了不合理的社会制度对下层劳动者生活空间的逼压，对祥子的评价为：祥子是一个经不住生活的考验，而失去生活的人。

祥子的悲剧，是他所置身的社会生活环境的产物。小说通过祥子这个人物形象，有力地鞭挞了旧社会吃人的社会制度，深刻地揭露了旧社会的罪恶。

性格关键词

自信、自尊、要强：初来北平时，自信的祥子觉得自己是"下等人中的上等人"。刚拉上车时，祥子认为"用力拉车去挣口饭吃，是天下最有骨气的事"。祥子沉默寡言，和同行们也不亲近。他想要人看得起自己，就算拉车也要混出点名堂来。他相信靠自己，能够做一个体面的、光彩的、独立的劳动者。后来，祥子好几次疾病缠身，但就算病得全身瘫软站不住脚，他也不肯服输。他相信自己强壮的体格、高大的身材能够支撑住。在杨家，拉包月受到杨太太的奴役，不甘受辱的他，把毛票摔在杨太太脸上，辞工而去。

敬业、节俭、善良：祥子不怕吃苦，每天早出晚归，不吸烟、不喝酒、不赌钱，连生病都不舍得花钱。祥子最开始从不抢同行的买卖，特别是那些老弱的车夫，他拉客不吝力气，对客人非常和气，不肯与客人讲价。祥子很爱自己的工作，每天穿得整齐利落，车也擦得干净极了。在茶馆里看到车夫老马饿晕了，他给老马送了羊肉包子。在曹家拉包月时摔伤了曹先生，把车也摔坏了，祥子非常内疚，主动提出要用自己的工钱来赔偿。

自私、易被诱惑、耍横：后来的祥子不惜与老弱的同行抢生意，尽管内心认为自己这么做是不要脸的行径。虽然不甘堕落下去，但生活的痛苦和无望让祥子变得麻木，他学会了吸烟、喝酒，有时还赌上几把，甚至被夏太太引诱染上病。他开始自私起来，人也变得懒惰。对客人、巡警和车厂厂主，他不再老实，而是学会了骂人和动手打人，是头等的"刺儿头"，对坐车的人也绝对不客气。

沉沦、颓废、耍赖：拉上买卖，稍微有点甜头，就中途倒出去，客人不干，他会瞪眼、打架。祥子不再关心坐车人的安全，还故意耍坏，认为摔死谁都没多大关系，人都该死。为了钱出卖阮明，使阮明丢掉性命。

相关情节

三起三落；怒辞杨宅。

虎妞：剥削者也被剥削

"母夜叉"虎妞的形象非常鲜活，不管谁得罪她，她就要骂街。她横冲直撞说话时半笑半傲的样子，她与刘四爷顶嘴时的辣劲，她算计祥子时的老练……这一切在老舍笔下都生动无比。仿佛一座"黑塔"似的，这可怕又可怜的女人站在你眼前。

虎妞为人和车厂尽心尽力，是为她父亲、为厂子还是为自己？抑或只是生活的一个出口？虎妞虽帮父亲把家和车厂打理得井井有条，跟父亲之间却不能显示出一点父女情意。她被父亲赶走时，惦记的不是几十年的亲情，却是自己的那份儿家产。她与祥子结婚时没问过父亲一句话，知道刘四爷把车厂倒手后，满脑子想的是，自己只好做一辈子车夫的老婆了。说来说去，虎妞为父亲做的一切，也全是为了那点好处。

虎妞泼辣而有心计，生就一副男儿性格，很会打理事务，因刘四爷的私心而延误了青春。

虎妞也是一个受害者。她长得丑，可是身体发肤，由不得她决定；人生与事业，又像枷锁一般禁锢了她全部的活力。她的前半生，除了人和车厂，别无选择。

她丑——她没人要——她投身事业——她世故刁钻——她没人要。

我们无法了解虎妞曾经经历过什么，至少知道一个车厂的女老板，有着一般女子少有的老练与世故。如果放在现世，一个事业上的女强人，总能略施粉黛，把自己打扮得好看一些；可是，在旧社会女性地位低下的背景里，职业、生活、打扮都是万般不由人，生活像个大染缸把一切都染成浑浊的模样，人性在日复一日的消磨中扭曲，人们身在其中，却浑然不觉。

婚后的虎妞，也曾得到过祥子少有的关心。虎妞死后，祥子偶遇刘四爷。面对这个剥夺者父亲，祥子冷冷地告诉他虎妞死了，愤怒地把他赶下车，然后扬长而去，留下刘四爷久久伫立在原地。刘四爷的女儿虎妞死了，这不是祥子造成的，相反，祥子因为他们父女二人搭上了自己的一生，可没人来偿还。

旁观者冷眼看世界，竟也有别样的凄凉。

虎妞的欺骗，使得她营造出的温暖全部变得虚假而功利。

虎妞既是剥削者，同时又是被剥削者；既是一个旧社会沾染了许多恶习的妇女，又是旧社会的牺牲品。

性格关键词

敢爱敢恨：虎妞从不掩饰对祥子的关心和青睐，对爱情大胆执着，不顾父亲的坚决反对，不惜与父亲决裂，自己出去租房子，在没有亲人陪伴的情况下一个人雇花轿嫁给祥子。

持家有道：虎妞把人和车厂治理得井井有条。嫁给祥子后，虎妞主动操持家务，还能让祥子吃到温热可口的饭菜，即使有时候与祥子争吵，最后也会做出让步。

强势霸道：婚前的虎妞什么都和男人一样，连骂人也像男人一样粗俗。虎妞认为强扭的瓜最甜，明知祥子不喜欢自己，仍用欺骗的手段威逼祥子同她结婚，还欺负小福子。

工于心计：逼迫晚归的祥子喝酒，引诱祥子和她共眠。在衣服里塞进一个枕头，欺骗祥子说怀孕了，威逼利诱祥子跟她结婚。

好逸恶劳：结婚后不愿工作，也不愿祥子拉车挣钱，想让祥子到刘四爷那里去争取刘四爷的财产。住在大杂院不改过去的生活习惯，每天吃好的用好的，迫使祥子大病未愈就出去拉车赚钱。

相关情节

假装怀孕；与父亲决裂；嫁给祥子；掏钱给祥子买车；难产而死。

小福子：软弱可欺的大杂院女性

小福子被酗酒的父亲卖给一个军官，随后又遭到军官的抛弃。回到家时，除了身上的衣服和一对银耳环，一无所有。后来被丧失了人性和父性的二强子逼迫为娼以养家糊口，最后在树林里自缢而死。

她热情帮助和关心祥子，祥子在虎妞死后承诺混好了会找她。小福子的一生，也许就是那些长得有个模样的大杂院里的女孩共同的道路。她们没有过错，但是她们从出生开始就注定了悲剧的命运。这不是一个家庭的悲剧，而是社会的悲剧，是"吃人"的社会不给她们生存的机会。在男权思想的控制下，她们没有别的出路。作者着力刻画了小福子身上淳朴善良的可爱品质，深刻揭露了罪恶的旧社会对美和人性的扼杀和毁灭，表达了对当时整个制度的无比憎恨和彻底否定。书中，关于小福子的情节并不多，但她却是祥子内心深处的精神支柱和依赖，有这一点盼头说明他还是祥子。可是小福子上吊死了，祥子最后的期盼和希望也没了，没什么值得他去奔去跑了。

很多读者会想，那时如果祥子勇敢一点，选择和小福子在一起，就算日子一样很艰难，祥子也不至于沦落到坑蒙拐骗混吃等死的不堪地步，起码他还是顶天立地敢于承担的男子汉。

性格关键词

善良、隐忍：为了养家糊口，在被军官抛弃后又被父亲二强子逼迫为娼；虎妞难产时，她帮助祥子跑到医院打听医生情况。

自尊、要强：逃出"白房子"，在树林里上吊自尽，结束了自己短暂而悲惨的一生。

相关情节

卖身养活家里；帮助并爱上祥子；上吊自杀。

刘四爷：一个典型的剥削阶级人物

人和车厂厂主刘四爷性格刚强，从不肯在外场失面子，这辈子最大的遗憾是没有一个儿子来接自己的班，女儿虽能干，但毕竟是女儿。由于自己的私心，把女儿耽误了，女儿三十七八岁了还未出嫁。刘四爷偶尔觉着对不起她，平日里也挺让着她，但却不愿自己辛辛苦苦挣得的家产随着女儿一起给了别人。因不答应女儿与祥子的婚事而断绝了与女儿的父女关系，最后连女儿的坟在哪儿也不知道。自私使他忘记了亲情，当他醒悟过来时已经太晚了。或许当祥子将他赶下车，他一个人站在那儿的时候，才真正感到了孤独，真正感到自己除了钱以外什么也没有了。

性格关键词

自私自利，虚伪虚荣：刘四爷为了赚钱，不惜牺牲自己女儿的青春。他心疼自己的车子，不愿看到祥子拼命拉车，为保全财产，与女儿闹翻后不惜变卖车厂。

残忍霸道，狡猾阴险：表面客气，私下里任意摆布车夫们。和女儿决裂后，他无情无义，让自己的女儿一无所有。

相关情节

租车给祥子；办寿宴；与虎妞翻脸。

曹先生：旧社会里难得的光

曹先生是一个平凡的教书人，爱好传统美术，待人宽和，自居为"社会主义者"，同时也是个唯美主义者，被祥子认为是"孔圣人"。曹先生在政治上、艺术上并没有高深的见解，不过能把所信仰的那一点体现在生活小事中。他希望自己能成为一个真正的革命战士，又知道自己没有那个能力。他对祥子这样的下层劳动人民表现出一定的关心和同情，能以自己所能解决他人一时之困，可以说他是一个较为正直和进步的知识分子；但是他的思想受时代局限，这也是他并没有成为真正的战士的原因。

当局说他教书时的思想过激，认为他是革命党，于是他逃到上海去避风头。后又回到了北平。祥子求助于他，他愿意帮助祥子重新生活：仅凭这一点，曹先生就值得被祥子感激。

善良正直，乐于助人：曹先生多次帮助祥子。祥子拉车时不小心摔伤了曹先生，曹先生也不怪罪。后来答应让小福子来家里帮忙，给了祥子最后的希望。

雇佣祥子拉车；给祥子出主意。

高妈：找到旧社会生存方式

高妈是曹先生家中的女仆，一个心地善良、颇有心计的老妈子，乐意帮助别人。高妈经历了不幸，学会了在旧社会最底层生活的方法。高妈很有自己的想法，常常开导祥子，是一个让祥子很佩服的人。高妈是当时那个社会的投机主义者，精明透顶，很会精打细算，还曾三番五次劝祥子跟她一样去放高利贷。她身上保留了大多数劳动人民都有的善良、质朴，生活教会了她在社会上为自己找到生路。她做事麻利仔细，有心眼，是适应了旧社会的为数不多的劳动人民中的一员，或许在当时那个社会里，只有熬成像高妈这样的人精，才能左右逢源。

心地善良、有心计：经常开导祥子。把手里的钱放出去收利。

劝祥子放账。

孙排长：恶势力的代表

孙排长是书中狡诈、奸邪、恃强凌弱的恶势力的代表。祥子第一次买上车后，因一次冒险拉活，被大兵们逮捕，不但丢了车，还得天天伺候那些当兵的，这些个兵的头头就是孙排长。这时孙排长还未露面。

祥子第二次遇到孙排长是在曹先生被搜查的时候，此时孙排长已经成为孙侦探。成为侦探的他再次摆了祥子一道，把祥子所有的积蓄都搜刮走了。祥子最后的堕落是因为梦想的破灭，这个姓孙的就直接两次使祥子的梦想破灭，可谓是罪魁祸首之一。

狡诈奸恶、恃强凌弱：当排长时带兵抢走祥子的车。趁曹先生外出躲避风头，敲诈祥子用来买车的积蓄。

抢走祥子的车；敲诈祥子的钱。

【句子篇】

好句子是小说里的"高光时刻"，常常带给读者触动灵魂的感受。《骆驼祥子》以"京味儿"的语言特色闻名，浓郁的地域文化、生动的动作描写、细腻的心理刻画，都是小说让人欣赏的艺术特色。

佳句赏析

1. 钱会把人引进恶劣的社会中去，把高尚的理想撇开，而甘心走入地狱中去。

赏析：祥子在"理想"和"生命"中选择了"生命"，因为"生命"是穷人唯一的选择。穷人不是不可以拥有"理想"，而是他们根本不敢去想。穷人想要拥有的是金钱，有些穷人认为金钱比理想更可贵，但金钱有时候可以改变一个人，金钱可以把好人变成"坏人"，金钱会使人堕落。

2. 他的腿长步大，腰里非常的稳，跑起来没有多少响声，步步都有些伸缩，车把不动，使座儿觉到安全，舒服。说站住，不论在跑得多么快的时候，大脚在地上轻蹭两蹭，就站住了；他的力气似乎能达到车的各部分。脊背微俯，双手松松拢住车把，他活动，利落，准确；看不出急促而跑得很快，快而没有危险。就是在拉包车的里面，这也得算很名贵的。

赏析：这一段人物描写，从装束、体态、身段到靠力气吃饭的人所引以为豪的体能、体力，都写得很精彩，把一个活生生的祥子呈现在我们面前。其中动作细节的描摹，从侧面反映了祥子对待拉车这份普通的工作的认真和看重。

3. 祥子的手哆嗦得更厉害了，揣起保单，拉起车，几乎要哭出来。拉到个僻静地方，细细端详自己的车，在漆板上试着照照自己的脸！越看越可爱，就是那不尽合自己的理想的地方也都可以原谅了，因为已经是自己的车了。把车看得似乎暂时可以休息会儿了，他坐在了水簸箕的新脚垫儿上，看着车把上的发亮的黄铜喇叭。他忽然想起来，今年是二十二岁。因为父母死得早，他忘了生日是在哪一天。自从到城里来，他没过一次生日。好吧，今天买上了新车，就算是生日吧，人的也是车的，好记，而且车既是自己的心血，简直没什么不可以把人与车算在一块的地方。

赏析：这段话讲述的是祥子通过自己的努力终于买上车后的表现，从多处动作描写都能看出祥子买车后激动的心情和对自己车子的喜爱。如"手哆嗦得更厉害了""几乎要哭出来""细细端详""简直没什么不可以把人与车算在一块的地方"，前三句的动词突出表现了祥子的欣喜之情，而从最后一句中的"没什么不可以"能看出，祥子对自己车子的情感很是亲密，这也是祥子辛辛苦苦攒钱的回报，同时这段话也为后面祥子的车被抢做铺垫，反衬出后文祥子的可怜与失落。

4. 其实，雨并不公道，因为下落在一个没有公道的世界上。

赏析：一方面可以从音律节奏上赏析，另一方面它将没有情感的雨跟世界联系起来，突出了社会的黑暗和祥子对当时社会的不满。

5. 最伟大的牺牲是忍辱，最伟大的忍辱是预备反抗。

赏析：这句话出现在小福子向虎妞下跪后，可说是小福子的内心独白，也可说是千百万小福子那样受压迫的弱者的最后宣言。那一跪，既是小福子的最后让步，也是她反抗的开始——如果跪了都不行，好吧，那就都别活了吧。

6. 他确乎有点像一棵树，坚壮，沉默，而又有生气。他有自己的打算，有些心眼，但不好向别人讲论。在洋车夫里，个人的委屈与困难是公众的话料，"车口儿"上，小茶馆中，大杂院里，每人报告着形容着或吵嚷着自己的事，而后这些事成为大家的财产，像民歌似的由一处传到一处。祥子是乡下人，口齿没有城里人那么灵便；设若口齿伶俐是出于天才，他天生来的不愿多说话，所以也不愿学着城里人的贫嘴恶舌。

赏析：这段话运用了比喻的修辞手法，将祥子比喻成一棵树，生动形象地展现了祥子朴实、沉默却有自己的想法的性格特点。这段话与后文祥子的堕落作对比，突出了黑暗社会对人们心灵的摧残。

7. 四外什么也看不见，就好像全世界的黑暗都在等着他似的，由黑暗中迈步，再走入黑暗中；身后跟着那不声不响的骆驼。

赏析：从"由黑暗中迈步，再走入黑暗中"可以看出，祥子在走，在挣扎，在对黑暗进行反抗，但是由于意志是盲目的，所有挣扎注定没有结果，最终还是回归于"无"，也就是"再走入黑暗中"。

8. 他们的车破，又不敢"拉晚儿"，所以只能早早的出车，希望能从清晨转到午后三四点钟，拉出"车份儿"和自己的嚼谷。他们的车破，跑得慢，所以得多走路，少要钱。到瓜市，果市，菜市，去拉货物，都是他们；钱少，可是无须快跑呢。

赏析：《骆驼祥子》中的车夫也有等级，这一段是描写底层车夫的"出车情况"。因为他们的车破、速度慢，只好去拉货物；他们跑的路程远，拉的次数多，生活也是最悲惨的。

9. 风吹弯了路旁的树木，撕碎了店户的布幌，揭净了墙上的报单，遮昏了太阳，唱着，叫着，吼着，回荡着；忽然直驰，像惊狂了的大精灵，扯天扯地的疾走；忽然慌乱，四面八方的乱卷，像不知怎好而决定乱撞的恶魔；忽然横扫，乘其不备的袭击着地上的一切，扭折了树枝，吹掀了屋瓦，撞断了电线；可是，祥子在那里看着；他刚从风里出来，风并没能把他怎样了！

赏析：这句话写出了狂风的暴虐，用环境的恶劣反衬祥子的坚强，和他内心朝着目标奋斗的笃定。

10. 他不愿再走，不愿再看，更不愿再陪着她；他真想一下子跳下去，头朝下，砸破了冰，沉下去，像个死鱼似的冻在冰里。

赏析：一个曾经勤劳坚忍，有着自己目标的人最后却沦为了社会垃圾，这不就是可悲的人生吗？也许这才是现实，残酷、悲哀，又让人无可奈何。

11. 体面的，要强的，好梦想的，利己的，个人的，健壮的，伟大的，祥子，不知陪着人家送了多少回殡；不知道何时何地会埋起他自己来，埋起这堕落的，自私的，不幸的，社会病胎里的产儿，个人主义的末路鬼！

赏析：祥子的悲剧的根源，是他所置身的社会生活环境。小说真实地展现了那个黑暗的社会，展现了军阀、特务、车厂主的丑恶面目，如果不是他们的迫害，祥子也不会从充满希望走向绝望、堕落。

7 拓展阅读

读完了《骆驼祥子》，我们通过老舍笔下祥子悲惨的艺术形象，对半封建半殖民地的旧中国有了较深的理解。新中国成立后，老舍发表了剧作《龙须沟》，龙须沟展现了新旧时代两重天的巨大变化。从《骆驼祥子》到《龙须沟》，我们可以在阅读中深刻体会到，"旧社会把人变成鬼，新社会把鬼变成人"。

《龙须沟》：新中国老百姓的生活巨变

三幕话剧《龙须沟》，是老舍先生的代表作之一。《龙须沟》的诞生，源于当年一件引起轰动的整治北京下水道的大事。

龙须沟在天坛北边，新中国成立前是外城的一条排水明沟，城市污水和雨水都经龙须沟汇集，因为缺乏整治，这里成了北京最大的一条臭水沟。《龙须沟》中描写道："沟里全是红红绿绿的稠泥浆，夹杂着垃圾、破布、死老鼠、死猫……到处是成群的跳蚤，打成团的蚊子和数不过来的臭虫……"这里也是北京最大的贫民窟。

新中国成立后，北京市人民政府决定修沟，这也是龙须沟史上第一次大规模改造。当时龙须沟的工程预算为693.4万斤小米，约占全市预算支出总额的2.25%。除了环境改善外，龙须沟周边陆续建起了大大小小的轻工业厂。这些厂子吸纳了附近居民中的大多数劳动力，更让那些很少走出家门的底层妇女，有了全新的社会角色。

老舍本人也希望就此写写新北京。于是，从美国回到北京的老舍，深入到北京南城体验生活。据说当时的老舍没有带任何笔记本，只是很随意地和老百姓拉家常，如缝袖口能挣多少钱之类的，在了解了底层民情之后，开始了创作。

从历史到舞台——人们生活的华丽蝶变

1950 年，正是中华人民共和国刚刚诞生之际，国内处在经济恢复的开始阶段。政治上，虽然建立了人民民主专政政权，但国际上帝国主义仍在威胁着我们，国内也暗藏有不少反革命分子和大资本家。为了保卫世界和平与祖国安全，打击反革命破坏活动，营造一个发展经济的安定局面，党领导广大人民群众开展了轰轰烈烈的抗美援朝和镇反运动、"三反"运动。

老舍是一个饱经旧社会忧患与苦难的爱国作家，他把对旧社会的血泪控诉与对新社会的深情讴歌紧紧地结合起来——这是他跨入自己创作道路的新时期以后，观察生活、提炼主题的根本特点。写北京、写北京的变化，表达人民群众对共产党、对人民政府的感激之情，这是新中国成立以后老舍戏剧创作的总主题。新中国成立后老舍的戏剧创作，就是反映新时代、新社会、新生活的一面镜子。

老舍在《我热爱新北京》一文中曾说过："最使我感动的是，这个为人民服务的政府并不只为通衢路修沟，而是特别顾到一向被反动政府忽视的偏僻地方。在以前，反动政府是吸去人民的血，而把污水和垃圾倒在穷人的门外，叫他们'享受'

猪狗的生活。现在，政府是看哪里最脏，疾病最多，便先从哪里动手修整。新政府的眼是看着穷苦人民的。"正因为如此，老舍又说："感激政府的岂止是龙须沟的人民呢？有人心的都应当在内啊！我受了感动，我要把这件事写出来，不管写得好与不好，我的感激政府的热诚使我敢去冒险。"老舍就是带着这种感激政府的热忱完成了《龙须沟》的创作。

《龙须沟》描写了北京一个小杂院里四户人家在社会变革中的不同遭遇，表现了新旧时代两重天的巨大变化——

新中国成立前，北京龙须沟是条臭水沟，沟旁住满了各式各样卖力气、耍手艺的下层劳动人民。这些居民经常遭受国民党、恶霸、流氓的迫害和恶劣环境的威胁，生活凄惨。

为人耿直正派的老艺人程宝庆，原在一家茶馆里唱单弦，因拒绝到恶霸黑旋风家唱堂会，被其爪牙打伤，逃到龙须沟居住，靠妻子程娘子摆烟摊过日子。程宝庆满怀忧愤，但人们不理解他，都叫他"疯子"。只有程娘子忍辱负重，希望丈夫能等到再出头的日子。

小恶霸冯狗子抢了程娘子的烟。同院的三轮车工人丁四也受到恶霸欺凌。正直的泥瓦匠赵老头为他们打抱不平，但无济于事。不久，丁四的女儿小妞子掉进了脏臭的龙须沟，被淹死了。

新中国成立后，龙须沟同北京一起获得了新生。人民政府法办了恶霸黑旋风与冯狗子，治理了龙须沟，龙须沟沿岸人民过上了幸福的生活。

剧中塑造了程疯子、王大妈、程娘子、丁四嫂等各具特色的人物形象，尤其是主人公程疯子在旧社会由艺人变成"疯子"，新中国成立后又从"疯子"变为"艺人"，反映了中国人民在新中国成立前后的不同命运，体现了人民政府为人民的中心思想以及人民对党对政府的拥护和热爱。

《龙须沟》描写了生活在同一地域的人民在旧社会和新社会的不同生活遭遇，通过叙述日常生活中的小事反映大时代，以市民社会人物的日常言行和家长里短中所体现出的味道，表现生活的真实，歌颂了共产党和人民政府关心群众，为人民谋利益，并使其过上好日子的伟大业绩。

从生活到小说——人物命运变化的社会意义

在仔细阅读了改造龙须沟的文件并结合实地考察后，老舍经历了长达半个月的构思，他回忆说："在这苦闷的半个月中，时时有一座小杂院呈现在我眼前。那是我到龙须沟去的时候，看见的一个小杂院——院子很小，屋子很小很低很破，窗前晒着湿漉漉的破衣与破被，有两三个妇女在院中工作。这些，我都一一看全，因为院墙已塌倒，毫无障碍。灵机一动，我抓住了这个小杂院，就教它作我的舞台吧！"

老舍在《〈龙须沟〉的人物》中说："假若《龙须沟》剧本也有可取之处，那就必是因为它创造出了几个人物——每个人有每个人的性格、模样、思想、生活，和他（或她）与龙须沟的关系。这个剧本里没有任何组织过的故事，没有精巧的穿插，而专凭几个人物支持着全剧。"

《龙须沟》取得突出成就，就在于作者从生活出发，成功地塑造了几个性格鲜明的人物形象。通过这些形象，表现了人民拥护人民政府、歌颂党的政治热情以及党和人民政府一心为人民的时代精神，从而反映了社会的巨大变化。

程疯子，是一个被压迫、被损害了的旧艺人的典型形象。因为他是个旧艺人，所以他身上带着一些迂腐的知识分子气味。他感情脆弱，但有正义感。他胆小怕事，缺乏反抗精神，但不肯屈服于压迫。他心地善良，有较浓的人情味。他在那个黑暗如漆的旧社会，四处碰壁，饱受凌辱，最后终于惨遭毒打而成为精神不正常的人。善良、正直、软弱是程疯子性格的基本特征。

这个人物命运的变化具有典型意义，生动地揭示了旧社会把人逼成鬼，新社会把鬼变成人的真理。老舍在谈到塑造程疯子这个人物时说了这么一段话："他的作用是多方面的，待我慢慢道来：（一）他是艺人，会唱。我可以利用他，把曲艺介绍到话剧中来，增多一点民族形式的气氛。（二）他有疯病，因而他能说出平常人说不来的话，像他预言'沟水清，国泰民安享太平'，等等。（三）他是个弱者，教他挨打，才更能引起同情，也足说明良善而软弱是要吃亏的。（四）他之所以疯癫，虽有许多缘故，但住在臭沟也是一因，这样，我便可以借着他教观众看见那条臭沟；我没法把臭沟搬到舞台上去。"

赵老头也是《龙须沟》中一个主要人物。他是个泥瓦匠，可以算作工人阶级的典型。他为人正直，性情倔强，富有正义感。他立场坚定，有鲜明的阶级爱憎，是工人阶级队伍中的优秀分子。对敌人，赵老头丝毫不让，表现了他的疾恶如仇的可贵性格。

王大妈是《龙须沟》中逆来顺受的劳苦百姓的艺术典型。她受压迫时间最长、受苦最深，思想最旧、胆子最小。她身上具有劳动人民勤劳、善良、朴素的性格特征，凭自己的双手靠焊镜子的技术和做针线活度日。赵老头发病，她主动积极相助；丁四嫂无粮下锅，她主动出借；程疯子被打，她深表同情。

老舍说："我凑够了小杂院里的人。除了他们不同的生活而外，我交给他们两项任务：（一）他们与臭沟的关系。（二）他们彼此间的关系。前者是戏剧任务，后者是人情的表现。若只有前者，而无后者，此剧便必空洞如八股文。"老舍通过鲜明的人物角色，写出了沟与人的矛盾，进而写出了人与官的矛盾。龙须沟人民群众与恶霸的冲突，主要表现在赵老头和冯狗子之间的冲突上。冯狗子是恶霸的代表，是反动政府政治腐朽的产物。人民群众与恶霸的冲突，不仅从冯狗子方面体现了国民党反动政府的腐朽本质，而且从人民群众方面，体现了人民对反动统治阶级及其爪牙的仇恨和反抗心理。这样，群众与恶霸的冲突，便有了更深远的社会意义。

从阅读到艺术——《龙须沟》的艺术特色

《龙须沟》的成功不仅体现在文学价值上，它更有着独特的艺术特色。老舍巧妙的艺术构思以及卓越的语言艺术，让《龙须沟》即使历经半个多世纪，今天的观众依然为剧中程疯子等众多底层人物的悲惨遭遇而动容。

特色一：人物语言的个性化。

作者紧紧抓住不同人物的不同思想经历与个性特征，努力通过符合其身份的个性化的语言予以生动的表现。程疯子，因他原是艺人，所以他的话多用韵语，幽默、风趣。比如当妻子埋怨他不能做事时，他说："娘子差矣！想当初，在戏园，唱玩艺，挣洋钱，欢欢喜喜天天象过年！受欺负，丢了钱，臭鞋、臭袜、臭沟、臭水、臭人、臭地熏得我七窍冒黑烟！……"这段数来宝唱出了他的悲惨遭遇，唱出了他郁闷的心情和对黑暗现实的不满。当妻子对他发牢骚时，他安慰道："叫我起，我就起，尊声娘子别生气！"当丁四嫂与丈夫闹气时，他又说："叫四嫂，别去拚，一日夫妻百日恩！"这些都生动地表现了他的善良与风趣。

又如王大妈，她是一个思想守旧的女人，作者用的是旧式妇女的那种"老妈妈论"式的语言来刻画她的性格特征。当大家谈到龙须沟"因为脏，病就多"时，王大妈却说："别那么说。俗话说得好：'不干不净，吃了没病！'我在这儿住了几十年，还没敢抱怨一回！"二春提出要上工厂，她不同意："二春，你又疯啦？女人家上工厂！"赵老头要和恶霸斗，她立即劝阻："新鞋不踩臭狗屎呀！您到茶馆酒肆去，可千万留点神，别乱说话！"这些话十分生动地表现了一个胆小怕事、思想守旧，还带有一些封建意识的老太太的性格特征。

特色二：烘托的表现手法。

《龙须沟》烘托手法的运用，是由它的选材所决定的。作者写的是臭沟，但无法也没有必要将这条臭沟搬上舞台，因而只能采用烘托的手法。作者通过人物一系列的语言、行动来表现这条沟的存在，也就是实写人物的言行，虚写臭沟、臭水。第一幕启幕时，小妞子搬砖头在院子里铺出一条走道，丁四嫂用破盆在屋门口舀屋子里渗进去的雨水。二春抱着几件衣服走出来，仰着头正看刚露出来的太阳，把衣服搭在绳子上。丁四嫂把从屋子里舀的一盆水递给小妞子，第一句话就是："你要是眼睛不瞧着地，摔了盆，看我不好好揍你一顿！"以上人物的言行烘托出了雨后初晴的龙须沟，臭水横溢、满院泥泞的景象。

特色三：对比的表现手法。

老舍在《龙须沟》中还恰当地运用了对比手法。首先是章法上的对比。第一幕写新中国成立前沟旁贫民窟的景象及人民的痛苦生活，以程疯子的挨打和小妞子的惨死来表现人民与恶霸和沟的矛盾。第二、三幕写新中国成立后龙须沟的不断改观以及由此带来的人民生活的变化。第一幕与第二、三幕在鲜明的对比中显示了新旧社会截然不同的本质。此外是人物自身命运与精神面貌前后变化的对比。

经作者与剧创人员的艰苦努力，首轮连演55场的《龙须沟》一时风靡北京，被拍成电影后更是在全国收获了巨大的反响。半个多世纪过去了，《龙须沟》的艺术影响力从未散去，程疯子、丁四嫂这些形象扎根在几代观众心间，令人难忘。

名家笔下的"车夫"

人力车，是二十世纪二三十年代中国大都市里常见的一种交通工具。伴随着人力车的流行，出现了一个特殊的社会群体——人力车夫。当时的作家给予了这个社会群体很多的关注，胡适写过《人力车夫》，鲁迅写过《一件小事》，郁达夫写过《薄奠》，集大成者当数老舍的长篇小说《骆驼祥子》。

人力车夫在旧中国的城市里，处于社会的最底层。为了活命，他们"拉着活人飞跑"，挣扎于饥寒交迫之中。为揭露黑暗社会的不平等，作家们不约而同将关注的目光投向人力车夫。他们借描写人力车夫的悲惨生活，挖掘车夫身上体现出来的悲剧意义，发出对吃人社会的怒吼。

经典文学作品塑造了哪些经典车夫形象呢？相信读过几位名家对人力车夫的描写后，你一定会对旧中国劳苦大众的苦难生活有新的感触。

《人力车夫》

《人力车夫》是胡适创作的一首白话诗，诗中反映了一个年少的人力车夫的悲惨生活。这首诗最早发表于 1918 年 1 月 15 日的《新青年》（第 4 卷第 1 号），后来收入我国第一本白话诗集《尝试集》中。

诗中描写了一个年少的人力车夫，在饥寒交迫的冬天里，立在马路旁等候顾客的情景。一位顾客看到年少的人力车夫在寒风中的样子，对他产生了怜惜和悲悯，不忍坐他的车。而年少的车夫却向这位同情他的顾客诉说他已经半日没有拉到顾客了，你的心意虽然好，但是也不能填饱我饥饿的肚皮。这位好心的顾客只好无奈地上了他的车，采用乘坐他拉的车的办法让他挣钱，尽绵薄之力帮助他摆脱困境。

作品采用了通俗的白话语言，成功地塑造了一个年少的人力车夫的艺术形象，在表现他悲惨遭遇的同时，也表现出作者对他不幸命运的极大同情。

胡适在《人力车夫》一诗中用"酸悲""惨凄"等字眼表达对人力车夫的人道主义关怀。在帝国主义任意宰割中国人民，北洋军阀卖国投降、残酷压迫和剥削人民大众的社会条件下，人力车夫和其他劳动人民一样，无法生活下去，只有呻吟、辗转于饥寒死亡线上。

《一件小事》

鲁迅的《一件小事》主要讲述了这样一个故事：民国六年冬天，"我"因生计关系出门，雇了一辆人力车。在路上，人力车的车把碰到了一位衣衫破烂的老妇人。"我"不以为意，认为她并没有受伤，于是，挥挥手让车夫快走，但他却完全不理会"我"，而是跑过去搀扶起老妇人，并问她伤势如何，再把她送到警署去做检查。当时，"我"看着车夫的背影，心里觉得他不再低微，而是变得伟大起来，而"我"觉得自己又是那样的渺小，心里的愧疚感便油然而生。后来，巡警叫"我"自己再雇车，我托他将车费交给那名车夫。

"独有这一件小事，却总是浮在我眼前，有时反更分明，教我惭愧，催我自新，并增长我的勇气和希望。"鲁迅笔下的知识分子对社会有着深深的失望，但并未绝望。他看到劳工身上的人格和美德并受到鼓舞，这种对劳工的最终认同，体现出知识分子对自身的反思和觉醒，表达出"劳工神圣"这一主旨。其《一件小事》通过车夫的行为与坐车者自私心理的鲜明对比，充分展示了人力车夫无私助人的崇高精神境界，一种需要仰视的人性巅峰。在小资产阶级作家笔下，劳动者的性格一般是被扭曲的，劳动者是作为知识分子同情、怜悯的对象出现的。而在鲁迅的《一件小事》里，劳动者处处关心别人，敢于正视现实，劳动者的思想品格是如此伟美，形象是如此高大。

《薄奠》

郁达夫的《薄奠》描写了一个人力车夫悲惨的生活境况。一个为了养活家小而不惜多拉快跑的洋车夫，想买一辆旧车以摆脱被剥削的境地。他千方百计节衣缩食，拼命劳动，但愿望始终未能实现，最终淹死在河里，不知"他是自家沉河的呢，还是……"。

《薄奠》带有浓厚的感情色彩，人情味弥漫全篇，有着强烈的艺术感染力，被誉为"一篇悲愤诗式的小说"。车夫的死，与其说是意外身亡，不如说是对社会绝望之后的投河自尽。"我"在车夫死后买了一辆纸糊的车去坟上祭奠，反映了"我"对洋车夫悲苦命运的同情，同时也映照出当时知识分子对社会对前途的悲观和迷惘。《薄奠》中，作家有着对洋车夫贫苦和早衰的生动刻画："看他的样子，好像有五十多岁的光景，但他自己说今年只有四十二岁。"他联想到自己的不如意与无奈，"觉得这些苦楚，都不是他一个人的苦楚"，"真想跳下车来，同他抱头痛哭一场"。在郁达夫笔下，"乘客"（知识分子）与"车夫"（底层民众）的对照叙事模式中，"乘客"所表达的已不仅仅是对"车夫"的人道主义同情和对其道德品质的赞赏，更有对旧社会的讽刺与拷问。

六位影响中国现代文坛的作家

中国文坛，群雄辈出，百花齐放。在中国文学史上，学者们将民国时期的鲁迅、郭沫若、茅盾、巴金、老舍、曹禺尊为大师级的现代作家，称为中国现代文学六大家，通常简称为"鲁、郭、茅、巴、老、曹"。

鲁　迅

著名文学家、思想家、革命家、民主战士，五四新文化运动的重要参与者，中国现代文学的奠基人。毛泽东曾评价："鲁迅的方向，就是中华民族新文化的方向。"鲁迅擅长短篇小说和散文创作。中国现代文学史上第一篇白话小说就是他的《狂人日记》；散文诗集《野草》，充满了意象、矛盾和自省，具有强烈的艺术感染力。鲁迅一生在文学创作、文学批评、思想研究、文学史研究、翻译、美术理论引进、基础科学介绍和古籍校勘与研究等多个领域，具有重大贡献。

主要作品

1.《呐喊》

《呐喊》是鲁迅的小说集，收录了鲁迅创作于1918年至1922年的《狂人日记》《孔乙己》《药》《阿Q正传》《故乡》等14篇小说，1923年由北京新潮社出版，现编入《鲁迅全集》第1卷。

小说集真实地描绘了从辛亥革命到五四运动时期的社会生活，从革命民主主义出发，抱着启蒙主义目的和人道主义精神，揭示了种种深层次的社会矛盾，对旧时中国的制度及部分陈腐的传统观念进行了深刻的剖析和较彻底的否定，表现出对民族生存浓重的忧患意识和对社会变革的强烈希望。

《呐喊》中收录的《阿Q正传》是鲁迅创作的中篇小说，

该小说创作于 1921 年 12 月，共分九章。《阿 Q 正传》以辛亥革命前后的江南农村未庄为背景，塑造了阿 Q 这样一个受旧社会沉重压迫而精神扭曲的人物形象。《阿 Q 正传》在现代文学史上具有不可替代的地位。"阿 Q 精神"已成"精神胜利法"的代名词。

2.《彷徨》

《彷徨》是鲁迅创作的小说集，收录了《祝福》《在酒楼上》《长明灯》等 11 篇短篇小说，于 1926 年 8 月由北京北新书局初版，列为作者所编的《乌合丛书》之一，后编入《鲁迅全集》。

小说集中的第一篇《祝福》，叙写了离开故乡的知识分子"我"，在旧历年底回到故乡后，寄寓在本家四叔家，所见证的四叔家先前的女仆祥林嫂的悲剧。小说通过记述祥林嫂不幸的一生，揭示了旧社会封建礼教对劳动妇女的摧残和迫害，控诉了封建礼教吃人的本质。同时也反映了少数觉醒的知识分子，虽然不满当时社会，同情被压迫妇女，却无力改变的无可奈何的复杂心情。

整部小说集贯穿着对生活在封建势力重压下的农民及知识分子"哀其不幸，怒其不争"的关怀。该小说集在深广的历史图景中，对人物命运的叙述渗透着真挚感情。

3.《朝花夕拾》

《朝花夕拾》原名《旧事重提》，是"回忆的记事"，多侧面地反映了鲁迅青少年时期的生活，形象地反映了他的性格和志趣的形成经过。全书包括《小引》《狗·猫·鼠》《阿长与

〈山海经〉》《二十四孝图》《五猖会》《无常》《从百草园到三味书屋》《父亲的病》《琐记》《藤野先生》《范爱农》《后记》等12篇文章。前七篇反映了鲁迅童年时代在绍兴的家庭和私塾生活，后三篇叙述了他从家乡到南京，又到日本留学，然后回国教书的经历。作品揭露了半封建半殖民地社会的种种丑恶和不合理现象，同时反映了有抱负的青年知识分子在旧中国茫茫黑夜中，不畏艰险寻找光明的困难历程，抒发了作者对往日亲友、师长的深切怀念。

《朝花夕拾》中收录的《二十四孝图》是鲁迅所写的一篇关于"孝道"的评论。"孝"是儒家伦理思想的核心，是千百年来中国社会维系家族关系的道德准则，也是中华民族的传统美德。元代郭居敬辑录古代24个孝子的故事，编成《二十四孝》，后人据此配图，成"二十四孝图"。鲁迅认为"二十四孝图"的主要目的是宣扬封建孝道。他从自己小时候阅读"二十四孝图"的感受入手，重点描写了他在阅读《老莱娱亲》和《郭巨埋儿》两个故事时的强烈反感。

《朝花夕拾》中收录的《五猖会》是鲁迅于1926年创作的一篇回忆性散文。此文匠心独运，开篇就为参加赛会蓄势，先写童年看赛会，然后写《陶庵梦忆》里的"豪奢"赛会，接着写自己见过的"较盛"的赛会，这些都是在为写五猖会做铺垫。然而，接着转写父亲要求"我"背书，"我"忐忑、郁闷至极，最后终于背书成功，得以去看五猖会，却觉得什么都没有意思了。篇名为《五猖会》，而作者文中并没有写五猖会的盛况，表达了对封建强权教育扼杀孩子天性的强烈不满。

4.《野草》

《野草》是鲁迅创作的一部散文诗集。20 世纪 20 年代初期，鲁迅生活在北洋军阀统治下的北京。面对纷乱时事，鲁迅极度苦闷，心境很颓唐，但对理想的追求仍未幻灭。这部散文诗集真实地反映了作者在新文化统一战线分化后，继续战斗却又感到孤独、彷徨的思想感情。

作品想象丰富、构思奇特、语言形象，富有抒情性和音乐性，具有强烈的艺术感染力。其独语式的抒情散文形式，意蕴深刻的象征手法运用，升华了中国散文诗的艺术和思想意境。

郭沫若

1892 年 11 月 16 日出生于四川乐山沙湾，毕业于日本九州帝国大学，现代文学家、历史学家，新诗奠基人之一，中国科学院首任院长、中国科学技术大学首任校长、苏联科学院外籍院士。郭沫若擅长诗歌、戏剧创作。诗歌集《星空》《女神》充满了火一样的激情，感染力极强，被誉为"现代文学诗歌之冠"。

主要作品

1.《女神》

《女神》出版于 1921 年 8 月，是郭沫若的第一部新诗集。它开辟了一代新诗风，成为新诗的奠基之作。《女神》除序诗外共有诗 56 首，其中最有代表性的作品是《凤凰涅槃》和《女神之再生》。在思想内容上，《女神》强烈地体现了五四时期那种狂飙突进的时代精神，即彻底地不妥协地反帝反封建、热切追求自由解放和光明新生的精神。在艺术上，奔腾的想象、急骤的旋律、宏伟的气势、瑰丽的色彩、英雄主义的基调、自由的诗体等，构成了《女神》的浪漫主义特色。

2.《星空》

《星空》是出版于 1923 年的诗集，收录了郭沫若 1921 年至 1922 年在日本、上海两地所作的诗歌、散文。在此期间，诗人几度往返于两地，目睹了灾难重重的祖国，倾饮了人生的"苦味之杯"，思想情感极度矛盾。他一方面更憎恶现实，希望改变，一方面从小资产阶级的个性解放和泛神论思想出发，又希望在大自然、在超现实的空幻境界里寻找暂时的逃避和安慰。《星空》中的诗篇清晰地反映了诗人当时精神上的这种矛盾与苦闷。

3.《虎符》

《虎符》是郭沫若创作的五幕史剧，完成于 1942 年。当时国民党公开制造分裂，实行高压政策，祖国前途一片黑暗，《虎符》等大量借古喻今的历史剧应运而生。从思想内容看，《虎符》反映了尖锐的现实矛盾，贯穿了郭沫若后期历史剧反侵略、反暴政、反变节，主张爱国爱民、团结御侮、坚守节操的共同主题。在艺术上，《虎符》气势浩瀚、诗意浓郁、情感炽热，现实主义特色和革命浪漫主义风格相交融，作品更成熟，更富个性色彩。

4.《漂流三部曲》

1929 年 12 月出版的长篇自传体小说《漂流三部曲》，是郭沫若以自传方式抒怀感世的小说中影响较大的一部，由《歧路》《炼狱》《十字架》三部短篇小说构成。全书通过叙写主人公"去国求学—回国谋事—再次去国"的经历，描写其爱情、生活的曲折，以及对人生理想的艰难追求，突出展示了一代知识青年对祖国的一腔热情，揭示了旧社会的狰狞面目。这部作品主观感情强烈，描写真实细腻，具有很强的艺术感染力，鲜明地体现了作者的浪漫主义气质。

5.《落叶》

1926 年 4 月出版的郭沫若的中篇小说《落叶》，是现代文学史上最早出现的书信体形式的中篇小说之一。作品以日本姑娘菊子写给一位中国留学生的 41 封情书为结构线索和基本内容，着力反映他们之间纯真感人的爱情生活。菊子的形象体现了作者对爱情生活的理想化追求，对爱国主义精神的热切赞美和深刻理解，表达了鲜明的五四反封建精神。小说通篇纯熟的书信体表达，既有浓厚、自然的抒情色彩，又充分挖掘了人物内心深处的情感。

茅 盾

浙江省嘉兴市桐乡人。中国现代著名作家、文学评论家、文化活动家以及社会活动家。茅盾擅长长篇小说创作，代表作有长篇小说《子夜》、短篇小说《春蚕》和文学评论《夜读偶记》。

主要作品

1.《子夜》

小说以 20 世纪 30 年代半殖民地半封建的旧上海为背景，

以民族资本家吴荪甫和买办金融资本家赵伯韬之间的矛盾和斗争为线索，还原了当时中国社会各阶层各领域的复杂矛盾和斗争。作者将资本家的豪奢客厅、夜总会的光怪陆离、工厂里错综复杂的斗争、证券市场上声嘶力竭的火并，以及诗人、教授们的高谈阔论，太太小姐们的伤心爱情，等等都组合到《子夜》的情节里。最终，《子夜》以吴荪甫的悲剧，象征性地暗示了作家对中国社会性质的理性认识："中国没有走向资本主义发展的道路，中国在帝国主义的压迫下，是更加殖民地化了。"

2.《蚀》三部曲

《蚀》三部曲是茅盾的中篇小说集，包括《幻灭》《动摇》和《追求》三部中篇小说。整个三部曲都是以大革命时期一些小资产阶级知识青年的思想动态和生活经历为题材。

《幻灭》的故事背景是革命前夕的上海和革命高潮中的武汉。女主人公章静情感脆弱而富于幻想。她缺乏斗争的勇气，意志软弱，对生活容易燃起希望也容易感到失望。章静讨厌上海的喧嚣和"拜金主义化"，面对无力改变的现状，她在学业和爱情两方面都感到了幻灭。

《动摇》写的是大革命时期武汉附近一个小县城发生的故事。作为革命联盟的国民党县党部负责人方罗兰，在革命形势急剧变化的时候，动摇妥协，助长了反革命的气焰。胡国光是一个"积年的老狐狸"，他利用种种卑污手段混进革命阵营，用伪装的革命面具掩盖自己的投机破坏行为。关于革命者李克，虽然用墨不多，但他的敏锐果断、不屈不挠的革命精神却跃然纸上。

《追求》着力描述了张曼青、王仲昭、章秋柳、王诗陶、曹方志、龙飞等知识分子的穷途末路。大革命失败后，他们既看不到希望，又不愿苟活，挣扎彷徨中，只能以失败收局。

3.《林家铺子》

《林家铺子》是茅盾 1932 年 6 月创作的短篇小说，原名《倒闭》。载《申报月刊》第 1 卷第 1 期，后收入短篇小说集《春蚕》。

作品讲述了一个经营着小店铺、谨慎而又精明的小商人林老板，在外有日本帝国主义的军事压迫，内有国民党官吏敲诈和地主高利贷盘剥的动荡、黑暗时局中，再三苦苦挣扎，最终还是破产的故事。林家铺子的倒闭，反映了民族资本家希望通过诚实和勤奋经营换取生存希望的梦想彻底破灭，也揭示了饱受压迫的社会底层百姓最终走向抗争是历史发展的必然。

有文学家评论，《林家铺子》这部作品，抓住了当时现实生活中的重大问题，深刻反映了当时的社会历史现实，同时在艺术上也表现得非常出色。当城市、乡镇许多大小企业纷纷停业倒闭，经济崩溃、民族危亡席卷整个中国的严重时刻，茅盾的作品及时地将人们的生活现状和其中的矛盾斗争加以艺术概括，揭露这一切产生的社会根源，确实起到了振聋发聩的警醒作用。

巴 金

原名李尧棠，字芾甘，1922 年于成都外国语专门学校肄业，是享誉海内外的文学大师、杰出的社会活动家。代表作《家》《春》《秋》，后期有杂文集《随想录》。

主要作品

1.《激流三部曲》

在巴金众多的小说中，由《家》《春》《秋》三部长篇组成的《激流三部曲》，成就最高、影响最大。其中，第一部《家》不仅是巴金文学道路上树起的第一块丰碑，也堪称中国现代文学史上最优秀的现实主义杰作之一。

在现代文学史上，揭露封建制度的弊害，是许多作家作品的重要主题。但是，像巴金这样旷日持久地坚持表现这一主题的作家并不多，像《激流三部曲》这样从内部对封建家庭作集中而又深刻的剖析的大型作品，更是罕见。撕开封建宗法制度虚伪的面纱，显露它吃人的本质，并明确揭示它"木叶黄落"的穷途末路，是巴金对中国现代文学的一个突出贡献，也是《激流三部曲》的思想意义所在。

2.《爱情三部曲》

包括《雾》《雨》《电》三部情节连续的长篇小说。

《雾》：从日本留学归来的知识分子周如水在旅馆巧遇女子张若兰，对其产生好感却没有勇气表白。一年后再回到这个旅馆，得知家中妻子早于两年前就已病死，张若兰也早已离去，周如水万分惆怅，只能独自悔恨。

《雨》：两年后的上海，张若兰已经嫁给一位大学教授，周如水又爱上另一位小资产阶级女性李佩珠。可是李佩珠决心投身革命，拒绝了周如水的爱情，周如水绝望自杀。朋友吴仁民的情感也不顺利，他恋上自己从前帮助过的女学生熊智君，可熊为了保护他嫁给了一个军阀。她留下一封信，鼓励吴仁民追求事业，吴仁民在悲愤中慢慢振作。

《电》：三年后的福建，李佩珠和她的朋友们在这里组织了一个革命团体。吴仁民也来到这里，这时的他已经成为一名坚定的革命者，他与李佩珠产生感情并结合。

据说，《爱情三部曲》是巴金最喜欢的作品，几乎每个主角身上都有巴金朋友的影子。所谓的"爱情三部曲"，并不是单纯写男女情爱，巴金曾说，这个三部曲写的是"性格"，而不是"爱情"，是借助爱情来展现一群知识分子，在激烈的社会变革中，在新思想和封建残余之间或挣扎或觉醒，或颓唐或奋起的故事。

3.《寒夜》

《寒夜》是巴金从 1944 年开始创作的一部长篇小说，出版于 1947 年。小说讲述了抗战时期的陪都重庆，自由恋爱的知识分子汪文宣和妻子曾树生，他们的家庭在现实生活重压下，如何一步步走向破裂的故事。小说成功塑造了汪文宣、曾树生、汪母这三个人物形象，通过抗战时期勤恳、忠厚、善良的小知识分子的悲惨命运，揭露了病态社会的黑暗腐败，为挣扎在社会底层的小人物，发出了痛苦的呼喊。

老　舍

新中国第一位获得"人民艺术家"称号的作家，擅长中长篇小说、戏剧创作，代表作主要有长篇小说《四世同堂》《骆驼祥子》，中篇小说《月牙儿》和戏剧《茶馆》。老舍是北京人，京派代表作家。他的作品主要呈现了北京市民在黑暗的旧时代的挣扎和反抗，语言幽默，透着浓郁的京味。

主要作品

1.《四世同堂》

中国现代长篇小说中的一部经典名著，老舍先生的代表作之一，被誉为"值得每一代中国人阅读的文学经典，值得每一个中国人珍藏的民族记忆"。

老舍先生以深厚的艺术功力和精湛的小说技艺，刻画了祁老人、瑞宣、大赤包、冠晓荷等一系列栩栩如生的艺术形象，展现了风味浓郁的北平生活画卷，至今传读不衰，历久弥新……

小说以卢沟桥事变爆发、北平沦陷为时代背景，以祁家四世同堂的生活为主线，形象、真切地描绘了以小羊圈胡同住户为代表的各个阶层、各色人等的荣辱浮沉、生死存亡。作品通过记叙北平沦陷后的畸形世态，日寇铁蹄下广大平民的悲惨遭遇，百姓面对强敌愤而反抗的英勇无畏，鞭挞了附敌作恶者的丑恶灵魂，揭露了日本军国主义的残暴罪行，更讴歌、弘扬了中国人民伟大的爱国主义精神和坚贞不屈的民族气节，气度恢宏，可歌可泣。

本书入选《亚洲周刊》评选的"二十世纪中文小说一百强"。老舍自己曾这样评价《四世同堂》："它是我从事写作以来最长的、可能也是最好的一本书。"

2.《我这一辈子》

《我这一辈子》是老舍先生于1937年抗战前夕开始创作的一部中篇小说，于1937年7月1日载于《文学》第9卷第1号，是老舍第一个创作黄金时期的压轴作品。

本书描写了旧时代一个普通巡警的坎坷一生。他很普通也很要强，可生活却不断和他开玩笑：心爱的妻子被最知心的朋友拐走，学了裱纸手艺却没有用武之地，无奈之下做了巡警，困苦的生活却依旧继续……这是一部以平凡小人物的命运，反映时代大悲剧的作品，它的结尾这样写道："我还笑，笑我这一辈子的聪明本事，笑这出奇不公平的世界，希望等我笑到末一声，这世界就换个样儿吧！"

老舍特别擅长用平凡场景中的小镜头来反映社会生活里的大冲撞，他的笔触不是直接介入，而是自然延伸到民族命运的思考与探索中，让读者从他诙谐幽默的文笔中，品味生活的沉重。《我这一辈子》的创作，正突出显示了老舍这一艺术风格。

3.《茶馆》

《茶馆》是老舍最重要的剧作，也是中国话剧史上的经典。出版六十多年来，被翻译成多国文字出版，畅销不衰；同时在话剧舞台上，也是经常上演。北京人民艺术剧院的《茶馆》已成保留剧目，在国内外影响深远。

故事场景设定在一个茶馆里，是因为茶馆人来人往，会聚了三教九流各色人物，一个大茶馆就是一个小社会。老舍抓住这个场景的特点，将半个世纪的时间跨度、六七十个主次人物的命运，高度浓缩在茶馆之中，展现了清末戊戌维新失败后、民国初年北洋军阀割据时期、国民党政权覆灭前夕三个特定时段的生活画面，反映了当时社会各阶层、各势力的尖锐对立，揭示了半殖民地半封建中国的历史命运。

曹 禺

原名万家宝，中国现代著名剧作家。代表作品有《雷雨》《日出》《原野》《北京人》。曹禺擅长戏剧创作，二十多岁创作的《雷雨》使他名动天下。他的戏剧主题深刻鲜明，人物栩栩如生。他特别善于制造矛盾冲突，在矛盾冲突中凸显人性，给人很强的震撼。曹禺作品虽少，但几乎每部都是经典。

主要作品

1.《雷雨》

《雷雨》是曹禺创作的一部话剧。剧作以 20 世纪 20 年代中国半殖民地半封建社会为背景，展现了有着浓厚封建色彩的资本家周朴园家庭内部的种种矛盾，和周鲁两家几十年来，爱情纠葛、血缘联系和阶级对立相交织的错综关系。剧作将周鲁两家的尖锐冲突，在集中的场景（周公馆客厅）、集中的时间（同一天上午至午夜）激烈呈现，猛烈抨击了旧中国黑暗腐朽的社会制度，展示出旧制度必然崩溃的历史命运，以高度的艺术成就和现实主义的感染力震动了当时的戏剧界，标志着中国话剧艺术开始走向成熟。

2.《日出》

《日出》是曹禺的第二部剧作。剧本以交际花陈白露为中心人物，以陈白露的住处和三等妓院宝和下处为活动场所，把社会各阶层各色人等的生活展现在观众面前，深刻解剖了 20 世纪 30 年代中国的都市生活，揭露了剥削制度"损不足以奉有余"的本质。在艺术创作上，作者力求用现实主义笔法写出社会生活的真实，因而《日出》具有纪实性特点，一切都像生活本身而不像"戏"。

3.《原野》

《原野》是作者唯一一部以农村生活为题材的作品。主人公仇虎的父亲被地主焦阎王害死，昔日恋人也嫁给了焦阎王的儿子，他的心中充满仇恨。剧本通过主人公仇虎的复仇悲剧，反映了受尽地主压迫的农民的挣扎和反抗，主人公仇虎沉重的精神负担和被扭曲的灵魂，其从反抗、复仇到觉醒的心路历程，正反映了农村阶级所受压迫的沉重和残酷，及被压迫、被摧残的农民对现实的挣扎和对美好生活的向往。

4.《北京人》

《北京人》描写了 20 世纪 30 年代初的北平，一个封建家庭——古老的曾家，逐渐没落的故事，表现出了对旧制度的鄙弃、否定和对新世界的探索与追求。它是一首动人的、抒情的、催促旧制度灭亡的葬歌，呼唤新社会诞生的序曲。作者从一个家庭的震荡崩溃的图景中，揭示了社会发展的规律：腐朽的走向衰亡，新生的奔向胜利。

8 考点速记

1.《骆驼祥子》作者（老舍），原名（舒庆春），北京人，有"人民艺术家"的称号。

2.（祥子）是老舍的长篇代表作《骆驼祥子》中的一个人物形象。这部作品描写来自农村的淳朴健壮的祥子到城市谋生创业，经历三起三落，最终堕落到生活的谷底的故事。

3.（祥子）与车是《骆驼祥子》这部小说的基本线索，与祥子有着密切关系的女主人公是虎妞。

4. 祥子是老舍笔下一个被侮辱、被损害的底层劳动者形象，他本是（农民），进城后以拉车为生。（虎妞）是祥子的妻子，也是车厂主（刘四爷）的女儿。

5. 祥子的第一辆车被抢走以后，千辛万苦积攒的准备第二次买车的钱被（孙侦探）给敲诈去了。

6."我算明白了，干苦活儿的打算独自一个人混好，比登天还难"是（老马）的感叹。

7.《骆驼祥子》中，祥子失去土地后流落到（北平）拉车。

8.（老舍）的作品在中国现代小说艺术发展中有十分突出的地位，与茅盾、巴金的长篇创作一起，构成（现代长篇小说）艺术的三大高峰。

9.（虎妞）的变态情欲，（二强子）逼女卖淫的病态行为，以及（小福子）自杀的悲剧，对祥子来说，都是锁住他的"心"狱。

10. 《骆驼祥子》中的祥子在兵荒马乱中被抢走了车，却冒险牵回了（三匹骆驼）。

11. 在《骆驼祥子》中，既是剥削者又是被剥削者的是（虎妞）。

12. 有一个人因一个不及格的分数，告发了曹先生，这个人是（阮明）。

13.《骆驼祥子》的主人公是祥子，（"骆驼祥子"）是他的外号。

14. 祥子最大的梦想是有一辆自己的新车，他的第二辆车因给（虎妞）办丧事而卖掉。

15. 1951 年，老舍因创作优秀话剧《龙须沟》而被授予（"人民艺术家"）的称号。

16.《骆驼祥子》中的（小福子）是一个美丽、要强、勤俭的女子，后因生活所迫沦为娼妓，终因不甘生活的屈辱而含恨自缢。

17. 以中国老北京为背景，描写了人力车夫由人堕落为"兽"的悲惨遭遇的长篇小说是（《骆驼祥子》）。

18. 祥子的车被当兵的拉走后，他一直想再拥有一辆属于自己的车。就在祥子在茶馆里等着去看（曹先生）时，他遇到了拉车的一老一少（老马和他的孙子小马儿），他们的悲惨处境把祥子最大的希望打破了。

19. 他是一个坚决、沉默而又有生气的高等车夫，为了争取起码的生存权利而奋斗、挣扎，最终走上了一条自我毁灭的道路。这部作品叫（《骆驼祥子》），与人力车夫相关的两个女性是（虎妞）和（小福子）。

20.《骆驼祥子》还写了其他各色人物，如残忍霸道的车厂主（刘四爷），大胆泼辣且有点变态的（虎妞），一步步走向毁灭的（小福子），以及大学教授（曹先生）。

21. 在《骆驼祥子》中，车厂老板（刘四爷）的又老又丑的女儿名叫（虎妞）。

22.《骆驼祥子》是作者老舍最钟爱的作品，讲述的是一个普通的（人力车夫）的故事。

23.《骆驼祥子》以（20 世纪 20 年代末期的老北京市民生活）为背景，以人力车夫（祥子）坎坷、悲惨的生活遭遇为主要情节。祥子来自农村，他老实、健壮、坚韧、自尊，最大的梦想不过是拥有一辆属于自己的车，但是他的希望一次又一次破灭，他与命运的抗争最终以惨败告终。到小说结尾，祥子已经变成了麻木、潦倒、狡猾、好占便宜、吃喝嫖赌、自暴自弃的行尸走肉。

24.《骆驼祥子》是老舍的作品，作为语言大师的老舍创造性地运用北京市民的口语，把顶平凡的话调动得生动有力，使人一读就能感受到小说浓浓的京味儿。小说讲述了一个（人力车夫）的辛酸故事，主人公祥子最大的梦想不过是拥有一辆自己的（人力车），但残酷的现实让他的希望一次又一次破灭。作者正是通过祥子这个人物的悲剧命运，无情地批判了那个社会——它不让好人有出路。

25.《骆驼祥子》中，在（曹先生）家拉包月的那段生活，祥子是能得到人格尊重的。（曹先生）和太太非常和气，拿祥子当个人对待；饭食不苦，祥子在（曹家）有间宽绰的屋子住，可以消消停停地吃三顿饭；工作不累，祥子做临时工作可以得到额外的报酬；祥子拉车不小心摔了（曹先生），也不受责骂。

26. 祥子前后有巨大的变化，一开始是"体面的，要强的，好梦想的"，而后来变成了"堕落的，自私的，不幸的"，这是由旧社会（黑暗腐朽）的社会制度造成的。

27. 老舍的作品中用了许多老北京话，如车租叫（"车份儿"），晚上出车叫（"拉晚儿"），吃用的花销叫（"嚼谷"）等。

9 阅读笔记

1. 《骆驼祥子》中你最难忘的情节是什么？

2. 祥子的"三起三落"中，你印象最深刻的是哪次？

3. 你最同情书中哪个人物？最痛恨书中哪个人物？

4. 你觉得《骆驼祥子》是一部伟大的作品吗？为什么？

5. 说一说你所了解的老舍先生。

创业史

◎ 人生的道路虽然漫长，但紧要处常常只有几步，特别是当人年轻的时候。

◎ 光荣可能被一次罪过所毁掉，耻辱却需要时间来洗刷！

◎ 革命的狂风暴雨时代啊！一个人一生能经历几回呢？对那个时候的回忆，永远鼓舞人在新的情况下，做出些意志坚强的果敢决定。

1 导　读

　　1953 年，风华正茂的柳青来到陕西省皇甫村落户，投入到田间生产中。那时的柳青已经参与创办了《中国青年报》，创作了长篇小说《种谷记》《铜墙铁壁》。就在工作和事业"顺风顺水"之时，他选择扎根皇甫村，一住就是十四年，写下了被誉为"时代的画像，生活的史诗"的《创业史》。

名师读名著

　　20 世纪 50 年代初期，中国共产党领导人民彻底铲除封建剥削制度，砸碎了压在农村乡民身上的反动政治机器，使农村乡民得到了梦寐以求的土地。从第一个五年计划（1953—1957）开始，中国农村和农民日出而作、日落而息的时间观念被彻底打破，农村乡民和农村被组织进现代工业化时间体系中。

　　1953 年，农业合作化运动在中国广大农村全面开展，中共中央出台了诸多农业优惠政策，农村乡民对合作化的态度是"疑惑中有期待"。1955 年之前成立的"互助组"和"初级社"，基本上符合农村乡民利益和现实需要，缓解了土地改革后农村出现的因规模小和贫富悬殊而导致的生产力低下、社会矛盾加剧等问题，是适合当时农村发展和农村乡民认知水平的政策措施，其结果也是明显促进了农业生产力的增长。

　　《创业史》开篇，土地改革运动已经结束，互助组刚刚建立，面临很多问题。从小说中蛤蟆滩上形形色色人物的出场和表现可以看到，充满勇气与智慧的人们在新生力量代表梁生宝的带领下，经历各种艰难打磨，改造旧世界，开创了新历史！

2 阅读计划

篇幅：第一部 30 章（不含题叙与结局），第二部 28 章，共约 60 万字。

阅读时间：每天半小时，60 天读完。

要求：

1. 通读全书，熟悉小说脉络。

2. 重点人物形象分析，如梁生宝、梁三老汉、徐改霞、郭振山等。

3. 了解重要情节，如梁生宝卖稻种、"活跃借贷"失败、互助组大丰收等。

4. 自主查阅资料，了解作者柳青的生平及《创业史》的创作背景，认识《创业史》的思想意义及价值取向，并写下阅读笔记。

5. 了解创业类影视、图书作品，培养创新创业精神。

3　作者名片

柳青（1916—1978），原名刘蕴华，陕西省吴堡县人，当代著名小说家。

柳青早年从事革命活动，1928年加入中国共产主义青年团，1936年加入中国共产党，1938年奔赴延安。抗战胜利后，任大连大众书店主编，解放战争后期，又辗转回陕北深入生活。中华人民共和国成立后，任《中国青年报》编委和文艺副刊主编。1952年8月，柳青任陕西省长安县委副书记。1953年3月，他辞去长安县委副书记一职开始定居皇甫村，专门从事文学创作。

他深入农村生活十四年，有着丰厚的生活积累。他的小说大都以农村生活为题材，代表作《创业史》，2019年9月23日入选"新中国70年70部长篇小说典藏"。

4　名著概要

第一部

题叙：梁三的创业历程及父子之间的矛盾

1929 年，四岁的宝娃随寡母王氏逃难到了下堡村，被蛤蟆滩的梁三带回家中。梁三娶妻收子，重新组建了家庭。宝娃改名为梁生宝。梁三决心创立家业，他拼命苦干了十年，累弯了腰、累出一身病也没创起家业。渐渐长大的梁生宝继承梁三之志，继续创立家业，也以失败告终。

土地改革后，梁三分得了十来亩稻地，他欣喜若狂，重新萌发创业想法。他一心想走个人发家致富的道路，梁生宝却并不热心于个人发家创业，他加入了共产党，热衷于党的工作。1953 年的春天，生宝一心想办互助组，张罗集体创业的大事。于是，父子之间产生了矛盾。

第一至四章：互助组的起步

梁三老汉出门散心，随鞭炮声来到富裕中农郭世富新盖的瓦房前。他看见富农姚士杰和共产党员郭振山两个仇人都在，还有他最佩服最敬仰的郭二老汉。他同郭二老汉聊天，"水嘴"

孙志明羞辱他，并告诉了他梁生宝的生产计划。老汉气急败坏地走了，人们纷纷断言梁生宝会碰壁。放学后的徐改霞和梁秀兰遇到郭振山，郭振山劝改霞考工厂。对爱情的向往和强烈的事业心冲撞着徐改霞，让她内心难以平静。

区政府号召"活跃借贷"，郭振山主持召开村民代表大会。他想凭借自己在村中的威望，发动村中富裕户拿出余粮借给困难户，不料以郭世富为代表的富裕户无视国家政策，不予配合，让他十分尴尬。任老四询问欢喜"活跃借贷"一事，听说郭世富在讨旧账，很气愤，欢喜乘机劝他加入互助组。

第五至十二章：两条创业道路的碰撞

梁生宝出门买稻种，为省下住旅馆钱，不惜睡在车站里。晚上生宝睡不着觉，想着家乡、邻居和改霞。早晨，生宝问清楚了稻种的特性。买了稻种，生宝冒着小雨急忙往回赶，心中燃着理想的火花。

几个条件不错的小伙子都看上了改霞，但改霞心里只有生宝，不过改霞的妈妈不喜欢生宝。生宝买回的稻种叫"百日黄"，生长周期短，这引起蛤蟆滩人的广泛兴趣，庄稼汉们把梁三老汉的草棚院挤得水泄不通，连郭世富都想出高价购买。分好互助组的稻种后，梁生宝发现自己家的却不够了，这让梁三老汉十分生气，生宝不得不做起父亲的思想工作来。

郭振山让生宝通知大伙再为"活跃借贷"开群众会，可是富农姚士杰和首户富裕中农郭世富都没来，这让信任郭振山的困难户很失望，乡支书卢明昌也很不满。一些困难户想加入生宝的互助组，生宝不忍拒绝，决定让他们帮着运扫帚。

姚士杰打算与郭世富联合搞垮生宝的互助组。姚士杰原是高增福的东家，土地改革运动时高增福成了农会小组长，姚士杰为了成分的事情巴结他。谁知高增福不买账，把这事告诉了当时的农会主席郭振山，结果姚士杰被批得连头也抬不起来，这让他从此对高增福和郭振山怀恨在心。

郭振山把准备卖掉的一部分粮食投资给私商韩万祥的事被卢支书知道后，他就一病不起了。经过激烈的思想斗争后，他觉得发家创业还是离不开党，于是他想了个办法，把投资给韩万祥的大米改成是定买砖瓦的，这样思想包袱没了，病也好了。

改霞还是在去工厂和生宝之间摇摆不定。

第十三至十七章：互助组进山

梁生宝拿了订扫帚预支的250元钱，给大家算着账，又跟大家讲了大王村的故事，想让大家看到贫雇农团结起来的力量，看到党的力量。不一会儿高增福来了，说他的互助组垮了，于是高增福也加入了生宝的互助组，还带来了郭世富也要去买"百日黄"搞稻麦两熟的信息。

改霞收到永茂给她的求爱信。为了证明自己和永茂没关系，改霞当着秀兰的面拆信，并将信给正在田里干活的人看。郭振山劝改霞别再为感情的事操心，并将改霞一家拉入他的互助组，想借帮助他人，挽回自己在卢支书那里受损的形象。

改霞为是否要离开生宝到城里去考工厂的事烦心，她决定与生宝见上一面。改霞对生宝说出了她想去考工厂的事，生宝对她产生了误会。梁生宝到区公所，和区委王书记、县委杨书记谈了互助组的事及对"团结中农"政策的理解。县上给梁生宝的互助组派了一位农业技术员，生宝更加有信心了。

梁三老汉怕梁生宝带一大群人万一出事担不起责，就去找卢支书诉苦。梁三老汉其实是怕"王瞎子""郭锁儿""冯有义"变心。卢支书劝导后，他放下了心上的负担。梁生宝领了进山证去看卢支书，得知要多走四十里"猴路"。第二天鸡鸣时分，梁生宝带着一帮人向山里出发了。

第十八至二十一章：蛤蟆滩上的冲突与矛盾

梁三老汉的邻居瞎眼直杠王老二在拴拴随生宝进山后，为了多赚几个钱，答应让拴拴媳妇素芳到姚士杰家做熬汤女工。郭世富到县里买了两石稻种叫大家来分，他和姚士杰商量，打算狠狠地上肥，给梁生宝一个好看。

改霞认为生宝是听了她对考工厂的想法后，不顺他的心思，所以用别样的态度对她，认为生宝跟其他男人一样，想跟她好不过是想找个女人做饭、缝衣和生孩子，觉得还是郭主任好，对她的关心是无私的，这更坚定了她考工厂的决心。西安国棉三厂招女工的通知到了，改霞准备去考。

秀兰收到了未婚夫杨明山的来信和照片，大家都想看看志愿军英雄的样子。当秀兰得知未婚夫的脸是让凝固汽油弹烧伤的后，对明山的爱和崇敬更多了几分。

任老三因风湿性腰腿疼而瘫痪，好几次差点撒手人寰，他硬挺着一口气，直到把儿子欢喜托付给生宝后才去世。欢喜现在是生宝互助组的记工员，他没有跟随互助组进山，而是等待县上派来的农业技术员，准备学习新技术。技术员迟迟不来，梁大老汉执意先下种。欢喜准备向卢支书反映，中途被生禄拦下，生禄说没法阻止他爸先下种，但可以开一个垄口和水口，分开种稻秧。农业技术员韩培生终于来了，他给大家展示了"新式秧田"，并如实告知"满天星"秧田种出的秧苗并不好。这让一些庄稼人很灰心，有人不服，有人嘲讽，郭世富问他怎样种出没有弊病的苗子时，大伙都抱怨着散开了。韩培生看到了蛤蟆滩存在的冲突和矛盾。

素芳整天在姚士杰家里干一些苦活、累活，可她并不觉得累，她甚至希望一辈子都在这里，对自己现在的生活非常满意。一天，她正在院子里磨面，忽然姚士杰从后墙跳了进来，把素芳抱进了屋子。当姚士杰向素芳说出陷害生宝的阴谋时，素芳感觉到了姚士杰的可怕。梁生禄家和互助组分开下稻秧，王老二非常担心，他打算让拴拴也退组。欢喜请来韩培生劝说王老二，但王老二固执不听，韩培生很无奈。

第二十二至二十六章：互助组分裂

梁生宝带领庄稼人进山割竹，每个人都很有干劲。他们分为三组，各干各组的事情，非常有序。他们用割下来的竹子换了不少钱，这让梁生宝大受鼓舞，又雄心勃勃起来。白天在山里忙活，晚上睡觉时，他想起山下交给欢喜的工作。拴拴的脚被旧竹茬割伤了，生宝坚持背拴拴下坡。

高增福总是拿共产党员的标准来要求自己。饭前，他是常任炊事员；饭后，又变成了政治活动家。当他听说拴拴媳妇素芳入了姚士杰的四合院，决心去找梁生宝。听了生宝的分析后，他解开了心结。

1953年春天，改霞来到县城报考国棉三厂。她担心自己考不上，看到那么多人拥挤着考工厂，也开始怀疑考工厂并不是进步的表现。在县委王亚梅的开导下，改霞明白了村主任郭振山并不是她一直迷信的好党员。回家后，改霞解除了对生宝的误会，并开始重新思考自己的未来。改霞来到秀兰家，得知秀兰准备住到婆家的原因后，被她的高尚品质所感动，下定决心不再迷信郭振山，以后自己拿主意。

郭世富认为自己是蛤蟆滩最能干的人。他很会计算，卖粮时把好麦倒在前面，后面放次麦。往年春荒时郭世富绝不卖麦子，但今年春季麦子从没卖得这样快过。到农历三月下旬，市面上粮食越来越少，郭世富不明白是为什么。他决定不再和梁生宝互助组较量了，不能总是卖粮买肥料。

韩培生住在生宝家，生宝妈对他很照顾，还给他单独下面吃。韩培生认为这样违反纪律，以搬家相逼，老太太只好妥协。韩培生在与梁三老汉、欢喜的交流中，感受到了梁三老汉的天真和欢喜的聪明伶俐。王老二听说拴拴受了伤，来生宝家哭闹，第二天就宣布退组，跟富农姚士杰搭伙种地。接着梁大老汉也宣布退组。梁生宝的互助组分裂了。

第二十七至三十章：生宝归来

互助组分裂后，互助组的每户家庭都很沮丧，认为梁生宝互助组马上就要散伙了。韩培生不这样认为，他想去乡政府向卢支书汇报情况。分裂后的第三天，韩培生收到一封区委书记王佐民写给他的信，让他去治虫，于是他让欢喜照顾秧子地。就在韩培生要离开的时候，梁生宝突然回来了。韩培生看到梁生宝作为一名共产党员，为了人民的事业无私付出，不计回报，油然而生一股敬意，他入党的决心更加坚定了。

郭振山听闻梁生宝的互助组出了乱子，幸灾乐祸。姚士杰遇见白占魁，知道他要找人合伙买牛，便鼓动他找生宝互助组成员郭锁。拴拴、生禄两家退组后，生宝互助组的个别成员也开始动摇，但这并没有影响生宝对互助组的信心。与此同时，高增福申请加入互助组；白占魁没有受姚士杰的蛊惑，他看清形势，也向梁生宝说出想加入互助组的想法，最后，成功加入互助组。

梁生宝的互助组通过努力，取得了重大成功。梁生宝的努力大家看在眼里，原本因为种种原因退出互助组的人重新回来了，互助组日益强大。郭振山因为之前犯下的错误在大家心中失去了威望，他便去互助组帮忙管理，希图弥补过失，恢复到从前的样子。

从县城回来后，改霞下定决心要和生宝在一起。她主动找生宝示好，生宝却回应冷淡。改霞十分伤心，她重新考虑两人的关系，认为她和生宝可能不合适。

第一部结局：灯塔农业社成立了

1953 年，国家开始实行粮食计划收购与计划供应，梁生宝的互助组密植水稻产量惊人，提前完成了蛤蟆滩的统购工作。互助组得到众人的认可，生宝也在群众中树立了威望。梁生宝、冯有万和任志光（欢喜）到县上培训，学习结束后，在党支部领导下，创立了灯塔农业生产合作社，梁生宝是社主任。

郭世富在这场竞争中输掉了，又开始闭门不出。姚士杰公开反抗统购统销工作，受到群众斗争，不得不低头。郭振山为自己与党的路线背道而驰的行为而心虚，经过教育，他认识到自己的错误，重新开始为集体的事情奔走，并组织起一个送粮队，欢天喜地去交售余粮。

秀兰与杨明山结婚了，随明山去了东北。改霞去北京长辛店铁路机车厂当了铸工学徒，临走，她在心里默默祝福生宝事业成功，找到心仪的对象。

生宝知道改霞走了，后悔了一阵，然后就被互助组各种伤脑筋的事给岔开了。卢支书对改霞和生宝的事遗憾不已。

梁生宝为了给梁三老汉"圆梦"，给老汉做了一套新棉袄棉裤。梁三老汉认识到互助合作的优越性，开始理解儿子的事业。因为对梁生宝的认可，大家对梁三老汉也变得敬重起来。梁三老汉感受到这些变化，他庄严地走过庄稼人群，一辈子生活的奴隶，终于带着生活主人的神气了。

第二部

第一章

1954 年小寒前六天，蛤蟆滩的周边村镇，都贴起了拥护革命的对联。但蛤蟆滩的人却是严肃的，他们把心情都贯注到创建农业合作社的工作中去了。建社工作组的人分成两部分，一部分忙四评工作，就是评土地等级、评劳力底分、评牲口价、评农具价；另一部分人抓思想工作，对所有参加集体劳动的社员，进行团结性、纪律性和组织性教育。郭世富在统购粮入仓后，第一次出门了。

第二章

姚士杰家的创业史，是很见不得人的。辛亥革命后，世道依旧不太平，黄堡、下堡、赵村、竹园几个村入夜就锁门，还有人上堡子墙守夜。蛤蟆滩的住户们穷，没院子墙，只能凑钱造了个小土神庙，祈求太平。民国五年的某天晚上，姚富成碰到一个偷跑的变兵叫他做向导，给了他好多银子。当天晚上他和弟弟偷偷把银子埋到地里。过了几天，姚富成开始给村里人讲财神爷的故事，后来还专门买了个油漆财神阁子，开始敬起财神来。姚富成用那些银子迅速买了田地和车马，而这，就是姚家的"创业史"。

第三章

蛤蟆滩的某天早晨，梁生宝醒来，想到上午要参加下堡乡的支部大会，讨论高增福和冯有万入党的事情，准备起床。继父却出来挡住他，让他继续睡，并说起土地证的事。临了，还叫梁生宝去和竹园村的对象见个面，但是梁生宝心思不在这里，他直接跑了。

第四章

下堡村乡政府支部大会上卢支书讲话，大意是大家把余粮拿出来统一售给农业社，已经提前光荣地完成任务，其中党员起了带头作用。然后大家讨论高增福和冯有万入党的事情，他俩也先后发了言。梁生宝听了郭振山的讲话，认为他有能力，决定争取郭振山，不让他在村里唱两台戏。

第五章

拴拴爹瞎子王老二死了，灯塔农业社的八个男社员抬着灵柩。出殡队伍看上去毫不悲痛，只有拴拴的媳妇素芳，这个最应该高兴的人反而哭得很伤心。大家说起死者生前，韩培生说，王老汉自从被华阴知县衙门打了八十大板后，一辈子没觉醒过来。这让生宝想起王书记的话：改造贫穷的生活不难，改造落后意识，才是我们党真正的负担。梁生宝反应过来素芳哭

得那么伤心的原因了，因为她再也不用受王老汉的管制和欺
侮了。

第六章

　　素芳尽情地哭着，从墓地回来的时候，她已经抬不起头
了，她很晕，想起了很多从前的事情。她决定在灯塔农业社好
好干。她经常参加妇女小组学习会，但只低头听，从不发言。
随着妇女小组会议的深入，有人开始自我检讨合伙买牛、退组
单干的事，这让素芳想起拴拴退组和富农姚士杰搭伙种地的
事，有些抬不起头。就是在会议中，突然家里来人说，公公死
了。她回到草棚大哭，其实心里想的是，他爹赵得财为啥没生
在新社会。埋葬公公后，一天傍晚，工作组的王亚梅来看她，
安慰她，素芳跟亚梅表态，一定会在农业社好好干。

第七章

　　竹园村的女青年团员刘淑良前两次来蛤蟆滩，都没跟她姑
介绍的梁生宝见上面，于是就跟她姑说，她娘给她另说了对
象，不满意她找蛤蟆滩的……可是她姑却让刘淑良等等，满口
直夸梁生宝好。刘淑良其实心里也挺中意梁生宝，只是心里有
疙瘩，一方面是母亲的态度，一方面是自己的情况。她一边从
侧面了解梁家情况，一边在心里有了主意。而她姑和有万丈母
娘等人，仍旧热心忙活着她和梁生宝的事情。

第八章

下堡乡党支书卢明昌一堆的工作做不完，郭振山却对他搞起了两面派。他嘴上同意区委对蛤蟆滩的互助合作事宜，暗地里竟指使杨加喜和孙志明领着群众去区上申请办社。乡长樊富泰说得狠狠斗他一下，卢明昌不同意，认为不要把有毛病的同志当敌人，要讲究方式方法。可是郭振山不知从哪里听到风声，对他起了误会，认为他要整自己，跟他理论。卢明昌觉得官渠岸互助组的情况不简单，不禁替梁生宝担心。

第九章

七级大风刮起，县委副书记杨国华本来要去下堡村了解灯塔社情况的，只得推着车，半道返回大王村工作组。第二天，他见雪太大，先组织群众扫雪后才回县城。杨国华跟县委书记陶宽汇报了大王村的工作，又说起下堡村的问题。陶书记认为，郭振山能力很强，梁生宝年轻了些，究竟两人谁挂帅，还得再观察观察。

第十章

扫雪后，一些蛤蟆滩的村民经过新修的饲养室，都说梁生宝运气好，修好了才变天，还猜着啥时候牲口合槽。梁生宝、高增福、冯有万、杨大海几个人在饲养室忙了一天，天黑才各自回家。杨加喜说，郭振山是能人，让他办农业社准能办好，不相信梁生宝他们能办好。高增福听了不高兴，梁生宝却说，反话有时要正听，自己踏实干就行。生宝知道工作组也担心办不好会担责，但他向建社工作组表态了，他一定要办合作社，如果县上要停办灯塔社，他不服从！他叮嘱高增福，甭骄傲、甭任性、甭大意，做好自己该做的事情。

第十一章

下堡村乡政府，县委副书记杨国华、黄堡区委书记王佐民和下堡乡支部书记卢明昌一起听灯塔社建社工作组长魏奋汇报工作。魏转述了韩培生对梁生宝的评价，说生宝有才能、有德性，懂得团结郭振山，灯塔社应该上马。夜里，杨国华回想汇报过程中大家的态度，又想到陶书记之前的分析，觉得陶书记的看法未必对。第二天杨国华去找梁生宝，路上遇见郭振山，郭振山热心地给他介绍起了村里的情况。生宝不在家，去饲养室了，杨书记和梁三老汉聊起了家常。

第十二章

饭刚吃完，梁生宝的小草棚院里就来了很多人，有群众，也有工作组的人，都是来看杨书记的。梁三老汉把自己的老白马交给了社里，虽然不舍但心情很舒畅。因为杨书记的到来，大家对蛤蟆滩的牲口合槽表现出了极大的兴趣。郭振山发动大家敲锣打鼓，汤河北岸的王家桥、郭家河、马家堡等地，也来了很多人。梁三老汉在路上遇见那如赶集般的人群，惊呆了。灯塔社成立大会召开，魏组长把印记颁发给了梁生宝。灯塔社成立了，大家热烈庆祝。

第十三章

在乡政府，杨国华委婉地指出魏奋在工作中的错误，告诉他并不是听上级领导的话就是有党性，要考虑当地工作实际，尊重当地党组织。韩培生是未来灯塔社驻社干部，牛刚是黄堡区生产助理员，杨国华和他们谈起了工作。韩培生说白占魁只想当干部，做事图表现，群众对他印象不好。王亚梅说有人反馈给梁生宝，但梁生宝不太在意，认为只要自己分清楚，不跟他坐一条板凳，他就坏不了事。杨书记听了，觉得梁生宝的话有道理，对他更加刮目相看了。

第十四章

富农姚士杰陷入了粮食统购和灯塔社成立给他带来的苦恼中，他了解到所有大户基本只交了二十石左右的余粮，富户也就二十五石左右，只有他连足够的口粮都没能留下，他决定控告郭振山。他又发现自家土地同合作社土地搭界，担心汤河水枯时轮不到他灌自流水，急得大病了一场。姚士杰逛街来到堡子南门，看到了张贴的灯塔社章程，觉得自己可以下点猛料，不只是搞臭高增福……

第十五章

梁生宝主持了第一次社务管理委员会。会开完，他和冯有万去饲养室，任老四说来了个人，把每个槽都仔细看了一遍，很奇怪。梁生宝叮嘱他，多个心眼。冯有万叫梁生宝去见一下刘淑良，上心一下相亲的事情。生宝去见了，回来路上想起改霞。冯有万问他到底是否愿意和淑良处，他担心改霞回来和梁生宝好上。梁生宝让有万放心，说他和改霞没啥事。

第十六章

腊月二十四，蛤蟆滩准备过年了，好多人家杀猪买肉。郭振山为了扩大影响力，让别人瞧得上互助联组，叫人一下杀了三头互助联组喂的肥猪。他有心让姚士杰的猪肉卖不出去。杨加喜和高增富懂得郭振山的心思，一边奉承他，说互助联组的好，一边说灯塔社的是非。郭振山见他们太过了，说了他们几句，但话语间仍流露出对梁生宝的不服。

第十七章

互助联组的猪肉晌午过后不久就全部卖完了，这时，郭振山才想起改霞她妈没来买猪肉，就提了一个猪头去看改霞妈。可改霞妈却对郭振山没啥好脸色，不要他的猪头。改霞妈说，改霞不回来了，因为没人结伴回来，还抱怨是郭振山把改霞哄骗走的。郭振山只好提着猪头离开了。

第十八章

灯塔社合槽后，梁三老汉每天都去饲养室。他跟生宝说，任老四经验少，不适合当饲养员，为什么不考虑我呢？生宝却说，饲养员不仅要喂牲口，还管分配牲口，我是主任，你是主任的爹，不适合做这个。自从梁生宝跟刘淑良见面后，梁三老汉就没心思去饲养室了，他觉得家里就要有喜事了……

第十九章

梁大老汉有了心病，他不喜欢农业社，可又不得不入社。梁生宝现在办了灯塔社，要把他的家业"充公"，他很苦恼，连夜叫人替他给二儿子梁生荣写了信，说村里要办社，问他能不能先不入。几天后，回信到了，让他们坚决入社，梁大老汉听完不再犹豫，决定入社。

第二十章

春节期间梁生宝快忙死了，有数百家下堡村的亲戚来参观灯塔社。梁生宝让所有的社干部取消休假，待在饲养室答疑解惑，接待客人。任老四跟高增福说，梁生禄偷偷给原来自己家的大黑马挖料吃，这是违反社里规定的。高增福决定第二天来饲养室等着，查看一下。

第二十一章

梁生禄过春节的前几天都在走亲戚，初五时没亲戚走了，他去官岸渠的"闲话站"。听人说灯塔社饲养室里有牲口变瘦了，他心里急，担心自家的大黑马饿着了。他开始偷偷跑到饲养室给大黑马偏吃料。梁大老汉心疼自家大黑马，决定留下来看看办社的事情，先不去甘肃了。

第二十二章

下堡乡的互助合作代表梁生宝、郭振山、高增旺、王来荣、郭振华在卢支书和樊富泰的带领下，来到县里。梁生宝这次来一是想学习办社经验，一是想申请贷款，想卖掉社里的老弱牲口，买些强壮牲口。咨询了区干部牛刚同志后，生宝决定先不申请贷款了。牛刚把梁生宝和刘淑良的事告诉了韩培生，两人鼓励生宝抓住这个机会，处好刘淑良，于是生宝去约刘淑良见面，淑良同意了。

第二十三章

上次见过梁生宝后，见他没个态度，介绍人也没有准信，刘淑良以为梁生宝看不上她，做好了一个人过的准备，没想到这次县里开会，梁生宝会主动约她。到了约定时间，刘淑良去找梁生宝，见面后梁生宝解释了相亲时没给准信的原因，还说了自家情况。梁生宝问刘淑良是否愿意办婚事，刘淑良说回家跟母亲沟通一下。

第二十四章

灯塔社跟往年比提早了十天上地，每个人都热情高涨。但不久就有人风传，饲养室太小，气味大，牲口都变瘦了。很多人不放心，上门查看。高增福见状，连忙召开社员大会，稳定军心。铁匠张师的地里麦苗长得不好，大家不愿意锄地，担心出了劳力，打的粮食还不够交租。高增福做了大家的思想工作后，大伙豁然开朗，开始锄地了。

第二十五章

梁生禄告诉梁大老汉，白占魁牵着大黑马去拉黄豆，还坐在马上哼小曲。梁大老汉听了心里窝火，要去找白占魁算账，被梁生禄劝下。梁大老汉实在太思念大黑马，决定牵回家用两天。他来到饲养室跟任老四要马，两人吵了起来。梁大老汉牵了大黑马去黄堡卖，冯有万赶来把黑马抢了回去。

第二十六章

高增福去黄堡镇买笼子和扁担，却听见大家在议论冯有万抢梁大老汉黑马的事情。回来路上又碰到姚士杰幸灾乐祸，气得他一路疯狂往回赶。大家在会上批评了白占魁，白占魁也承认了自己乱吆黑马的错误，还检讨自己只想当干部，保证以后改正。大家很高兴，觉得这个社员大会开得好。

第二十七章

县委会议室，杨国华书记召集农业社主任开会。他叫梁生宝谈谈办灯塔社的经验。梁生宝把蛤蟆滩克服无地、无房困难，修建饲养室，解决合槽后出现的问题，等等过程详细讲了一遍，社干部听完都很感动。第二天的农业社主任会议，经讨论，大家觉得可以将贷款算在贫雇农头上，未来农业社有钱了，再从贫雇农的收益里扣除，返还给国家。杨国华觉得这主意不错，会议结束想找陶宽书记再商量一下，可陶宽先来找他了，说灯塔社出了问题。

第二十八章

小组讨论后郭振山有点不安，因为今天上午开会时，区委书记王佐民接了个电话，这让他联想到可能是梁生宝要评上省劳动模范了，他好面子，觉得自己工作不如生宝，心里不痛快。当听说是灯塔社出事了，冯有万抢了梁大老汉的黑马，梁大老汉举报了，王佐民和卢支书是回灯塔社了解情况了，心里顿时轻松下来。下午的会议，郭振山表现积极，并努力表现出自己是在试办农业社出问题的时候，给大家鼓劲的样子……

（第二部结束）

5　原文节选

第五章

　　春雨刷刷地下着。透过外面淌着雨水的玻璃车窗，看见秦岭西部太白山的远峰、松坡，渭河上游的平原、竹林、乡村和市镇，百里烟波，都笼罩在白茫茫的春雨中。

　　当潼关到宝鸡的列车进站的时候，暮色正向郭县车站和车站旁边同铁路垂直相对的小街合拢来。在两分钟里头，列车把一些下车的旅客，倒在被雨淋着的小站上，就只管自己顶着雨毫不迟疑地向西冲去了。

　　这时间，车站小街两边的店铺，已经点起了灯火，挂在门口的马灯照到泥泞的土街上来了。土街两头，就像在房脊后边似的，渭河春汛的鸣哨声，在人们不知不觉中，增高起来了。听着像是涨水，其实是夜静了。在春汛期间，郭县北关渭河的渡口，暂时取消了每天晚班火车到站后的最后一次摆渡，这次车下来的旅客，不得不在车站旅馆宿夜。现在全部旅客，听了招徕客人的旅馆伙计介绍了这个情况，都陆陆续续进了这个旅馆或那个旅馆了。小街上，霎时间，空寂无人。只有他——一个年轻庄稼人，头上顶着一条麻袋，背上披着一条麻袋，一只胳膊抱着用麻袋包着的被窝卷儿，黑幢幢地站在街边靠墙搭的一个破席棚底下。

　　你为什么不进旅馆去呢？难道所有的旅馆都客满了吗？

不！从渭河下游坐了几百里火车，来到这里买稻种的梁生宝，现在碰到一个小小的难题。蛤蟆滩的小伙子问过几家旅馆，住一宿都要几角钱——有的要五角，有的要四角，睡大炕也要两角。他舍不得花这两角钱！他从汤河上的家乡起身的时候，根本没预备住客店的钱。他想：走到哪里黑了，随便什么地方不能滚一夜呢？没想到天时地势，就把他搁在这个车站上了。他站在破席棚底下，并不十分着急地思量着：

"把它的！这到哪里过一夜呢？……"

他那茁壮的身体，站在这异乡的陌生车站小街上，他的心这时却回到渭河下游终南山下的稻地里去了。钱对于那里的贫雇农，该是多么困难啊！庄稼人们恨不得把一分钱，掰成两半使唤。他起身时收集稻种钱，可不容易来着！有些外互助组的庄稼人，一再表示，要劳驾他捎买些稻种，临了却没弄到钱。本互助组有两户，是他组长垫着。要是他不垫，嘿，就根本没可能全组实现换稻种的计划。

"生禄！"他在心里恨梁大老汉的儿子梁生禄说，"我这回算把你看透了。整党学习以前，我对互助合作的意义不明了，以为你地多、牲口强，叫你把组长当上，我从旁帮助。真是笑话！靠你那种自发思想，怎能把贫雇农领到社会主义的路上哩嘛？我朝你借三块钱，你都不肯。你交够你用的稻种钱，连多一角也不给！我知道你管钱，你推到老人身上！好！看我离了你，把互助组的稻种买回来不？"

现在离家几百里的生宝，心里明白：他带来了多少钱，要买多少稻种，还要运费和他自己来回的车票。他怎能贪图睡得舒服，多花一角钱呢？从前，汤河上的庄稼人不知道这郭县地面有一种急稻子，秋天割倒稻子来得及种麦，夏天割倒麦能赶上泡地插秧；只要有肥料，一年可以稻麦两熟。他互助组已经决定：今年秋后不种青稞！那算什么粮食？富农姚士杰，富裕中农郭世富、郭庆喜、梁生禄和中农冯有义他们，只拿青稞喂牲口；一般中农，除非不得已，夹带着吃几顿青稞；只有可怜的贫雇农种得稻子，吃不上大米，把青稞和小米、玉米一样当主粮，往肚里塞哩。生宝对这点，心里总不平服。

"生宝！"任老四曾经弯着水蛇腰，嘴里溅着唾沫星子，感激地对他说，"宝娃子！你这回领着大伙试办成功了，可就把俺一亩地变成二亩啰！说句心里话，我和你四婶念你一辈子好！怎说呢？娃们有馍吃了嘛！青稞，娃吃了肚里难受，愣闹哄哩。……"

"就说稻地麦一亩只收二百斤吧！全黄堡区五千亩稻地，要增产一百万斤小麦哩！生宝同志！……"这是区委王书记用铅笔敲着桌子说的话。这位区委书记敲着桌子，是吸引人们注意他的话，他的眼睛却深情地盯住生宝。生宝明白：那是希望和信赖的眼光……

"不！我哪怕就在房檐底下蹲一夜哩，也要节省下这两角钱！"生宝站在席棚底下对自己说，嗅惯了汤河上亲切的烧稻草根的炊烟，很不习惯这车站小街上呛人的煤气味。

做出这个决定，生宝心里一高兴，连煤气味也就不是那么使他发呕了。度过了讨饭的童年生活，在财东马房里睡觉的少年，青年时代又在秦岭荒山里混日子，他不知道世界上有什么可以叫做"困难"！他觉得：照党的指示给群众办事，"受苦"就是享乐。只有那些时刻盼望领赏的人，才念念不忘自己为群众吃过苦。而当他想起上火车的时候，看见有人在票房的脚地睡觉的印象，他更高兴了——他这一夜要享福了，不需要在房檐底下蹲了。嘻嘻……

他头上顶着一条麻袋，背上披着一条麻袋，抱着被窝卷儿，高兴得满脸笑容，走进一家小饭铺里。他要了五分钱的一碗汤面，喝了两碗面汤，吃了他妈给他烙的馍。他打着饱嗝，取开棉袄口袋上的锁针用嘴唇夹住，掏出一个红布小包来。他在饭桌上很仔细地打开红布小包，又打开他妹子秀兰写过大字的一层纸，才取出那些七凑八凑起来的，用指头捅鸡屁股、锥鞋底子挣来的人民币来，拣出最破的一张五分票，付了汤面钱。这五分票再装下去，就要烂在他手里了。……

尽管饭铺的堂倌和管账先生一直嘲笑地盯他，他毫不局促地用不花钱的面汤，把风干的馍送进肚里去了。他更不因为人家笑他庄稼人带钱的方式，显得匆忙。相反，他在脑子里时刻警惕自己：出了门要拿稳，甭慌，免得差错和丢失东西。办不好事情，会失党的威信哩。

梁生宝是个朴实庄稼人。即使在担任民兵队长的那二年里头，他也不是那号伸胳膊踢腿、锋芒毕露、咄咄逼人的角色。在一九五二年，中共全党进行社会主义思想教育的整党运动中，他被接收入党。雄心勃勃地肩负起改造世界的重任以后，这个朴实庄稼人变得更兢兢业业了，举动言谈，看上去比他虚岁二十七的年龄更老成持重。和他同一批入党的下堡村有个党员，举行过入党仪式从会议室出来，群众就觉得他派头大了。梁生宝相反，他因为考虑到不是个人而是党在群众里头的影响，有时候倒不免过分谨慎。……

　　踏着土街上的泥泞，生宝从饭铺跑到车站票房了。一九五三年间，渭河平原的陇海沿线，小站还没电灯哩。夜间，火车一过，车站和旁的地方一样，陷落在黑暗中去了。没有火车的时候，这公共场所反而是个寂寞僻陋的去处。生宝划着一根洋火，观察了票房的全部情况。他划第二根洋火，选定他睡觉的地方。划了第三根洋火，他才把麻袋在砖墁脚地上铺开来了。

　　他头枕着过行李的磅秤底盘，和衣睡下了，底盘上衬着麻袋和他的包头巾。他掏出他那杆一巴掌长的旱烟锅，点着一锅旱烟，睡下香喷喷地吸着，独自一个人笑眯眯地说：

　　"这好地场嘛！又雅静，又宽敞……"

　　他想：在这里美美睡上一夜，明日一早过渭河，到太白山下的产稻区买稻种呀！

　　但是，也许是过分的兴奋，也许是异乡的情调，这个远离家乡的庄稼人，睡不着觉。

　　票房的玻璃门窗外头，是风声，是雨声，是渭河的流水声。

　　不管他在火车上也好，下了火车也好，不管他离开家乡多远，下堡村对岸稻地里那几户人家，在精神上离他总是最近的。他想到他妈，这时准定挂着他在这风雨之夜，住在什么地方。他想到继父，不知道老汉因他这回出门生气没有。他想到妹子秀兰，准定又在进行宣传，要老人相信他走对了路。他想到他互助组的基本群众——有万、欢喜、任老四……当他想到改霞的时候，他的思想就固执地停留在这个正在考虑嫁给谁的大闺女身上了：改霞离他这样近，他在这砖脚地上闭起眼睛，就像她在身边一样。她朝着他笑，深情的眼睛扑闪扑闪瞟他，扰乱他的心思……

在土改那年，他俩在一块接触得多。他和她一同到县城参加过一回青年积极分子代表会议。他俩也经常同其他村干部和积极分子一块过汤河，到下堡村乡政府开会。改霞总显得喜欢接近生宝。开会的时候，她使人感觉到她故意挨近他坐；走在路上，她也总在他旁边走着。有一天黑夜，从乡政府散了会回家，汤河涨水拆了板桥，人们不得不脱脚蹚水过河。水嘴孙志明去搀改霞，她婉言拒绝了，却把一只柔软的闺女家的手，塞到生宝被农具磨硬的手掌里。渐渐地，人们开始用一种特别的眼光看他俩，背后有了细声细气的议论。那时间，改霞和周村家还没解除婚约，他的痨病童养媳妇还活着哩。在下堡乡党支书卢明昌隐隐约约暗示过生宝一回以后，生宝就以一种生硬的方式，避免和改霞接近了。现在，已经二十一岁的改霞，终于解除婚约了，他可怜的童养媳妇也死去了。他是不是可以和她……不！不！那么简单？也许人家上了二年学，眼高了，看不上他这个泥腿庄稼人了哩！……

他想：用什么办法试探一下她的心底才好呢？给他妹子秀兰说，又说不出口。"把它的！这不是托人办的事情嘛！"

他还没想出试探改霞的办法，就呼呼地睡着了。

……

早晨天一亮，一个包头巾、挟行李的野小伙子，出现在渭河上游的黄土高岸上了。他一只胳膊抱着被窝卷儿，另一只手在嘴上做个喇叭筒，向南岸呐喊着水手开船。他一直呐喊到住在南岸稻草棚里的水手应了声，才在渭河岸上溜达着，看陌生的异乡景致，等开船……

春雨在夜间什么时候停了，梁生宝不知道；但当下，天还阴着，浓厚的乌云还在八百里秦川上空翻腾哩。可能还有雨哩。昨天在火车上看见的太白山，现在躲在云彩里头去了。根据汤河上的经验，只有看见南山的时候，天才有放晴的可能——这里也是这样吧？

生宝注意到一个非常有趣的事情：渭河上游的河床很狭窄，竟比平原低几十丈；而下游的河床，只比平原低几尺，很宽，两岸有沙滩，河水年年任性地改道。这是什么道理呢？啊啊！原来上游地势高，水急，所以河床淘得深；下游地势平，水缓，所以淤起来很宽的沙滩。

"高。是高。这里地势是高。"他自言自语说，"同是阴历二月中间天气，我觉着这里比汤河上冷。"站在这里时间长了，他感觉出这个差别来了。

噢噢！对着哩！怪不道这里有急稻子。这里准定是春季暖得迟，秋季冷得早，所以稻子的生长期短。

生宝觉得：把许多事情联系起来思量，很有意思。他有这个爱好。

咦咦！这里的土色怎么和汤河上的土色不同哩？汤河上的土色发黑，是黑胶土，这里好像土色浅啊！他弯腰抓起一把被雨水湿透了的黄土，使劲一捏，又一放。果然！没汤河上的土性黏。他丢掉土，在麻袋上擦着泥手，心里想：

"啊呀！这里适宜的稻种，到汤河上爱长不爱长哩？种庄稼，土性有很大的关系；这倒是个事哩！跑这远的，弄回去的稻种使不成，可就糟哩。"

这样一想，倒添了心思。他急于过渭河到太白山下的产稻区看看稻种，问清楚这种稻种的特性。

直至平原上的村庄处处冒出浓白柴烟的时候，生宝才同后来的几个行人，一船过了渭河。

他在郭县东关一家茶铺吃了早饭——喝了一分钱的开水，吃了随身带来的馍。

当他吃毕早饭的时候，春雨又下起来了，淅淅沥沥地……

梁生宝从茶铺出来，仰头东看西看，雨并不甚大。他决定赤脚。他把他妹子秀兰用白羊毛给他织的袜子和他妈给他做的布鞋，包在麻袋里头。然后，他把棉裤的裤腿卷了起来，白布里子卷到膝盖底下。他又往头上顶着一条麻袋，背上披着一条麻袋，抱着用麻袋裹着的行李卷儿，向白茫茫的太白山下出发了。

"嘿！小伙子真争！啥事这么急？"他听见茶铺的人在背后说他。

一霎时以后，生宝走出郭县东关，就毫不畏难地投身在春雨茫茫的大平原上了。广阔无边的平原上，只有这一个黑点在道路上挪动。

生宝刚走开，觉得赤脚冰冷；但走一截以后，他的脚就习惯了雨里带雪的寒冷了。

梁生宝！你急什么？难道不可以等雨停了再走吗？春雨能下好久呢？你嫌车站、城镇住旅馆花钱，可以在路边的什么村里随便哪个庄稼院避一避雨嘛！何必故意逞能呢？

不！梁生宝不是那号逞能的愣小伙子。他知道他妈给他带的馍有限，要是延误了时光，吃不回家怎办？而且，他一发现渭河上游和下游土性有差别，他就恨不得一步跷到目的地，弄清此地稻种的特性，他才安心。要是他还没从下堡村起身，他可以因故再迟十天半月来；既然他走在路上了，他就连一刻也闲待不住。他就是这样性子的人。

他在春雨中踩着泥路走着。在他的脑子里，稻种代替了改霞，好像他昨晚在车站票房里根本没做桃色的遐想。

春雨的旷野里，天气是凉的，但生宝心中是热的。

他心中燃烧着熊熊的热火——不是恋爱的热火，而是理想的热火。年轻的庄稼人啊，一旦燃起了这种内心的热火，他们就成为不顾一切的入迷人物。除了他们的理想，他们觉得人类其他的生活简直没有趣味。为了理想，他们忘记吃饭，没有瞌睡，对女性的温存淡漠，失掉吃苦的感觉，和娘老子闹翻，甚至生命本身，也不是那么值得吝惜的了。

二十几年以前，当生宝是一个六七岁娃子的时候，陕北的年轻庄稼人，就是这样开始组织赤色游击小组的。这是陕北人、县委杨副书记说的。那年头，在陕北和在全中国一样，国民党军队、国民党政府、豪绅和地主的统治，简直是铁桶江山。但是，年轻庄稼人组织起来的游击小组，在党领导下，开始了推翻这个统治的尝试。杨副书记在正月里举行的互助组长代表会上作报告的时候说：一九三三年，陕北的老年庄稼人还说游击小组是胡闹哩，白送命哩；到一九三五年，游击小组变成了游击支队，建立起了赤色政权，压住山头同国民党军队挺硬打，当初说胡闹的老年人，也卷入这个斗争了。经过了多少次失败和胜利，多少换上军衣的年轻庄稼人的鲜血，洒在北方的黄土山头上，终于在梁生宝虚岁二十三的那年，全中国解放了，可怜的"地下农民"梁生宝站出来了！

生宝现在就是拿这个精神，在小农经济自发势力的汪洋大海中，开始搞互助组哩。杨副书记说得对：靠枪炮的革命已经成功了，靠优越性、靠多打粮食的革命才开头哩。生宝已经下定决心学习前代共产党人的榜样，把他的一切热情、聪明、精力和时间，都投入党所号召的这个事业。他觉得只有这样做，才活得带劲儿，才活得有味儿！

正月里，全省著名的劳模、窦堡区大王村互助组长王宗济从扩音器里发出的声音，永远在梁生宝记忆里震荡着。

"我们大王村，五〇年光我这个互助组认真互助，其余都是应名哩。过了两年，受了我这个组的带动，全村整顿起十四个互助组，都认真了。今年正月，我们两个组联起一个农业生产合作社……"

梁生宝当时是三千个听众里头的一个。他坐在三千个党的和非党的庄稼人里头，心在他穿棉袄的胸脯里头蛮动弹。他对自己说：

"王宗济是共产党员，咱这阵也是共产党员了。王宗济能办成的事，咱办不成吗？他是滟河川的稻地村，咱是汤河川的稻地村。百姓从前是一样的可怜，只要有人出头，大伙就能跟上来！"

但他又想："啊呀！咱比王宗济年轻呀！人家四十多岁，咱二十多岁，村内威信不够，怎办？要是郭振山领头干，咱跟上做帮手，还许差不多哩。可惜！可惜！振山，你为啥对这事不热心嘛？……"

"咳！这有啥怕头？"生宝最后鄙视自己这种没出息的自卑心理，想道，"王宗济自己也说：是靠乡支部和区委的领导。

有党领导，咱怕啥？"

于是，在王宗济发表毕挑战的演讲以后，穿黑棉袄、包头巾的小伙子，在人群中站了起来，举起一只胳膊，大声向主席台喊：

"黄堡区下堡乡第五村梁生宝，要求讲话！"

当他在主席台上表示毕决心下来的时候，区委书记就在通道上欣喜地等着他，握住他的手，攀住他的肩膀，亲热地说："开毕会就到蛤蟆滩帮助你整顿互助组，订生产计划。"从那时候，生宝的心里就烘烘地热了起来。

他现在跑到几百里外，在渭河上游冒雨走路的劲头，就是同那天上台讲话的劲头相联系的。

在雨里带雪的春寒中，他走得满身汗。因为道路泥滑，他得全身使劲，保持平衡，才不至于跌跤。

直至晌午时光，他走了三十里泥路。他来到鸭鸿河上的一个稻地村庄里。他的麻袋已经拧过三回水，棉衣却没湿，只是潮潮。他心里畅快得很哪！这个身强力壮的小伙子！

6 名著赏析

【背景篇】

《创业史》的写作背景本身就是一部创业史。作家柳青说，生活是作家的大学校，"要想写作，就先生活；要想塑造英雄人物，就先塑造自己"。柳青在生活的舞台、创作的舞台上都交出了满意的答卷。

柳青与《创业史》

在了解《创业史》之前，读者朋友可以思考一个问题：我们评价优秀的文学作品和好的作家的标准是什么？有人说这个很简单呀！如果这个书畅销，它就是好作品，那些通过写畅销书、卖畅销书致富的作家就是好作家。

大家或许不知道，在几十年前，还有这样一位作家——

他写了一部小说，这部小说的第一版就印了 10 万册，最终成为中国最畅销的长篇小说。但是他却把所有的稿费，都捐给了农村。

他曾是"九级干部"，但是他放弃了九级干部的身份，毅然奔向面朝黄土背朝天的农民。要知道，九级是很高的级别，当时的陕西省委书记就是行政九级。

他的著作被翻译成十几种国家的语言。当外国记者如朝圣一般，奔到他写作的村庄时，惊奇地发现他们面对的是一个地地道道的老农，而这个老农，戴着一副厚厚的眼镜。

这个放弃了九级干部的待遇，奔向高天厚土的农村的作家，他的名字叫刘蕴华，笔名是柳青，这部作品叫《创业史》。

1952年春天，36岁的团中央九级干部柳青为何决定放弃北京的舒适生活，到陕西一个普通乡村来落户？因为他想写一部反映农村巨大变化的小说。

柳青坚信生活是文学的永远的源泉。"搞文学工作，不要搞空中楼阁。空中楼阁搞得再漂亮，是不扎实的。""要想写作，就先生活。要想塑造英雄人物，就先塑造自己。""生活培养作家、锻炼作家和改造作家。在生活里，学徒可能变成大师，离开了生活，大师也可能变成匠人。"柳青始终视生活为老师、为源泉、为熔炉。他一边在火热的社会实践中深入生活，一边又将新的思考融入文学创作中。

为和村民们打成一片，柳青剃掉头发，脱去四个兜的干部装，这使他看上去就像一个地地道道的农民。农闲时，吃过晚饭，要么是村民来到他家，要么是他去别人家，点上一锅烟，开始聊天。村上有什么红白喜事，他都要去参加，以便能更近距离地观察村里的众生相。

当然，处关系不能光靠嘴，关键还得为百姓干实事。当时，村里流行一种"瓜娃子病"，他请来专家做调研，认为是当地的水有问题，于是，他就带领村民，在村里打了一口深水井。他趴在猪圈的围栏上，观察猪的习性，写下《耕畜饲养管理三字经》，发表后，很多人不相信这是大作家柳青写的。

1952年，由中共领导的土地改革运动开始把中国数千年来农民对农田的梦想——"耕者有其田"变成现实。广大农民虽然在土改运动中分得了土地，但光靠一家一户的单干，不少贫困农户底子薄，牲口、劳动力和生产资金匮乏，根本无法改变贫困的命运，农村依然存在阶层分化的可能，农民依然存在重新失掉自己土地的危险。

为改变这种形势，有些地区出现了将贫下中农有限的田地、劳力、牲口、物资组合起来办互助组的尝试。这种尝试实际上就是农业社会主义改造的开始。

这种改造遇到的第一个难题就是旧社会的旧思想根深蒂固。当时，农民过惯了一家一户的日子，发了财自家享用，遭灾遇祸变穷了，只能借高利贷、卖地、卖身，给富人家打短工、做长工，甚至乞讨、逃难。穷人之间缺少互助的传统，农民习惯了只顾自家的利益，现在谁能接受社会主义的新事物呢？中国几千年大家都是一家一户单干的，这种做法前所未有，到底符不符合农村的规矩，大家能不能接受，在实践中行不行？这些个问题困扰着当时的中国，柳青就是带着这些问题到了长安县，到了皇甫村。

柳青到长安县以后，发现一个难题：皇甫村一个由六户人家组成的农民互助组"烂包"（即"散摊子"）了。柳青只好组织学生们去区里开互助组会。当时互助组的领头人叫郭远彤，这个人正在家中蒙着棉被睡大觉，怎么喊他都不开门。

柳青深知，要改变农民这种脆弱群体现状，就要把所有资源、劳动力都组织起来，但实际情况却是，没有一个很好的组织者。这里的根本原因就是——缺乏信任。作为组织者要相信党的决策，更重要的是，得到广大农民特别是贫困户的信任，农民穷了那么多年，已经很难信得过别人。

互助合作真就这么难吗？就在柳青犯愁的时候，有人告诉他，隔壁胜利村有个叫王家斌的人组织了六户村里最穷的人家，他们团结在一起，居然实现了丰产。他们的试验田亩产将近 1000 斤，创造了全区的新纪录。柳青听到这个事心中就燃起了希望。

柳青心里琢磨着：这个王家斌究竟是怎么把穷苦的农民组织起来的呢？

解放前，其实是没有胜利村的，这里的人都是从外地流浪到这儿来的。这些人在这里盖上茅庵、草房，渐渐地就有了胜利村。王家斌本姓张，他的父亲死了以后，妈妈把他带到这儿，和一个姓王的老汉过到一块以后，改名叫王家斌。

村民都说，王家斌是吃苦受苦长大的人，他卖力打粮食、努力干农活，吃苦耐劳，从不吝惜力气，根本不讲究个人的得失，能下多少苦，就下多少苦。王家斌为人还很厚道，是地地道道的老实人，他宁肯自己不吃不喝也要把活儿干完，他休息时间也比别人少，基本都是在劳动。最重要的是，王家斌能干、公道，在出现利益纠纷的时候，甚至愿意自己吃亏，来赢得大家对集体的信任。

柳青曾说，我们的人民不但要在物质上站起来，更主要的是在精神上、心灵上站起来，这个才是真正的站起来。最终，柳青以王家斌为原型，以农村互助合作遇到的各种真实挑战为素材，花了六年时间，四易其稿，终于完成了《创业史》这部长篇小说。

《创业史》一问世就取得巨大的成功。1960 年中国青年出版社出版《创业史》第一部，柳青拿到稿费一万多元，在当时这是一个天文数字。他把这笔钱全部捐给了王曲人民公社，给村里办集体企业，还建了王曲卫生院，至今仍在造福当地农民。后来柳青又预支了《创业史》第二部的部分稿费5000多元钱，给皇甫村拉了电线，改善了村民的生产和生活条件。

皇甫村人都把柳青当皇甫村民看待，柳青也把村民当家人看待。比如他的邻居坐月子，别人给他捎了一盆小米，他会给邻居送去半盆。他是人民的贴心人。柳青有七个子女，一大家人的生活紧紧巴巴，而且年轻时得过肺痨的他，晚年又患上了严重的过敏性哮喘。但柳青最忧心的并不是疾病和贫穷，而是能不能把《创业史》写完。最终，在病榻上，柳青完成了《创业史》的前两部。

后来，路遥在评价柳青的《创业史》时曾说："在我国当代文学中，还没有一部书能像《创业史》那样提供了十几个乃至几十个真实的、不和历史上和现实中已有的艺术典型相雷同的典型。"据说，路遥在写《平凡的世界》时，每遇卡顿，都会去给柳青扫一次墓。

回到最开始的那个问题，究竟怎样的作品才是优秀的文学作品，好的作家又是怎样的？相信大家心中早就有了答案。

鲁迅曾说："无穷的远方，无数的人们，都和我有关。"柳青他写过这样一幅字，叫"襟怀纳百川，志越万仞山；目极千年事，心地一平原"。这世界很小，心很大，什么叫"心地一平原"？昆德拉曾说，"当伟大作家写作的时候，世界如同大道一样向他们敞开"，而我们的古人也说过，"大道之行也，天下为公"：这便是鲁迅的胸怀，也是柳青的襟怀。

【内容解读篇】

梁生宝是《创业史》的主角，小说的情节、各种矛盾的展开，都以梁生宝作为聚光点。一个品质高尚的青年农民的创业理想如何与远大的共产主义理想相结合？我们不妨跟随梁生宝一起来到当年的蛤蟆滩。

"瓜娃"梁生宝的创业史

《创业史》的主人公叫梁生宝。大家知道在中国的方言中"宝"有两个意思，一个是宝贝，一个是活宝、傻瓜。在柳青的笔下，在读者的眼中，梁生宝恰好就是这么一个宝贝，也是这么一个宝娃、一个傻瓜。

小说开头，是富裕中农郭世富在起新房，全村人都围过来看，还羡慕地感叹：盖大瓦房多好啊，人家郭世富老汉这个日子过得多好啊！

梁生宝的继父梁三老汉戴着个旧毡帽也过来看，大家在羡慕郭世富的同时，开始笑话他。大家说起了梁生宝互助组的事，一边嘲笑梁生宝，一边要把梁三老汉的旧毡帽拿下来，看看他的头。大家这么不尊重梁三老汉，他也不怎么生气，因为他认为，只有像他哥梁大、郭二老汉一样创起业来，才能被人尊重。这就是小说的开头。

接下来，我们小说的主人公梁生宝就正式出场了。主角出场的排面是啥样呢？只见他头上顶个麻袋，身上披个麻袋，一只胳膊抱着麻袋包着的铺盖，在潇潇春雨中出现在渭河的高岸上。梁生宝在干什么？他坐着火车到终南山下，去给他的互助组买稻种。为什么要买稻种呢？

这个稻种名叫"百日黄"，它生长期很短，一百天就能成熟。成熟得快就说明这个稻种可以再种一季，就可以实现增产。这一段，在《创业史》中写得很仔细：梁生宝舍不得住店，就睡在火车站里；梁生宝舍不得吃饭，就去喝人家饭馆里不花钱的面汤。饭店里，很多人都在嘲笑梁生宝是个吃不起饭菜的穷小子，这丝毫不影响他那美滋滋的理想。他掰碎母亲给他带来的馍，就着免费的面汤，吃得香极了。

梁生宝的愿望就是新买来的稻种能够获得丰收。他把稻种买到之后，回来给大家分。分完了稻种之后，梁生宝一个人把剩下的稻种一称，惋惜地呷嘴道："把它的！弄下这事！""弄得咱不够了。"这时候，他继父梁三老汉用非常丧气的目光，灰心地盯着生宝说："你呀！你太能了！能上天！……好！好！精明人！"

大家都笑了，这时候的梁生宝在大家心里确实是个"瓜娃"。

"瓜娃"梁生宝没有任何怨言，他积极带领大家组建互助组，进终南山割竹子做扫帚，卖给供销社换工钱过春荒；他为了提高水稻单产，扛着压力，力排众议，引进农业技术育"扁蒲秧"；为了解决农民的长久生计，他排除万难创办了灯塔社。

创业过程中，梁生宝勤于思索。他将政策看成自己的生命，在处理拴拴的退组和白占魁入组的问题上，他能独立思考，表现出一个共产党人的豪迈气概和政策水平。他永远朝着

"听党的话"的道路走，他对互助合作的前途坚信不疑。他鼓励社员说："咱这互助组，就好比天旱时的一棵嫩苗苗。只要甭让它死了，有一场好雨，它就冒起来啰。"在社会变革大潮中，"瓜娃"梁生宝一步步成长为全心全意为人民创业的共产党人。后来，梁生宝的互助组水稻获得了大丰收：亩产九百九十七斤半，差二斤半，就是整整一千斤了。

小说中梁生宝对爱情、友谊，特别是对继父的态度，也表现了他的高尚情操。尽管在处理同改霞的爱情关系上，梁生宝过于矜持，但也表现了他处处以党的利益为重的性格特征。他与"生铁疙瘩"冯有万的感情，从一个侧面体现了梁生宝与群众之间的密切关系，揭示了他最终在互助合作事业上取得胜利的基本保证。在走社会主义还是走个人发家致富的道路上，梁生宝和继父之间的矛盾，充满着原则性和人情味，深化了人物丰富美好的内心世界。

小说的结尾是梁生宝"嘟嘟嘟"地打起稻子，他还满足了梁三老汉的一个理想，给老人做了一身簇新的棉袄棉裤。当梁三老汉高高兴兴地穿了一身簇新的棉袄和棉裤走在阳光下，大家都在羡慕他。梁三老汉庄严地走过庄稼人群，一辈子生活的奴隶，现在终于带着生活主人的神气了。他知道蛤蟆滩的事情不会少，但最替儿子担心害怕的时期已经过去了。

还记得小说的开头吗？那时候大家都笑话梁三老汉，觉得梁生宝是个不自量力的年轻人，说他"做事没底底"，会"碰破了脑袋"……现在，大家都羡慕他有一个好儿子，能够带领大家致富，是大家都信得过的人。

【人物篇】

　　《创业史》中对人物的刻画可谓栩栩如生。人物繁而不乱，几乎包括了农村各个阶级和阶层的典型。这些人物把社会生活面铺展得很广，展现了一幅生动形象却又广阔深远的社会主义建设时期农村光景图。作者柳青在运用大量笔墨描摹人物心理活动的同时，又特别注意揭示各种人物独特性格、独特命运形成的社会根源，使每个人都有一部生活史，他们的生活史共同构成了这一部波澜壮阔的"创业史"。

梁生宝：时代先进者的符号

　　作为社会主义新人的代表，梁生宝无疑是柳青最为喜爱的人物，也是小说用力最多、最为成功和最具典型性的形象。青年梁生宝在旧时代曾因躲避国民党抓壮丁而躲进终南山，新中国成立后则成为引领农村发展的党员带头人。他的身份转变是党领导人民翻身得解放、取得伟大胜利的证明，其成长也是在生活和时代的淬炼与磨砺中完成的。

　　有人评价，"梁生宝是'历史、时代、现实和理想'的结晶，这些英雄形象的真实的性格内容，既高唱着豪迈的语言，雄壮的调子，又显示了鲜明的色彩，成为鼓舞和教育人民的榜样"。

1929年陕北大旱，宝娃是蛤蟆滩众多灾民中的一员。作为"外来者"，宝娃在其母嫁给梁三以后就获得了在蛤蟆滩生活的合法身份，并且取名叫梁生宝。梁生宝是农民的样板，他有很高的政治觉悟，表现为他对新政权的深厚感情，对新政策的透彻理解，对私有制的仇视以及舍小家为大家、谋求共同富裕的创业观。梁生宝是先进阶级中具有高等觉悟的人，是那个时代需要的理想农民形象。他善于在农村日常生活中发现政治意义的觉悟，表现了他高尚的精神境界。在这艰苦奋斗中，他也没有一丝一毫的利己主义，他既不想从集体事业里捞点高于别人的利益，也不希望别人把他当作领导来恭敬。

梁生宝的"创业"代表的是农村社会对党的政策的高度理解，表明合作化并非简单的自上而下的政策落实。梁生宝的行为虽不能被广泛理解，但他的人品却在农村社会被广为称道，厚道、仗义、克己利人、心胸开阔，在群众中很有威信，能干出常人干不出甚至不理解的事业。他的豪杰气是民间意义上的英雄的精神特质，是草根英雄气度，体现了传统文化的一些内涵，尤其是通俗传奇所推崇渲染的一些品质，不仅包含仁和智，更有勇和义，敢于出头打抱不平。

梁生宝的偶像是杨书记，一个将人民的利益看得比个人和家族利益重要的榜样人物。刚刚入党的梁生宝也开始显示出这种品质。梁生宝的经历颇为传奇，童年逃难行乞，落户在蛤蟆滩。八岁就很讲礼仪，见长者必问安。十三岁给东家拉长工，十八岁的时候已经对庄稼活路样样精通了，他还暗自跟着老师傅学会了所有农活，包括最讲技术的那种。梁生宝自尊心极强，这与他善良敏感的性格和流落他乡的生活处境有关。梁生宝的奋斗，他的互助创业这一事业选择的内在动因，在于其善良天性和自尊需要的统一。梁生宝长大后，熬长工、当佃户，买下地主家的小牛犊，租下十八亩稻地，显示出庄稼人里少见的胆识和魄力。

学好，这是梁生宝品质中永恒不变的一点。自从他参加了一个强大的、有着光荣斗争历史的伟大政党以后，他就开始学做新式的好人了。

"梁生宝"不仅存在于《创业史》中，也并不单指灯塔社那个不到三十岁的年轻社长，他是一个符号，代表着一个群体，一群为国为民无私奉献的时代英雄。他们不求私利、不图回报，凭着一腔对党和国家的赤诚忠贞奔波于乡村田野、城镇工厂，在中国共产党的伟大领导下，带领无数挺直腰杆不久的贫苦百姓，奋斗出属于自己的美好生活。

梁生宝是把党的政策转化为成功的现实实践的典范，是新一代有理想、有激情，充满时代朝气的农民党员和社会主义新人的典型代表。百年征程波澜壮阔，百年初心历久弥坚！华夏大地漫漫疆土，从青黄不接到谷物满仓，从穷乡僻壤到世界强国，是因为每一名党员，都坚守着作为一名党员的初心，每一名群众，都坚信着共产党的力量。正是每一个平凡人的力量汇聚在一起，涓滴成海、聚沙成塔，让中国在艰难中创造出令人惊叹的发展奇迹。

"人生的道路虽然漫长，但紧要处常常只有几步，特别是当人年轻的时候。""梁生宝"们把最美好的青春年华奉献给了农村，奉献给了养育他们的土地，奉献给了共产党。或许过程中有困难，有阻碍，有不被理解，但他们矢志不渝，不忘初心。

梁三老汉：倔强但讲理的老派农民

梁三老汉勤劳、朴实、善良，他收养梁生宝，待他像亲生儿子一样。买来的童养媳死了，"老汉趴在炕边号啕大哭，哭得连旁人都伤了心"。他对改霞的态度，体现了他保守、固执的一面。他身上有庄稼人最朴实的发家立业的愿望，希望依靠自己的双手勤劳致富。而在那个时代，拥有土地的多少，很大程度上就代表了拥有财富的多少。因此，土改分地，梁三老汉得到十来亩稻地后，面对土地，多年来没有实现的发家致富的愿望又一次从心底萌芽了。"他每天东跑西颠，用手掌帮助耳轮，这里听听，那里听听。他拄着棍子，在到处插了写着字的木橛子的稻地里，这里看看，那里看看。"

《创业史》中多次借他人之口说，梁生宝很多方面都随他的继父梁三老汉，比如踏实肯干、勤劳实在；还有，梁三老汉"心眼正"，他对妻子、女儿很好，对梁生宝视如己出，对童养媳也当亲闺女疼，算得上是一个模范家长；他也从不算计乡邻；他是很有真性情的，比如在清明时，见儿子没想着给童养媳上坟，替童养媳感到委屈，在她的坟前哭了一场，以至于招人笑话。这都说明老汉的品质与儿子有很大的一致性。梁三老汉这个角色具有深刻和丰富性，他虽然不属于正面英雄形象，却有着巨大的社会意义和特有的艺术价值。他是一个老派农民，理念传统，被土地束缚了一辈子。他虽然因为眼界局限而不理解儿子对社会主义改革的热忱，但从不妄加阻拦，只是默默地生闷气，可爱且生动。他是按自己的理念做事的，虽然倔，但讲理，并不是一味保守。后来合作组取得成功，他的家业目标虽然还没实现，但穿上了新棉裤棉袄，生活前景乐观，还因为是梁生宝的爹被人尊重。他此时想的是儿子的事业过了最难的阶段，但还有很多事等着他，足见这个老头看事物有比一般人强的地方。

梁三老汉一生都在"创业"，却屡创屡败。他命途多舛，年少时牛死妻亡，还不得不变卖了祖辈留下的三间房；中年时为了赎回养子，坚定地卖了大黄牛，退还辛辛苦苦攒下的十八亩稻地。他清楚且悲哀地认识到，自己的失败是封建社会地主压迫使然，所以他平静地放弃了自己徒劳的努力，像一只土拨鼠一样在旧社会静静地活着。

新中国成立后，他得到了他挚爱一生的土地，整个人又重新活了过来。这一形象凝聚了作家丰富的农村生活经验，表现了作家对农民的深切理解和诚挚感情。梁三老汉这个人物不仅深刻，而且浑厚，不仅丰满，而且坚实，是全书中一个最有深度的、概括了相当深广的社会历史内容的人物。

徐改霞：女性意识的觉醒与奋斗

柳青常用"咱改霞""我们的改霞"来称呼这位农村女

孩，可见作者对此角色的喜爱之情。

"终于，改霞长成一个十六七岁的、最容易害羞的闺女了。有谁多看她几眼，她就埋下头去，躲避赞美的目光。"这是最初的徐改霞，害羞、青涩。徐改霞的父亲还在世时，就已经为她订了一次亲。到中华人民共和国建立后，徐改霞先因年龄问题婉拒了对方娶亲的请求，在达到法律规定婚龄时，又以包办婚姻为借口，抗拒执行婚约。

在对土改运动的参与中，徐改霞几乎就像变了一个人。她积极从事社会运动，曾去县里当青年代表，在黄堡县 1951 年五一节的万人大会上说了话。徐改霞不会像其他农村女孩那样把自己的命运寄托在嫁人上面，她想给自己挣下一片天地。文章中有很多徐改霞的心理描写，她的清醒、挣扎，她的觉醒、抗争。徐改霞并不仅仅是家里的女儿，她是一个独立的人，她有自我的要求，她渴望打破传统男权对女人命运的桎梏，具有强烈的现代妇女意识，可谓是蛤蟆滩的妇女先锋。

最后，徐改霞借助法律的力量，取消了爹爹在世前为自己订下的婚约。徐改霞是《创业史》这部小说中抗婚成功的代表人物，因为结婚的自由是女人独立的第一步，改霞对自己的家庭生活始终保持着清醒的意识。她抗婚的原因，并没有别人所想的对方长得丑，只是她对自己的结婚对象有着自己的要求："总要找一个思想前进的、生活有意义的青年，她才情愿把自己的命运和他的命运扭在一起。"关于恋爱，她一直有着很清醒的认识："不管他男方是什么英雄或者模范，还要自己从心里喜欢，待在一块心顺、快乐和满意。"

徐改霞解除了旧婚约，成为她与梁生宝之间发展爱情关系的前提条件。徐改霞开始觉得，梁生宝这种朴实肯干、有责任、无私的好男子，才是最值得她赞赏的。于是她大胆追求自己的爱情，准备向梁生宝表明心迹——她拥有了新时代女性探索爱情的勇敢。同时，她还是个很矛盾的人。她渴望响应我国工业建设的倡议去搞一番事业，内心却又放不下对梁生宝的情感。当她向生宝提起去棉花厂的念头而受到生宝冷落之后，才终于坚定了报考工厂的信念。

可见，徐改霞对自我有了明确的认识，清楚地知道自己需要什么，能果断作出选择。徐改霞在积极主动地探索爱情的过程中，深刻反思了恋爱、婚姻、事业等的相互关联，踏上了她女性意识觉醒、个性解放的新路程。

徐改霞的身上寄托着柳青对农村妇女解放的思想与希望——既没有为了爱情而丧失自己，也不禁锢在传统的家庭生活里，是中国新时期妇女的好榜样。

郭振山：一个自私又矛盾的人

郭振山是蛤蟆滩的村民代表主任，又是一名共产党员，却热衷于个人发家致富，对互助组冷眼旁观，处处阻挠合作化事业。最后，互助组的成功使他认识到了自己的错误。

郭振山是个复杂矛盾的人，他在土地改革中起过领导作用，是个很会运用语言魅力的农民共产党员，在村中十分有威信。但随着土改结束，郭振山与他的一大家子逐渐走上了富裕中农道路，他骨子里农民阶级的软弱妥协性与自私性开始显露。他对自己在村里的权威很看重，不希望被梁生宝这个后起之秀挑战，在梁生宝成为最年轻的农业合作社社长后，他开始建立官渠岸互助组与梁生宝打擂台。在《创业史》第二部未完结的结尾，梁生宝的合作社出现了梁大老汉闹事的问题，他开心但不敢显露，时刻被自己的领导身份束缚，压抑而纠结地活着。比起梁生宝的坦荡和无私，郭振山的踌躇、矛盾与自私在现实生活中才是广泛存在的，更有映照现实的意义。从这一点来看，郭振山的形象很有普遍性和代表意义。

【句子篇】

作家柳青善于通过对话和行动刻画人物性格，尤其擅长对人物的内心世界作细致的刻画，甚至还有画龙点睛的评论，我们不妨从以下句子中品鉴柳青小说语言的独家风格。

佳句赏析

1. 庄稼人啊！在那个年头遇到灾荒，就如同百草遇到黑霜一样，哪里有一点抵抗的能力呢？

赏析：这句话运用了比喻的修辞手法，把庄稼人遇到灾荒比作"百草遇到黑霜"，写出了在那个年头，遇到灾荒的不幸，表现了灾荒到来的恐怖与庄稼人的悲哀。

2. 每天从早到晚，衣衫褴褛的饥民们，冻得缩着肩膀，守候在庄稼院的街门口，他们不知在什么地方路旁折下来树枝，夹在胳膊底下，防着恶狗。他们诉述着大体上类似的不幸，哀告救命。有的说着说着，大滴大滴的热泪，就从那枯黄的瘦脸上滚下来了，询问：有愿意收养小孩的人吗？这情景，看了令人心酸。多少人，一见他们就躲开走了。听了那些话，庄稼人难受地回到家里，怎么能吃得下去饭呢？

赏析：这段话通过对饥民们衣衫破烂的外貌描写，和又冷又饿场景的细致描摹，表现了他们生活的不幸。多年后的今天，当我们重读这些细节的时候，其生活的原汁原味，其语言的自然淳朴，仍然能够让我们陷入小说情境之中，为作家对生活的细微体察而感动。

3. 除了他自己，谁又进他的街门呢？好！现在，梁三领了个女人回来了，他的草棚院就有了生气。几家姓任的邻居，男人们早帮他铲净院里的枯草，女人们也帮他打扫了那低矮而狭窄的草棚屋。大伙笑说：嘿嘿！从今往后，梁三的案板上和小柜上，再也不会总是盖着一层灰尘了。

赏析：这段话写出了梁三娶了新媳妇，家里有了生气，变得干净了，新生活充满了新希望。大家伙儿一起帮助梁三整理草棚屋，也可看出梁三与邻里关系的融洽和乡民之间的友爱。

4. "唔，当成我梁三这一辈子就算完了吗？我还要创家立业哩！"

赏析：梁三娶了新媳妇后，很多人都来他家的草棚看热闹，也有人跟他开一些不尊重的玩笑，但是梁三都不在乎。这句话体现出梁三已经重拾信心，决定创家立业。

5. 两只瘦骨嶙峋的长手，亲昵地抚摸着站在她身前寸步不离娘的宝娃的头，王氏妇人的眼光，带着善良、贤惠和坚定的神情，落在梁三刮过不久的有了皱痕的脸上。

赏析：这句话对人物动作与神态的种种细节描写，表现了宝娃他妈坚定的性格、对孩子的爱，和对梁三的信任与托付。

6. 常常要等梁三带回来粮食，女人才能做饭；但是她不嫌他穷，她喜欢他心眼好，怜爱孩子，并且倔强得脖子铁硬，不肯在艰难中服软。

赏析：这句话写出了尽管家庭贫困，但是女人并不在乎贫穷富贵的高贵品质，也从侧面反映了她对孩子的关心与歉疚和对梁三的信任，她相信未来一定会更好。

7. "咱娃!"梁三斩钉截铁地大声改正，"往后再甭'你娃''我娃'的了！他要叫我爹，不能叫我叔！就是这话！……"

赏析：这句话运用了语言描写，表现出了梁三的在乎，此时的梁三已经把生宝当成他自己的孩子了。

8. 人生的道路虽然漫长，但紧要处常常只有几步，特别是当人年轻的时候。

赏析：这句话是本书的名句。告诫人们在决定人生走向的关键时刻，要慎重考虑，要珍惜时间、把握机会，趁年轻，干出一番事业。

7　拓展阅读

从革命战争年代到新中国成立后的社会主义建设时期，产生了一系列脍炙人口的红色经典文学作品。尤其在长篇小说领域，由于体裁上篇幅长容量大，这些作品，堪称记录那个波澜壮阔的革命战争和社会主义建设年代的宏大的历史画卷。让我们一起走进那段激情岁月，重温那个时代的热血往事。

《太阳照在桑干河上》：具有创造性的史诗般的作品

《太阳照在桑干河上》是现代作家丁玲所创作的一部长篇小说。《太阳照在桑干河上》所描写的是1946年华北解放区土地改革运动初期的情况，通过对暖水屯一个普通村庄的土改运动，从发动到取得初步胜利的描写，真实生动地反映了农村尖锐复杂的阶级斗争，揭示出各个不同阶级不同的精神状态，并且展现了中国农民在中国共产党领导下已经踏上的光明大道。

作品中，作者不是简单地表现农民与地主的矛盾，而是循着生活的脉络，把延续千百年的中国农村社会各个阶级之间存在着的错综复杂的社会关系，真实生动地表现出来。小小的暖水屯阶级阵线虽然简单，人们的关系却错综复杂。富裕中农顾涌既把大女儿嫁给了外村富农的儿子，和本村地主也是儿女亲家，与此同时，他的一个儿子参加了解放军，另一个儿子是村里积极要求上进的青联主任；钱文贵是群众最痛恨的恶霸地主，可是他的亲哥却是个老实的贫农，堂弟又是村工会主任，儿子更是被他送去参军……小说真实地反映了当时中国农村的生存环境及农民心态的复杂性、丰富性，将政治、经济、家族、血缘、道德、文化和个体心理等元素进行了如盐溶水、不露痕迹的成功表述，使整部作品更加真实、深刻和可信、可亲。

小说在表现生活本身的丰富内容和复杂关系方面，是相当充分的。在反映贫苦农民和地主这一主要矛盾之间的斗争的同时，也深入表现了其他社会阶层之间的差别、矛盾和斗争。就地主阶级而言，钱文贵、李子俊、侯殿魁、江世荣他们在土地改革大风暴面前采取了不同的态度、策略，并且在相互明争暗斗；同样是贫农，既有刘满这样怀着深仇大恨、站在斗争第一线的积极分子，也有侯忠全这样白天分了地晚上又偷偷把地还给地主的落后农民；村干部之间乃至工作队员之间对土地改革的认识、态度和对政策的理解，都有明显的差异，形成了极其微妙的关系。农村的土地改革，正是在这样复杂的条件下，在无声的刀光剑影中，激烈地展开……

全书共58节，每节都描写一个中心情节或中心人物。作者吸收了中国传统的章回小说有头有尾、情节集中等长处，又结合自己擅长的心理分析、环境描写，使得全书波澜起伏，舒徐有致。

现代诗人、文艺理论家冯雪峰评价《太阳照在桑干河上》：这是一部艺术上具有创造性的作品，一部相当辉煌地反映了土地改革的作品，一部带来了一定高度的真实性的、史诗般的作品。

《平凡的世界》：历尽千辛万苦创造生活之蜜

"他是一个优秀的作家，他是一个出色的政治家，他是一个气势磅礴的人。但他是夸父，倒在干渴的路上。他的文学就像火一样燃出炙人的灿烂的光焰。"贾平凹曾如此评价路遥。

1988 年 5 月 25 日，路遥燃烧着自己的生命，终于在陕北甘泉县为鸿篇巨著《平凡的世界》画上了最后一个句号。此刻的路遥泪流满面，他再一次想到自己的父亲，想到了父亲和庄稼人的辛勤劳动……

《平凡的世界》通过复杂的矛盾纠葛，刻画了社会各阶层众多普通人的形象。当劳动与爱情、挫折与追求、痛苦与欢乐、日常生活与巨大社会冲突，纷繁地交织在一起，普通人在大时代历史进程中所走过的道路显得格外曲折。路遥的表达方式很特别，《平凡的世界》在展示普通小人物艰难生存境遇的同时，也在竭力书写他们克服重重困难的美好心灵与坚韧不拔的奋斗精神。作品中的主人公孙少安、孙少平是挣扎在贫困线上的青年人，但他们自强不息，依靠自己的顽强毅力与命运抗争，追求自我的道德完善。其中，孙少安是立足乡土矢志改变命运的"坚守者"，而孙少平是拥有现代文明知识、渴望融入城市的"出走者"。他们的故事构成了中国社会普通人人生奋斗的经验。

身处苦难之中，一般人大概会抱怨这该死的苦难，只想早一些脱离苦海，过上好日子。孙少平不同，身处社会的最底层，他感激这苦难，他热爱自己的苦难，他明白，经过血火般洗礼后，历尽千辛万苦创造出来的生活之蜜，比轻而易举拿来的更有滋味。苦难给了他与众不同的品质。正因为读过很多好书，他明白了很多，身处苦难而不为苦难所苦，而是用自己的方式去磨炼自己；也正是他身上与众不同的品质，让他和周围同样的苦命人区别开来。

路遥认为，人生是永不停息的奋斗过程，奋斗不一定是宏大的，甚至不一定是有形的，它也可以是突破自我限制的努力。所谓"自强不息"，便是不向苦难的命运低头，平凡也不凡。

《大江大河》：致敬改革开放时代的奋斗者

2018 年，一部致敬改革开放 40 周年的主旋律国产剧《大江大河》火了。《大江大河》的影视化改编大获成功，并吸引无数年轻人重新读起了原著：了解父辈们在又穷又难熬的岁月里如何艰苦创业，为宋运辉考上大学高兴，被雷东宝的闯劲鼓舞，又因为萍萍的去世而掉泪……小说《大江大河》跨越三十年，描写了一代人的不同道路，被誉为"描写中国改革开放的奇书"。

《大江大河》展现了中国改革开放以来经济领域的改革、社会生活的变化以及人们精神面貌的改变等方方面面，从 1977 年恢复高考到 1992 年南方谈话，从乡镇企业萌芽到中国制造崛起，从房地产改革到 2008 年金融危机……小说通过讲述国企领导宋运辉、乡镇企业家雷东宝、个体户杨巡、海归知识分子柳钧等典型代表人物的不同经历，生动地刻画了改革开放时期的前沿代表人物，真实还原了一代人的创业生活、奋斗历程和命运沉浮。

宋运辉是小说的主人公，他是国有经济的代表人物，国营企业金州化工厂技术员、东海化工厂厂长、东海集团董事长。他是贯通《大江大河四部曲》的关键人物。他少年老成、意志坚定，有理想、有技术，为化工行业做出了巨大贡献，也是"知识改变命运"的代表人物。宋运辉天资聪颖，却因出身不好忍受着周围众人的疏离与政治上的歧视，但是他把握住了恢复高考的机会，上大学、包分配、下基层，成为一名国企技术人员。变革的浪潮中，早熟刻苦的宋运辉醉心钻研技术改革，竭力远离一切权势纷争，通过自身的努力和前辈的教导，准确把握住时代的发展脉络，逐步实现了自己的理想。

值得一提的是，《大江大河》的作者阿耐是一名女作家，她同时是一名从事制造业的女实业家。她将商场争雄写得气势恢宏，家长里短讲得有滋有味。经典代表作《大江东去》获得中宣部"五个一工程"奖。我们熟知的影视剧《欢乐颂》《都挺好》的原著皆是出自她手。

《鸡毛飞上天》：中国故事里的创业精神

《鸡毛飞上天》以陈江河和妻子骆玉珠的感情和创业故事为线索，讲述了义乌改革发展三十多年曲折而又辉煌的历程。

一天，陈家村乡民在雪地中捡到一个嗷嗷待哺的孤儿，大家叫他"鸡毛"。谁也没想到这个被叫作"鸡毛"的人后来竟真带着他们飞上天，成为当地的传奇。

鸡毛从小耳濡目染大人们"鸡毛换糖",学会了怎么快速对货物进行估价交换,获得最大利益。村民出去讨生计被抓,鸡毛火烧仓库救下乡亲,却被迫离乡避难。临走前金水叔给他取名陈江河,寄托了无限希望。

20世纪80年代处处生机勃勃,义乌小商品市场蓬勃发展,陈江河走南闯北跑遍大半个中国,早已具备了一个成功商人的品质。他在偶然间认识了同病相怜的骆玉珠和留洋归来的千金小姐杨雪,从此展开了他和这两个女人长达半个多世纪的爱恨纠葛。

然而,陈江河与骆玉珠的恋情并不被人看好,甚至被金水叔故意制造矛盾拆散,棒打鸳鸯。骆玉珠黯然远走他乡,在穷困潦倒中出嫁,与他人成家生子。陈江河却边创业边苦等她八年。前夫逝去,骆玉珠带着儿子咬牙前行,交错的火车上与陈江河再次相见。他们决定此生再不分离。

90年代义乌市场风生水起,陈江河与骆玉珠夫妻俩成为商场的领头羊,但因爱生恨的杨雪却成了陈江河生意上最大的竞争对手。杨雪处处作梗,誓要与他纠缠到底。陈江河苦思突围之道,毅然下决心与对手和解一致对外。随着两人利益关系的纠缠,杨雪开始思考她与陈江河互斗的价值与意义,最终,她放下恩怨,嫁给了商界的一代枭雄阮文雄。

陈江河骆玉珠夫妻俩联手征战商海,带着孩子卖五金卖百货,过五关斩六将,克服了诚信危机,赢得了市场信任,做出了属于自己的品牌,将传统零售业做到极致时又做互联网电商,加入到国家战略级"一带一路"的洪流中,将生意铺向世界。与此同时,他们也面临着感情上的抉择,夫妻关系转变,亲人离合，与子女的关系也伴随着商路的坎坷起起伏伏。

新世纪中国互联网电商跨越式发展，陈江河与骆玉珠的儿子王旭慢慢接手了生意。王旭是骆玉珠与第一任丈夫所生，从小是个忧郁寡言的男孩，除了家人唯一陪在他身边的就是青梅竹马的邱岩。邱岩出国留学，王旭独自留在国内打拼，在两代人新旧观念的碰撞中，逐渐成熟的王旭在危机四伏的商业环境中，慢慢闯出一条大道。

王旭这代年轻人有着敏锐的观察力。当看到祖国"一带一路"发展倡议，王旭意识到父亲的前瞻性，同时也找到了新方向——为传统商业插上互联网的翅膀：这不仅是集团的出路，也是整个义乌的出路。殊不知阮文雄这头商业孤狼早已盯上王旭，准备用资本市场来掠夺王旭辛苦打下的成果。商场上流言四起，集团股价起伏跌宕，风雨飘摇中邱岩从国外归来，情路坎坷的两个年轻人如同当年的父母一样携手征战。危难之际，归隐田园多时的陈江河骆玉珠出山，两代人智慧结合，顺利渡过危机，与商业对手化敌为友。老义乌人开四门"进四出六"的传统一代代传承，一家人经历大起大落后终于重新相聚……

《鸡毛飞上天》既有中国式家庭的亲情、爱情，又包含着富有时代特色的商业精神。从前，"鸡毛飞上天"常常用来讽喻好高骛远和耽于幻想。然而改革开放后的中国人，他们穷极思变，从以物易物到设摊经营，从零售到批发，从国内到国际，逐步扩大规模，成立有国际影响力的集团公司……终于，我们亲眼看到鸡毛是怎样飞上天的，也看到了鸡毛越飞越高，越飞越远。

六部值得推荐的"高燃"创业影片

在创业电影中看什么？是颜值与演技并存的演员，是曲折又热血的剧情，还是鼓舞人心的励志精神呢？创业的激情总是能轻松燃起大家的热情。人生难免经历失意，不妨来看一部创业电影，点燃内心的激情。

电影／《中国合伙人》
导演／陈可辛
推荐语：情怀与创业故事可以兼得

"有些事情只有停下来才能看清楚。总有些更重要的事情赋予我们打败恐惧的勇气。"20 世纪 80 年代，"土鳖"成东青、"海龟"孟晓骏和"愤青"王阳三个怀有热情和梦想的年轻人，在高等学府燕京大学的校园内相遇，从此展开了他们长达三十年的友谊和梦想征途。他们共同创办英语培训学校，最终实现"中国式梦想"。《中国合伙人》无疑是一个非常好的故事，从开始甘为人下的谦卑，百折不挠地进取，到最终衣锦还乡，扬眉吐气地换回自己的尊严，成东青、王阳、孟晓骏他们三人的故事，代表的是一个时代的故事。喜欢《中国合伙人》的观众，多因其怀旧或者励志，认为这是一部有青春、有梦想、有友谊、有奋斗的创业电影，含有"中国梦"的寓意。影片的主题曲罗大佑的《光阴的故事》也十分吻合电影梦想、怀旧的寓意，激发了观众的共鸣。许多创业成功者也"对号入座"，在观影后发表评价，认为电影准确还原了时代的特征和背景，感慨良多。

纪录片／《燃点：创业不停下》

导演／关琇　萧屹楠

推荐语：最真实的创业纪录片

改革开放让"创业"一词走进了人们的视线。伴随着时代的浪潮起起伏伏，创业故事层出不穷。如今，当年轻一代屡屡被"一夜暴富"的创业神话或九死一生的艰辛故事触动的时候，创业者的真实模样却鲜为人知。这部创业纪录片试图改变这样的情况。

该片以真实、自然、原生的视角，记录了创业者的生存状态。比起彰显个人的领袖能力，纪录片更多聚焦的是创业团队的成长，让人看到六个来自不同领域、处于不同创业阶段的创业团队背后的喜怒哀乐，不为常人了解的艰辛历程。其中有创业过程中遭遇的技术难关、增长瓶颈、团队矛盾，也有被突如其来的疫情反扑打乱工作节奏的临危破局，几近真实地反映了每个创业者都可能面临的难题和窘境。

每一个创业者心中，都有一个燃点。对他们来说，燃点是坚定不移的初心，是不停向前的原动力。他们是一群信念坚定的梦想家，也是脚踏实地的实干者。他们享受努力和"折腾"的过程，经历过高山低谷，仍遵循自己的初心，步履不停。结果由时间来揭晓，创业者只不断往目标前进，尽情享受过程带来的成长和历练。

电影/《奇迹・笨小孩》

导演/文牧野

推荐语：青春又温情的小人物创业史

影片作为中宣部国家电影局的重点电影项目和重点建党百年献礼片，讲述了新时代年轻人在深圳创业的故事。导演文牧野在特定的主题创作中，突破了传统献礼片趋于固化的创作模式，以一种更为温情化、青春化的叙事策略，展现了中国新时代追光者敢于创新、勇于拼搏的精神面貌，歌颂了现实生活中每一个不畏艰难、追求幸福的普通人。

主人公景浩，母亲因心脏病突然去世，二十岁的他不得不带着妹妹独闯深圳。为了养活妹妹，给妹妹一个安定幸福的家，他白天送快递、当高空擦玻璃的"蜘蛛人"，晚上修手机、打零工，什么活都干。然而，不幸的是妹妹遗传了母亲的心脏病，病情恶化，必须四个月内筹集十万元手术费。

为了救妹妹，他瞅准创业机会，孤注一掷，干起了加工生意。然而是生意就有风险，从投资翻新机开始，先是政策变化，然后他又遭遇下游拒付预付金、被盗抢和资金链断裂几大波折。为了救妹妹的命，他没有退路，也不能退缩，只有豁出性命去拼。也正因为有了这股拼劲，他化解了一次次危机，创造了一个个奇迹。

电影/《印度合伙人》

导演/R. 巴尔基

推荐语：侠之大者，勇于承受世俗的偏见

"我的机器不是为了挣几千万，而是为了帮助几千万。"这是一部根据真实故事改编的电影，讲述了主人公拉克希米冲破阻力，发明低成本的卫生巾生产机，为印度农村的经期卫生观念带来变革的故事。故事中的主人公拉克希米的原型，就是印度草根企业家阿鲁纳恰拉姆·穆鲁加南萨姆。

因为卫生巾关税高昂，印度大部分女性无法使用卫生巾，只有初中文化程度的拉克希米为了妻子的健康，寻找低成本卫生巾的生产方法，却被全村人视为变态、疯子。他远走大城市德里，遇到了生命中最重要的美女合伙人帕里，最终发明了低成本卫生巾生产机器，并开放专利，促成印度全国对于女性经期卫生观念的变革。

值得一提的是，《印度合伙人》于2018年1月在印度上映后，印度于2018年7月取消了卫生巾进口关税。

电影/《硅谷传奇》

导演/马丁·伯克

推荐语：关于乔布斯的最好的电影之一

《硅谷传奇》改编自保罗·弗列柏格与米迦勒·史文所撰写的《硅谷之火》，讲述了世界上最大的电脑公司苹果和微软的崛起故事。故事主角为美国柏克莱大学四个充满远见的年轻人，他们晚上在宿舍内绞尽脑汁、苦思良策，白天则在校内进行你来我往的智斗，展开了一场改变世界的电脑大对决。

故事以苹果电脑的总裁史蒂夫·乔布斯与微软的比尔·盖茨的"厮杀"为主轴。在这部电影中，乔布斯是一位充满激情、富有创新意识，但对人苛刻、有暴君倾向的领导者，这打击了员工的积极性，使他失去了人心，大家对他阳奉阴违。相比之下，比尔处事则很圆滑，与周围的同事相处得很好，良好的人际关系是比尔的重要筹码。影片通篇都在进行着乔布斯和盖茨的对比，不管在商业方面还是在生活方面，带给影迷关于成功的感悟。

电影/《香奈儿传》
导演/安妮·芳婷
推荐语：一个打造时尚帝国的传奇女性

1893 年，因母亲去世，香奈儿的葡萄酒商父亲将她与妹妹安托妮特抛给了奥巴兹孤儿院。成年后的香奈儿与安托妮特一边以缝纫为生，一边在酒吧唱歌赚钱。香奈儿因一曲《小狗可可》结识了法国百万富翁艾亭奈·巴桑，并成为他众多情妇中的一员。在巴桑的城堡，香奈儿开始制作女帽，并与演员艾米丽安成为朋友。香奈儿对取悦巴桑的生活日益不满，同时慢慢爱上了巴桑的好友，英国工业家阿瑟·伯邑·卡伯。有了伯邑的支持，香奈儿开始打造自己的时尚帝国。

许多人感叹，香奈儿真是一个传奇。她之所以成为传奇，不仅在于她对时尚的灵敏嗅觉，更在于她对享乐的寄生生涯的毅然抛弃，而勇敢追求自我人生价值。

8 考点速记

1.《创业史》的作者是（柳青）。

2.《创业史》中走社会主义道路的带头人是（梁生宝）。

3. 蛤蟆滩的三大能人是（郭振山、郭世富、姚士杰）。

4. 长篇小说《创业史》写的是（陕西下堡村）农民的创业故事。

5. 解放了，梁生宝首先当上了（民兵队长）。

6. 梁生宝生活的蛤蟆滩在（渭河平原）。

7.《创业史》通过梁生宝互助组（买稻种、新法育秧、进山割竹）等系列行动的广泛影响，来显示公有制和集体生产的优越性。

8.“架梁啦！架梁啦！蛤蟆滩又一座新瓦房……”引起了梁三老汉的羡慕，指的是（郭世富）新建的房子。

9. 梁生宝买回的稻种叫（百日黄）。

10.“有党领导，我慌啥？”这是（梁生宝）的口头禅。

11. 梁生宝去买稻种时在路上住了一宿。他住的是（车站）。

12. 人生的道路虽然漫长，但紧要处常常只有几步，特别是当人年轻的时候。此是作者（对徐改霞的思考）发出的评论。

13. 人家当党员有利，你当党员尽吃亏，是（梁三老汉对梁生宝）说的。

14.（郭振山）是梁生宝的入党介绍人。

15. 他平生的理想，是和下堡村的杨大剥皮、吕二细鬼，三足鼎立，平起平坐，而不满足于仅仅做蛤蟆滩的"稻地王"。"他"指的是（姚士杰）。

16. "咱不雇长工，也不放粮。咱光图个富足，给子孙们创业哩!"是（梁三对梁生宝）说的。

17. 杨明山的脸是被（汽油凝固弹）烧的。

18. 她想：生宝肯定是属于人民的人了；而她自己呢？也不甘愿当个庄稼院的好媳妇。"她"是指（徐改霞）。

19. 《创业史》第一部分为（题叙）。

20. 《创业史》作者柳青在皇甫村踏踏实实地生活了十四年，对农村中各种人物了如指掌，这给他塑造人物形象提供了极为有利的条件。特别是（梁生宝和梁三老汉）两个人物，已排进中国现代文学中最富有特色的典型形象的行列。

9 阅读笔记

1. 《创业史》中的人物你最喜欢谁？

2. 请用一句话推荐《创业史》这部作品。

3. 习近平总书记对柳青有极高的评价，请谈谈你的理解。

4. 谈谈《创业史》中你最难忘的情节。

5. 读完《创业史》你最深的感触是什么？

银河帝国：基地

◎ 武力是无能者最后的手段。

◎ 我的人生哲学是只要勇敢面对难题，难题便会消失，而我从来没有逃避过任何难题。

◎ 腐朽的树干在被暴风吹成两截之前，看起来也仍旧保有昔日的坚稳。

1 导　读

1941 年，21 岁的阿西莫夫想出了一个崭新的科幻点子：撰写一部发生于未来的历史小说，描述"银河帝国"衰落的始末。接下来，他在美国知名科幻杂志《惊奇故事》主编约翰·坎贝尔 **名师读名著** 的督促鼓励下，陆续写了八个有关"基地"的故事，完整地讲述了银河帝国的衰亡和基地的崛起，后来都归入"基地三部曲"。阿西莫夫以深邃的历史洞察力，将科学知识与人文关怀、对未来科学发展的想象和对人类文明进程的沉思结合起来，展现了一幅幅奇伟瑰丽的未来图景。

在遥远的未来，人类在银河系如蝗虫般繁衍扩张，直至统一整个银河，发展成为一个统治超过二千五百万颗住人行星的庞大帝国——银河帝国。屹立一万两千年的银河帝国表面看着稳健，其实已经开始衰落。开拓了"心理史学"的数学家哈里·谢顿推论出银河帝国会很快灭亡，之后会有长达三万年的黑暗期。为了人类的未来，为了缩短这个黑暗期，谢顿在其有生之年分别在两个地方建立了有着各自任务的基地，作为以后"第二银河帝国"的种子。"基地"系列故事就是围绕这一主线展开。

阿西莫夫的科幻小说总是能提出令人耳目一新的奇幻因素，成为后来科幻小说的典范。大师之所以为大师，正因他一出手就能化腐朽为神奇，即使现在我们已经十分熟悉他的作品，仍不能不佩服他当年的创意。

让我们一起来探寻这伟大的"基地"吧！

2 阅读计划

篇幅：5 章，约 20.8 万字。

阅读时间：每天半小时，十天读完。

要求：

1. 通读全书，结合章节标题，熟悉全书五个章节的内容。

2. 人物与情节解读。解读哈里·谢顿、塞佛·哈定、侯伯·马洛等人的性格特征与行为，熟悉三次"谢顿危机"及其解决手段。

3. 自主查阅资料。了解作者阿西莫夫生平及《银河帝国：基地》的创作背景，认识《银河帝国：基地》的艺术价值，并写下阅读笔记。

4. 了解国内外优秀科幻图书、影视作品。

3 作者名片

艾萨克·阿西莫夫（1920—1992），美籍犹太人，出生在俄国、长在美国。著名科幻小说家、科普作家、文学评论家，20 世纪顶尖的科普巨匠和科幻文学大师，也是举世闻名的全能通俗文学作家。与儒勒·凡尔纳、赫伯特·乔治·威尔斯并称为科幻历史上的"三巨头"。

他一生中创作了 467 部作品，涉及数学、天文学、地球科学、化学和生物化学、物理学、生物学、历史、文学、科幻等诸多领域，曾多次荣获代表科幻界最高荣誉的雨果奖和星云奖，被哈佛大学古生物学家乔治·辛普森称为"自然的奇迹和国家的资源"。其三大系列作品——"基地"系列、"银河帝国"系列和"机器人"系列被誉为"科幻圣经"。小行星 5020、《阿西莫夫科幻小说》杂志和两项阿西莫夫奖都是以他的名字命名。他提出的"机器人学三定律"被誉为"现代机器人学的基石"。

4 名著概要

《银河帝国：基地》① 包含五个在时间上前后相继又相对独立的故事，讲述了在遥远的未来，当"银河帝国"步入暮年，即将衰亡之际，以哈里·谢顿为首的一群心理史学家在帝国边缘建立基地，以保存人类文明，为迎接未来的复兴做准备的过程。在这曲折的过程中，基地上的人们历经多次危机，但都凭借智慧和勇气化险为夷。这也正寄寓了阿西莫夫对人类未来的深刻思考和莫大信心。

背 景

在未来，人类成立了统治整个银河系的银河帝国。帝国包含二千五百万颗住人行星，包含将近千兆人口。为了维持这个庞大帝国，帝国的政务中心川陀人口最多的时候超过四百亿，却仍不足以应付帝国庞杂的行政工作。表面繁荣的形势下，心理史学的开创者、数学家哈里·谢顿却指出，大一统的银河帝国即将灭亡，人类将进入一个长达三万年的黑暗时代，其间知识散佚、科学退步、战乱横行、生灵涂炭。谢顿声称，如果实行他的"谢顿计划"，建立保存人类文明的"基地"，这个黑暗时代能够缩短至一千年。

---

① 〔美〕艾萨克·阿西莫夫著，叶李华译，南京：江苏凤凰文艺出版社，2015 年版。注：因为不同译本书名略有不同，作为"基地"系列中的一部介绍时，直接写作"《基地》"。

（"心理史学"，是书中原创概念，是一门运用数学计算，预测国家命运和未来的学科。这门学科的原理是，预测一个人或少数人的未来是不可能的，但作为群体的银河帝国，其人口以兆计，这种级别的人类社会动向，可以通过统计科学的计算而预知。哈里·谢顿的个人资料，在"基地"系列中罕有提及。阿西莫夫在后来为"基地"续写的前传中，讲述了哈里·谢顿的生平：他凭借心理史学少年成名，毕生研习，在晚年实现大成，后又担任十年帝国首相，不仅在学术界享有极高声望，也被民众视作传奇。）

第一篇：心理史学家

银河纪元 12067 年，也即基地纪元前二年，在银河帝国的核心川陀，一场公审大会正在进行。五十名科学家、十万名普通民众，以"叛国罪"的名义被发配到端点星。这一切的由头，是心理史学家哈里·谢顿谋划了十八年的"谢顿计划"。谢顿为了让这十万普通民众能迁居到他心中的基地地点——银河系边缘的端点星，设计激发了一场审判。他前去拜访数学博士盖尔·多尼克，并告诉他，根据心理史学的计算，银河帝国在三个世纪内，完全毁灭的概率是 92.5%。一直监视"谢顿计划"的公共安全委员会，因这一行动将他们抓捕起来。在公审大会上，谢顿说，他的计划只是编纂一套保存人类所有知识的百科全书——《银河百科全书》，不是叛乱。审判长如谢顿所愿，将"谢顿计划"所有相关人员，在六个月内强制流放到端点星。谢顿成功完成了"谢顿计划"的第一步。

第二篇：百科全书编者

搬迁到端点星后没多久，谢顿就去世了。他死前在端点星留下了一处穹隆，并告诉后人，五十年后穹隆将会开启。此时，基地人还不知道这一行动的意义。基地纪元50年，随着银河帝国的衰朽，它逐渐失去了对外围星系的掌控，许多银河系边缘的星系开始叛乱。端点星通往银河帝国的补给线，被叛变银河帝国的安纳克里昂王国所切断，基地也面临被吞并的危机。

当此危急时刻，统治端点星的学者们墨守成规，依然将编纂《银河百科全书》作为他们的首要职责，既不愿向安纳克里昂臣服，也拒绝采取任何武装行动。基地出生的市长塞佛·哈定，在基地五十周年庆典这天发动武装政变，接管了基地的领导权。政变当天，穹隆开启，谢顿留下的影像现身，并告知人们，"百科全书基地"计划只是幌子，真正的"谢顿计划"，是让端点星基地与位于银河另一端的兄弟基地，成为千年后"第二银河帝国"的创建者。在设置基地时，谢顿就设计好了基地的未来。他预言道，基地将会面临一系列危机，每次危机只会有唯一一条解决道路，为了生存下去，基地会顺着这条道路前行，直到最终创建一个崭新的、更伟大的帝国。谢顿也详细描述了当前的危机状况，与现实分毫不差。"谢顿计划"初步取得基地民众的信任。哈定获得了执政的合法性，也找到了解决危机的方法。

第三篇：市长

银河帝国的衰朽，不仅体现在对外围星系的控制力降低，也表现在文明衰退，核能这样的高科技的失传。在银河系边缘的蛮荒地带，基地是唯一拥有核能技术的孤岛。面对安纳克里昂王国的入侵，哈定解决第一次危机的方法，是保持周边国家"势力均衡"状态，相互制约，从而防止基地被吞并。他轮流拜访与基地毗邻的其他三个王国，告知他们基地持有核能，并指出，不能让核能落入安纳克里昂之手，不然一家独大之后，他们也有危险。于是，三王国联合逼迫安纳克里昂，使其撤兵。这之后，四王国对基地拥有的核能虎视眈眈。于是哈定又分别向四王国输出核能成果，并渗透到科学、贸易、教育、医疗等各个方面。至此，第一次危机结束。

在输出核能技术的过程中，哈定发现，在四王国的人民眼里，先进的科技和魔法差不多，他们自发地崇拜起核能技术。哈定顺水推舟建立了科学性宗教，用宗教语言包装核能操控。在这套话术下，基地成了不可侵犯的圣地。四王国每年都要派人员到基地接受所谓的教士培训，学习了操控方法的他们，却不知道核能的科学道理。三十年后，受帮助而逐渐强大起来的安纳克里昂王国，想要彻底攻占基地，这成为基地面临的第二次危机。有了宗教输出的成功经验，第二次危机的解决方案，哈定胸有成竹——"宗教制衡"。他利用安纳克里昂人对科学性宗教的迷信，首先发出"教禁"，指令教士停止操控核能，使安纳克里昂社会停摆。然后，他开启事先安在安纳克里昂星舰上的装置，引发星舰内乱，导致基地的攻击令还没发出去，就已经被自己人制止。种种"神迹"，使四王国人更加服从基地的主权，基地实质控制了四王国。

第二次危机解决后，谢顿的影像又在穹隆出现。这回他说基地会"利用'形而上的力量'击败'形而下的力量'"，很明显，他又说对了。基地的人们，愈发对"谢顿计划"深信不疑。

第四篇：行商

在解决了第二次危机之后，基地尝到了宗教控制的甜头，决定发展核能商品贸易，持续输出科学性宗教。在这个政策下，诞生了往返各星系，依靠售卖核能商品获利的商人，他们被称为"行商"。而他们所售卖的核能商品，只能由基地培养的教士所操控。行商出于政治任务和自身利益，使尽花样推销商品。通过行商的贸易，基地也逐渐将越来越多的星球置于宗教控制之下，而所谓宗教的实际控制权，也牢牢把握在基地手中。典型的案例，是发生在基地纪元135年的"阿斯康事件"。

阿斯康是个贸易封锁区域，民众出于信仰拒绝核能商品。艾斯克·哥罗夫奉基地指令，暗中向阿斯康权贵推销商品，结果东窗事发，反遭囚禁。接到基地营救命令，行商利玛·彭耶慈利用人性的贪婪，用一台所谓的"点铁成金机"造出的金子，救出了哥罗夫，并成功将这台机器售卖给了阿斯康的实权人物。不仅如此，彭耶慈还利用售卖机器时的录像，要挟对方买下了自己一整船的货物。在那之后，基地从售卖商品到要求传教自由，到建立健康灵殿、设立宗教学校，再到要求教士自治，形成了一条完整的宗教入侵链。阿斯康迅速沦陷。

第五篇：商业王侯

基地纪年 155 年，"阿斯康事件"二十年后，基地发展到政治与利益互相撕扯阶段。核能商品被强制与宗教捆绑，许多星球害怕成为基地的傀儡，因此拒绝购买基地商品。

商人的本性是追求最大的利益，基地现有政策让他们利益受损。当时，市长的机要秘书乔兰·瑟特察觉到行商力量的日渐壮大，以及他们与基地政界之间的暗中撕扯。他试图打压行商势力，认为当务之急就是阻止行商侯伯·马洛进入市议会。于是，瑟特安排了一个双重阴谋：其一，命令马洛调查科瑞尔共和国来历不明的核能，这个调查任务异常危险；其二，瑟特在科瑞尔安插了一个伪装成教士的特工，要求马洛拯救，使马洛陷入两难局面。

在调查科瑞尔共和国核能期间，马洛与该国达成了秘密的贸易协定：向该国销售日常核能商品，这些商品不需要教士操控就能使用。同时，马洛也调查出，该国的核能来自银河帝国，他发现该国核能武器上有银河帝国的徽标。马洛回到基地后，瑟特控告马洛抛弃了基地的一位教士，导致那位教士被科瑞尔人杀死。基地民众哗然。尽管教士是非法传教，马洛的确可以见死不救，但此前还从未有过如此先例。在公审大会上，马洛绝地反击，他交出视频资料证明，那位教士根本"查无此人"，一切都是瑟特的阴谋。这件事后，马洛声望大增，而瑟特一败涂地。

基地纪元 156 年，代表商业力量的行商马洛当上了市长，获得了基地领导权，并推行了新的政策：行商可以自由销售日常核能商品，且这些商品不需要教士操控就能使用。这一政策扩大了行商的势力，也大大增强了基地的领导力，最重要的是，这成为解决基地第三次危机的有效手段。

基地纪元 159 年，科瑞尔共和国对基地发动战争，企图获得基地的核能技术。而基地的应对方式则是"贸易管控"。在之前的调查中，马洛发现，银河帝国的核能武器大而笨重，虽然比基地核能更有威力，却不灵巧，而且已经遗失了核心知识，无法维修或改进。

由于之前基地广泛通商，科瑞尔共和国的人们已经用惯了基地生产的商品。在基地断绝这些商品的销售后，科瑞尔的日常陷入混乱，商人和权势者的利润也受到影响。由于银河帝国没有用于日常家用的核能，也无法在这方面扶助科瑞尔，于是，仅仅过了三年，科瑞尔共和国就宣告无条件投降。第三次危机结束。

5 原文节选

第一篇　心理史学家

公共安全委员会：……自从恩腾皇朝最后一位皇帝克里昂一世遇刺后，贵族派便掌握实权。大体说来，在皇权不稳定亦不确定的数个世纪中，他们形成维持秩序的主体。大多数时期，这个委员会由陈氏与狄伐特氏两大世族把持，最后则变质为维持现状的工具……直到帝国最后一位强势皇帝克里昂二世即位，才将委员会的大权尽数释除。首任的主任委员……

就某个角度而言，委员会之所以没落，可追溯到基地纪元前2年，它对谢顿所进行的一次审判。在多尼克所著的谢顿传记中，对那场审判有详细记载……

——《银河百科全书》

05

结果羞尔并没有赴约。第二天早上，他被微弱的蜂鸣器吵醒，那是旅馆职员打来的电话。那位职员以尽可能细声、礼貌并且带有一点恳求的口吻，告诉盖尔公共安全委员会已经下令限制他的行动。

盖尔立刻跳到门边，发现房门果然打不开了。他唯一能做的，只有穿好衣服耐心等待。

不久委员会便派人将他带走，带到一间拘留所中。他们以最客气的口吻询问他，一切过程都非常文明。盖尔解释自己是从辛纳克斯来的，又详细罗列了他读过的学校，以及获得数学博士学位的年月日。又说了自己如何向谢顿博士申请工作，如何获得录用。他不厌其烦地一遍又一遍重复着详情，他们却一遍又一遍回到他参加"谢顿计划"这个问题上：他当初如何知道有这个计划，他负责的工作，他接受过哪些秘密指示，以及所有的来龙去脉。

盖尔回答说完全不知情，他根本没有接受过任何秘密指示。他只是一名学者，一位数学家而已，他对政治毫无兴趣。

最后，那位很有风度的审讯官问道："川陀什么时候会毁灭？"

盖尔支吾地说："我自己并不知道。"

"你能不能说说别人的意见？"

"我怎么能帮别人说话呢？"他感觉全身发热，非常地热。

审讯官又问："有没有人跟你讲过这类的毁灭？它什么时候会发生？"当盖尔还在犹豫的时候，他继续说，"博士，我们一直在跟踪你。你抵达太空航站的时候，还有你昨天在观景塔上的时候，旁边都有我们的人。此外，我们当然有办法窃听你和谢顿博士的谈话。"

盖尔说："那么，你应该知道他对这个问题的看法。"

"也许吧，但是我们想听你亲自说一遍。"

"他认为川陀会在三个世纪内毁灭。"

"他证明出来了？用什么……数学吗？"

"是的，他做到了。"盖尔义正词严地说。

"我想，你认为那个什么数学是可靠的。"

"只要谢顿博士这么说，它就一定可靠。"

"我们会再来找你。"

"慢点。我知道我有权利请律师，我要求行使帝国公民权。"

"你会有律师的。"

后来律师果然来了。

终于出现的那位律师又高又瘦，一张瘦脸似乎全是直线条，而且令人怀疑是否能容纳任何笑容。

盖尔抬起头，觉得自己看起来一定很落魄。他来到川陀还不满三十个小时，竟然就发生了这么多事情。

那位律师说："我名叫楼斯·艾法金，谢顿博士命我担任你的法律代表。"

"是吗？好，那么听我说，我要求立刻向皇帝陛下上诉。我无缘无故被抓到这里来，我完全是无辜的，完全无辜。"他猛然伸出双手，手掌朝下，"你一定要帮我安排皇帝陛下主持的听证会，立刻就要。"

艾法金自顾自地将一个夹子里的东西仔细摊在桌上。若不是盖尔心情恶劣，他应该认得出那是一些印在金属带上的法律文件，这种文件最适于塞到小小的随身囊中。此外，他也该认得出旁边那台口袋形录音机。

艾法金没有理会盖尔的发作，直到一切就绪才抬起头来。他说："委员会当然会利用间谍波束刺探我们的谈话。这样做虽然违法，但他们才不管呢。"

盖尔咬牙切齿。

"然而，"艾法金从容地坐下来，"我带来的这台录音机——怎么看都是百分之百的普通录音机，功能也一点都不差——具有一项特殊功能，就是能将间谍波束完全屏蔽。他们不会马上发现我动了手脚。"

"那么我可以说话了。"

"当然。"

"那么我希望皇帝陛下主持我的听证会。"

艾法金冷冷地笑了笑。他脸上竟然还装得下笑容，原来全靠两颊皱纹上多出来的空间。他说："你是从外地来的。"

"我仍然是帝国公民。我跟你，还有这个公共安全委员会的任何成员完全一样。"

"没错，没错。只不过你们住在外地的人，并不了解川陀目前的情况。事实上，早就没有皇帝陛下主持的听证会了。"

"那么我在这里，应该向什么人上诉呢？有没有其他的途径？"

"没有，实际上没有任何途径。根据法律，你可以向皇帝陛下上诉，但是不会有任何听证会。你可知道，当今的皇帝可不比恩腾皇朝的皇帝。川陀恐怕已经落在贵族门第手中，换句话说，已被公共安全委员会的成员掌握。心理史学早已准确预测到这种发展。"

盖尔说："真的吗？如果真是这样，既然谢顿博士能预测川陀未来三百年的……"

"他最远能预测到未来一千五百年。"

"就算他能预测未来一万五千年，昨天为什么不能预测今天早上这些事，也好早点警告我……喔，抱歉。"盖尔坐下来，用冒汗的手掌撑着头，"我很了解心理史学是一门统计科学，预测个人的未来不会有任何准确性。我现在心乱如麻，才会胡言乱语。"

"可是你错了，谢顿博士早已料到今天早上你会被捕。"

"什么?!"

"十分遗憾，但这是实情。对于他所主导的活动，委员会的敌意越来越浓，千方百计地阻挠我们招募新人。数据显示，假如现在就让冲突升到最高点，会对我方最为有利。可是委员会的步调似乎慢了一点，所以谢顿博士昨天去找你，迫使他们采取进一步的行动。没有其他的原因。"

盖尔吓得喘不过气。"你们欺人太甚……"

"拜托，这是不得已的。我们选择你，绝对没有私人的理由。你必须了解，谢顿博士的计划是他十八年的心血结晶；任何概率够大的偶发性事件，全都会涵盖在里面，现在这件事就是其中之一。我被派来这里，唯一的目的就是安慰你，要你绝对不用害怕。这件事会有圆满的结局。对我们的计划而言，这点几乎能确定；对你个人而言，概率也相当高。"

"概率到底是多少?"盖尔追问。

"对于本计划，概率大于99.9%。"

"那我呢?"

"我被告知的数值是77.2%。"

"那么，我被判刑或处决的概率超过五分之一?"

"后者的概率不到1%。"

"算了吧，心理史学对个人的概率计算根本没有意义。你叫谢顿博士来见我。"

"很抱歉，我做不到，谢顿博士自己也被捕了。"

盖尔震惊得站起来，才刚刚叫出半声，房门就被推开了。一名警卫冲进来，一把抓起桌上的录音机，上下左右仔细检查了一遍，然后放进自己的口袋。

艾法金沉着地说："我需要那个装置。"

"律师先生，我们会拿一个不发射静电场的给你。"

"既然如此，我的访谈结束了。"

盖尔眼巴巴望着他离去，又变得孤独无助了。

06

审判并未进行得太久（盖尔认为那就是审判，虽然它与盖尔从书上读到的那些精细的审判过程几乎没有类似之处），如今才进入第三天。不过，盖尔的记忆却已无法回溯审判开始的情形。

盖尔自己只被审问了几句，主要火力都集中在谢顿博士身上。然而，哈里·谢顿始终泰然自若地坐在那里。对盖尔而言，全世界只剩下他是唯一稳定的支点了。

旁听人士并不多，全是从贵族中精挑细选出来的。新闻界与一般民众一律被拒于门外，因此外界几乎不知道谢顿大审已经开始。法庭内气氛凝重，充满对被告的敌意。

公共安全委员会的五位委员坐在高高的长桌后方，他们身穿鲜红与金黄相间的制服，头戴闪亮且紧合的塑质官帽，充分代表他们在法庭上扮演的角色。坐在中央的是主任委员凌吉·陈，盖尔不曾见过这么尊贵的贵族，不禁出神地望着他。整个审判从头到尾，陈主委几乎没有说半句话。多言有失贵族身份，他就是最好的典范。

这时委员会的检察长看了看笔记，准备继续审讯，而谢顿仍端坐在证人席上。

问：我们想知道，谢顿博士，你所主持的这个计划，目前总共有多少人参与？

答：五十位数学家。

问：包括盖尔·多尼克博士吗？

答：多尼克博士是第五十一位。

问：喔，那么总共应该有五十一位。请好好想一想，谢顿博士，也许还有第五十二、五十三位？或者更多？

答：多尼克博士尚未正式加入我的组织，他加入之后，总人数就是五十一。正如我刚才所说，现在只有五十名。

问：有没有可能接近十万人？

答：数学家吗？当然没有。

问：我并未强调数学家，我是问总人数有没有十万？

答：总人数，那您的数目可能正确。

问：可能？我认为千真万确。我认为在你的计划之下，总共有九万八千五百七十二人。

答：我想您是把妇女和小孩都算进去了。

问：（提高音量）我的陈述只说有九万八千五百七十二人，你不用顾左右而言他。

答：我接受这个数字。

问：（看了一下笔记）那么，让我们暂且搁下这个问题，回到原先已讨论到某个程度的那件事。谢顿博士，能否请你再说一遍对川陀未来的看法？

答：我已经说过了，现在我再说一遍，三个世纪之内，川陀将变成一团废墟。

问：你不认为这种说法代表不忠吗？

答：不会的，大人，科学的真理无所谓忠不忠。

问：你确定你的说法代表科学的真理吗？

答：我确定。

问：有什么根据？

答：根据心理史学的数学架构。

问：你能证明这种数学真的成立吗？

答：只能证明给数学家看。

问：（带着微笑）你是说，你的真理太过玄奥，超出普通人的理解能力？我却觉得真理应该足够清楚、不带神秘色彩，而且不难让人了解。

答：对某些人而言，它当然不困难。让我举个例子，研究能量转移的物理学，也就是通称的热力学，人类从神话时代开始，就已经明了其中的真理。然而今天在场诸位，并非人人都能设计一台发动机，即使聪明绝顶也没办法。不知道博学的委员大人们……

此时，一位委员倾身对检察长耳语。他将声音压得很低，却仍然听得出严苛的口气。检察长立刻满脸通红，马上打断谢顿的陈述。

问：谢顿博士，我们不是来听你演讲的，姑且假设你已经讲清楚了。让我告诉你，我认为你预测灾难的真正动机，也许是意图摧毁公众对帝国政府的信心，以遂你个人的目的！

答：没有这种事。

问：我还认为，你意图宣扬在所谓的"川陀毁灭"之前，会有一段充满各种动荡的时期。

答：这倒是没错。

问：单凭这项预测，你就想朝那个方向努力，并为此召集十万大军？

答：首先，我想声明事实并非如此。即使真有那么多人，只要调查一下，就会发现役龄男子还不到一万，而且没有任何一人受过军事训练。

问：你是否替什么组织或个人工作？

答：检察长大人，我绝对没有受雇于任何人。

问：所以你公正无私，只为科学献身？

答：我的确如此。

问：那么，让我们看看你如何献身科学。谢顿博士，请问未来可以改变吗？

答：当然可以。这间法庭也许会在几小时后爆炸，但也可能不会。如果它爆炸了，未来一定会产生些微变化。

问：谢顿博士，你在诡辩。那么，人类整体历史也能改变吗？

答：是的。

问：容易吗？

答：不，极为困难。

问：为什么？

答：光就一颗行星上的人口而言，"心理史学趋势"就有很大的惯性。想要改变这个趋势，就必须用相当于这股惯性的力量来抵消它。这需要很多人的集体力量，倘若人数太少，想要有所改变就得花费很长的时间。您能了解吗？

问：我想我能了解。只要许多人都决定采取行动，川陀就不一定会毁灭。

答：这样说很正确。

问：比如说十万人？

答：不，大人，差太远了。

问：你确定吗？

答：请想想看，川陀的总人口数超过四百亿。请再想想，毁灭的倾向并非川陀所独有，而是遍布整个帝国，而银河帝国包含将近千兆的人口。

问：我懂了。不过十万人仍有可能改变这种倾向，只要他们和子子孙孙不断努力经营三百年。

答：恐怕还是不行，三百年的时间太短了。

问：啊！这么说来，谢顿博士，根据你的陈述，我们只剩下一个合理的推论。你用你的计划召集了十万人，却不足以在三百年内改变川陀未来的历史。换句话说，不论他们做什么，都无法阻止川陀的毁灭。

答：您不幸言中了。

问：话说回来，你那十万人并没有任何不法意图？

答：完全正确。

问：（缓慢而带着满意的口气）既然如此，谢顿博士——现在请注意，全神贯注地听我说，因为我们要一个经过深思熟虑的答案。那十万人到底是用来做什么的？

检察长的声音变得越来越尖锐。他冷不防地布下这个圈套，将谢顿逼到死角，并狡狯地斩断所有的退路。

旁听席上的贵族因此掀起一阵骚动，甚至传染到坐在前排的委员们。除了主任委员不动如山之外，其他四位衣着鲜艳的委员都在忙着交头接耳。

哈里·谢顿却不为所动，静静地等着骚动消退。

答：为了将毁灭所带来的影响减到最低程度。

问：你这句话究竟是什么意思？

答：答案非常简单。川陀将要面临的毁灭，并非人类发展过程中的孤立事件，而是一出大戏的最高潮。这出戏在几世纪前便已开演，今后还会继续加速进行。各位大人，我指的是整个银河帝国的衰亡。

原先的骚动此时变成模糊的咆哮。检察长也立刻吼道："你公然宣传……"然后就打住了，因为旁听席上传来阵阵"叛国"的怒吼，显示这项罪名不必拍板便能定案。

主任委员将法槌缓缓拿起，重重敲下，法庭内便响起一阵柔美的铜锣声。等到回音消逝，旁听席上的聒噪同时停止。检察长做了一次深呼吸……

问：（夸张地）谢顿博士，你可明白，你提到的这个帝国已经屹立一万两千年，历经无数代的起起伏伏，受到千兆子民的祝福和爱戴。

答：我对帝国的现状和历史都很清楚。请恕我直言，但我必须强调，我在这方面的知识要比在座每一位都多得多。

问：可是你却预测它的毁灭？

答：这是数学所做的预测，我并未加入丝毫的道德判断。对于这样的展望，我个人也感到遗憾。即使承认帝国是一种不好的政体——我自己可没这么说——帝国覆亡后的无政府状态会更糟。我的计划所誓言对抗的，正是那个无政府状态。然而各位大人，帝国的覆亡是一件牵连甚广的大事，可没有那么容易对付。它的原因包括官僚的兴起、阶级流动的停滞、进取心的衰退、好奇心的锐减，以及其他上百种因素。正如我刚才所说，它早已悄悄进行了数个世纪，而这种趋势已经病入膏肓、无可救药了。

问：帝国仍如往昔般强盛，这难道不是很明显吗？

答：我们见到的只是表面的强盛，仿佛帝国会延续千秋万世。然而检察长大人，腐朽的树干在被暴风吹成两截之前，看起来也仍旧保有昔日的坚稳。此时此刻，暴风已在帝国的枝干呼啸。我们利用心理史学来倾听，就能听见树枝间的叽嘎声。

问：（心虚地）谢顿博士，我们不是来这里听……

答：（坚定地）帝国注定将连同它所有的成就一起消逝。它累积的知识将会散佚，它建立的秩序也将瓦解。星际战争将永无休止，星际贸易也必然衰退，人口会急剧减少，而各个世界将和银河主体失去联系。如此的情况会一直持续下去。

问：（在一片静寂中小声问）永远吗？

答：心理史学不但可以预测帝国的覆亡，还能描述接踵而来的黑暗时代。各位大人，如同检察长所强调的，帝国已经屹立了一万两千年。其后的黑暗时代将不止十二个仟年，它会持续三万年。然后"第二帝国"终将兴起，但在这两个文明之间，将有一千代的人类要受苦受难。我们必须对抗这种厄运。

问：（稍微恢复一点）你自相矛盾。你刚才说无法阻止川陀的毁灭，因此，想必你对所谓的帝国覆亡同样束手无策。

答：我并没有说可以阻止帝国的覆亡，但是现在还来得及将过渡期缩短。各位大人，只要允许我的人立刻行动，便有可能把无政府时期缩短到一个仟年。我们正在历史的临界点上，必须让那些突如其来的重大事件稍加偏折——只要偏一点就好，也不可能改变太多。但这就足以从人类未来的历史中，消除两万九千年的悲惨时代。

问：你准备如何进行？

答：善加保存人类所有的知识。人类知识的总和，不是一个人甚至一千人所能概括的。当我们的社会组织毁败之后，科学也将分裂成上百万的碎片。到时候，每个人学到的都仅仅是极零碎的片段知识，无用又无益。知识的碎片起不了作用，也不可能再传递下去，它们将遗失在世代交替的过程中。但是，假如我们现在着手将所有知识集中起来，它们就永远不会再遗失。未来的世代可以从这些知识出发，不必自己再重新来过。这样，一个仟年就能完成三万年的功业。

问：你说的这些……

答：我的整个计划，我手下的三万人和他们的妻小，都将献身于《银河百科全书》的准备工作。他们一生都无法完成这个庞大的计划，我甚至见不到这个工作正式展开。但是在川陀覆灭前它一定会完成，到时银河各大图书馆都能保有一套。

主任委员举起法槌敲了一下。哈里·谢顿走下证人席，默默走回盖尔身边的座位。

他微笑着说："你对这场戏有什么看法？"

盖尔答道："您先发制人。但是接下来会怎么样呢？"

"他们会休庭，试着和我达成私下协议。"

"您怎么知道？"

谢顿说："老实讲，我并不知道。一切决定都操在这位主委手上。我花了几年时间研究这个人，试图分析他的行为和手段。可是你也了解，将个人无常的行径引进'心理史学方程式'有多么不可靠。但我仍然抱着希望。"

07

艾法金走过来，向盖尔点了点头，然后弯下腰和谢顿耳语。休庭的铃声忽然响起，法警马上走来将他们分开。盖尔立刻被带走了。

第二天的情况完全不同。除了哈里·谢顿与盖尔·多尼克之外，就只有委员会的成员出席。他们一起坐在会议桌前，五位法官与两位被告之间几乎没有隔阂。法官甚至还招待他们两人抽雪茄。塑质雪茄盒表面散发着晕彩，像是一团不停流转的液体；虽然它的确由坚硬干燥的固体制成，却会令眼睛产生运动感的错觉。

谢顿拿了一支雪茄，盖尔则婉谢了。

谢顿说："我的律师并不在场。"

一位委员答道："谢顿博士，审判已经结束了。我们今天是来和你讨论国家安全问题。"

凌吉·陈突然说："我来发言。"其他委员立刻正襟危坐，静待主委的高见。室内变得分外宁静，只等陈主委开口了。

盖尔则屏息等待。事实上，精瘦结实、外表超过实际年龄的陈主委才是银河帝国真正的皇帝。目前那个具有皇帝头衔的小孩子，只不过是他所制造的傀儡，而且还不是第一个。

陈主委说："谢顿博士，你骚扰了京畿的安宁。生活在银河各地的千兆子民，没有任何人能再活上一百年。那么，我们为何要关心三个世纪以后的事？"

"我自己还剩不到五年的寿命，"谢顿说，"可是我对未来关心至极。你可以说这是一种理想主义，也可以说我个人认同了'人类'这个神秘而抽象的概念。"

"我不想浪费精力去了解什么神秘主义。请你直截了当告诉我，为何不能今晚就将你处决，顺便将我自己见不到、既没用又烦人的三世纪后的未来，跟你的尸体一起抛在脑后？"

"一个星期之前，"谢顿轻描淡写地说，"您这样做，也许还有十分之一的概率活到年底。到了今天，这个概率已经降为万分之一。"

此时喘息声四起，众人变得骚动不安。盖尔甚至感到后颈的汗毛直竖起来，陈主委则微微垂下了眼皮。

"怎么会呢？"他问。

"川陀的覆灭，"谢顿说，"是任何努力都无法阻止的。然而，要使它加速却非常容易。这场审判半途终止的消息很快会传遍整个银河，人们会知道这个试图减轻浩劫的计划横遭破坏，因而对未来失去信心。现代人已经对祖父辈的生活充满羡慕，今后还会目睹政治革命的升温和经济萧条的恶化。整个银河会蔓延着一种情绪，认为到了那个时候，自己能抢到些什么才是最重要的。野心家一刻都不会等待，亡命之徒更不可能放弃这个机会。他们将采取的行动，每一步都会加速各个世界的倾颓。假如将我杀掉，川陀覆灭的时刻将提前到未来五十年；而您自己的生命，则会在一年之内结束。"

陈主委说："这些话只能吓唬小孩子，不过将你处死并非我们唯一的选择。"

他将压在一叠文件上的细瘦手掌抬起来，只剩两根指头按在顶端那张纸上。

"告诉我，"他继续说，"你将采取的唯一行动，真的只是准备出版那套百科全书？"

"是的。"

"需要在川陀进行吗？"

"大人，川陀是帝国图书馆的所在地，还有川陀大学丰富的学术资源。"

"可是如果让你们到别处去，比方说到另外一颗行星，以免都会的繁华喧扰打扰你们的学术研究，好让你的手下都能专心一志地投入工作——这样不是也很好吗？"

"也许稍微有点好处。"

"那么，地方已经为你们选好了。博士，你如果有空，也可以跟手下的十万人一起工作。我会让整个银河的子民都知道，你们正在为对抗帝国的覆亡而奋斗。我甚至还会透露，你们的工作能够阻止它的覆亡。"他微微一笑，"由于我个人并不相信这些事，也就根本不相信你所谓的覆亡，所以我绝对认为自己在对人民说实话。博士，这样一来，你就不会给川陀带来麻烦，也就不会再搅扰皇帝陛下的安宁。"

"除此之外，只剩下将你处决这一条路，还有你的手下，需要处死的也绝不留情。我才不理会你刚才的威胁。从现在开始，我给你整整五分钟的时间，让你选择要接受死刑或是流放。"

"大人，您选定的是哪个世界？"谢顿问。

"我想它叫做端点星。"陈主委说完，随手将桌上的文件转向谢顿的位置。"现在没有住人，不过相当适宜居住，还能改造得符合学者们的需要。它可算是与世隔绝……"

谢顿突然插嘴道："大人，它位于银河的边缘。"

"我说过了，可算是与世隔绝。它正好适合你的需要，在那里一定能专心工作。赶快，只剩两分钟了。"

谢顿说："我们需要时间来安排这趟大迁移，算来总共有两万多户人家。"

"你会有足够的时间。"

谢顿又思考了一下，在进入倒数最后一分钟的时候，他终于说："我接受流放。"

谢顿这句话让盖尔的心跳停了一拍。他最主要的情绪，是为自己能逃过鬼门关而庆幸不已。但在大大松了一口气的同时，他竟然也因为谢顿被击败而稍感遗憾。

08

在计程飞车呼啸着穿过几百英里蛀孔般的隧道，向川陀大学前进途中，他们有好长一段时间只是默默坐着。最后盖尔忍不住了，问道："您告诉主委的话当真吗？假使您被处决，真的会加速川陀的覆灭？"

谢顿说："关于心理史学的研究结果，我从来不曾说谎。何况这次说谎根本没有好处。陈主委知道我说的都是实情，他是一位非常精明的政治人物。由于工作的本质，政治人物对心理史学的真理必须有很好的直觉。"

"那么您需要接受流放吗？"盖尔表示不解，但是谢顿并未回答。

抵达川陀大学的时候，盖尔的肌肉已经完全不听使唤，他几乎是被拖出飞车的。

整个校园笼罩在一片光海中，盖尔这才想起川陀世界也应该有太阳。

校园的建筑与川陀其他地方很不一样。这里没有钢铁的青灰色，而是到处充满银色，那是一种类似象牙的金属光泽。

谢顿说："好像有军人。"

"什么？"盖尔向广场望去，果真看到前方有一名哨兵。

当两人走到哨兵面前时，门口又出现一名口气温和的陆军上尉。

他说："谢顿博士吗？"

"是的。"

"我们正在等你。从现在开始，你和你的手下都将接受戒严令的监管。我奉命通知你，你们有六个月的时间可以准备迁移到端点星。"

"六个月！"盖尔想发作，谢顿却轻轻按住他的手肘。

"这是我所奉的命令。"军官重复道。

那位军官走开后，盖尔转身对谢顿说："哈，六个月能干什么？这简直是变相谋杀。"

"安静点，安静点，到我的办公室再说。"

谢顿的办公室并不算大，但是有相当完善、也相当能欺敌的防谍设备。如果有间谍波束射到这里，反射回去的并非令人起疑的静哑，也不是更明显的静电场。对方只会接收到很普通的对话，那是由包含各种声音与腔调的语音库随机产生的。

"其实，"谢顿从容地说，"六个月足够了。"

"我不明白。"

"孩子，因为在我们这种计划中，他人的行动全都能为我所用。我不是告诉过你，陈主委是有史以来思维模式被分析得最彻底的一个人。若不是时机和状况已经成熟，确定我们将得到预期的结果，我们根本不会引发这场审判。"

"但是您能够安排——"

"——被流放到端点星？有何困难？"谢顿在书桌某个角落按了一下，背后的墙壁立刻滑开一小部分。这个按钮设有扫描装置，只会对他的指纹有所反应。

"里面有几卷微缩胶片，"谢顿说，"你把标着'端'的那卷取出来。"

盖尔依言取出那卷胶片，谢顿将它装到投影机上，并且递过来一副接目镜。盖尔将接目镜调整好，眼底就展现出微缩胶片的内容。

他说："可是这……"

谢顿问道："你为何吃惊？"

"您已经花了两年时间准备迁移吗？"

"两年半。当然，我们原来无法确定他会选择端点星，但我们希望他会如此决定，所以我们根据这个假设来行动……"

"谢顿博士，可是为什么呢？您为什么要做这样的安排？如果留在川陀，不是一切都能掌握得好得多吗？"

"啊，这里头有好几个原因。我们去端点星工作，会得到帝国的支持，不会再引发危及帝国安全的疑惧。"

盖尔说："可是当初您引起那些疑惧，正是为了要他们判您流放，这我还是不懂。"

"要让两万多户人家，心甘情愿地移民到银河的尽头，似乎是不太可能的事。"

"但是何必强迫他们去呢？"盖尔顿了顿，"不能告诉我原因吗？"

"时辰未到。目前能让你知道的，是我们将在端点星建立一个科学避难所。而另一个则会建在银河的另一端，或者可以说，"他微微一笑，"在'群星的尽头'。至于其他的事，我很快就要死了，你将比我看到的更多——别这样，别这样子。不要吃惊，也不必安慰我。我的医生都说，我顶多只能再活一两年。可是在此之前，我将完成一生中最大的心愿，这也就死而无憾了。"

"您离世后，又该如何呢？"

"啊，自然会有后继者——或许你自己也是其中之一。这些人将为我的计划踢出临门一脚，也就是在适当的时机，以适当的方式煽动安纳克里昂叛变。从此之后，一切就会自行运作。"

"我还是不了解。"

"你会了解的。"谢顿布满皱纹的脸孔，同时显现出安详与疲惫，"大多数人将会去端点星，但少数人要留下来。这些都不难安排——至于我自己，"他最后一句话非常小声，盖尔只能勉强听见他说的是："吾事已毕。"

6 名著赏析

【内容解读篇】

五个前后相继的故事描绘了遥远的未来，当"银河帝国"步入暮年，即将衰亡之际，基地人民为保存人类文明所做的一系列努力。在这曲折的过程中，预言、科学、政治、商业、战争等元素彼此交融，涵盖了作者对人类未来的深刻思考。

科幻之下的人类史

奚在银

你幻想过人类乘着先进的太空船，向其他星球"移民"的场景吗？到那时，人类社会将进到怎样的形态？如果你生活在一个强盛的帝国，却得知它即将在三个世纪内覆灭，而你也深知它的覆灭已无法挽回，你将怎么做？这一定是个值得深入思考的问题，或许每个人都会有不同的答案。

"谢顿博士，你骚扰了京畿的安宁。生活在银河各地的千兆子民，没有任何人能再活上一百年。那么，我们为何要关心三个世纪以后的事？"

"我自己还剩不到五年的寿命，"谢顿说，"可是我对未来关心至极。你可以说这是一种理想主义，也可以说我个人认同了'人类'这个神秘而抽象的概念。"

……

2018 年 2 月 7 日，人类现役运力最强的火箭"重型猎鹰"由美国 Space X 公司发射成功，令全球瞩目。让人惊叹的是，随着"重型猎鹰"被送上太空的还有一套科幻小说，那就是艾萨克·阿西莫夫的"基地三部曲"。新闻发出后，这套诞生于 20 世纪 40 年代的小说再次轰动全球。而《基地》正是此套书中的一部，以上假设与对话，正是出自此书。请相信，仅凭以上对话，它就已经吸引大多数人的目光。

阿西莫夫的"基地"系列被誉为人类历史上最不容错过的科幻小说，这并非夸张。在此书出版后的六十余年里，几乎所有的科幻小说都受其影响或从中得到灵感，它甚至在文学界之外，如人类的太空探索、世界发展进程等方面都影响深远。而作者阿西莫夫更是被读者称为"全知全能"的人。

在阅读《基地》前，你最好有所准备，它没有超越时代的技术细节构想，也没有震撼人心的星际战争描写，甚至没有善与恶的对决，这很可能与你看过的其他科幻小说都不同。事实上，这是一部以科幻为背景的未来历史小说，阿西莫夫着重从政治、宗教、经济等角度展现历史进程，在它科幻的外衣下隐藏的真正核心是——了解我们自己，以及我们所处的社会。

不过，你完全不用担心入读会很困难，《基地》的剧情妙趣横生，语言朴素平易，这种写作风格极大地降低了读者的阅读难度，使人一看就能明白。阿西莫夫在《人生舞台》中曾以"镶嵌玻璃"和"平板玻璃"来比喻两种不同的写作风格：

有的作品就像你在有色玻璃橱窗里见到的镶嵌玻璃。这种玻璃橱窗本身很美丽，在光照下色彩斑斓，却无法看透……至于说平板玻璃，它本身并不美丽。理想的平板玻璃，你根本看不见它，却可以透过它看见外面发生的事。这相当于直白朴素、不加修饰的作品。理想的状况是，读这种作品甚至不觉得是在阅读，理念和事件似乎只是从作者的心头流淌到读者的心田，中间全无遮拦。

那么现在，就让我们透过阿西莫夫的这块"平板玻璃"，看一看它背后神秘的宇宙，发生了怎样吸引人心的故事，又传达出了作者怎样的理念吧。

当预言对决宿命

在未来，人类已经掌握空间跃迁技术，并繁衍扩张至整个银河系，建立起一个庞大的银河帝国。故事开始于帝国建立后的12067年，在帝国首都行星川陀，一位自称心理史学家的人冒出来说：银河帝国即将覆灭。他就是心理史学家哈里·谢顿。

和我们在历史中看到的所有故事一样，超前的言论往往不会被时代接纳。谢顿得到一个外号——"乌鸦嘴"，他的言论也激怒了帝国的统治者——公共安全委员会的贵族成员。委员会认为谢顿的观点简直是"叛国"，于是将他逮捕并进行审判。

回到开头所说的问题，如果你生活在一个强盛的帝国，却得知它即将在三个世纪内覆灭，你将怎么做？谢顿的选择令人意想不到，他要编辑一本《银河百科全书》。在审判中，谢顿为自己辩护，解释他的理论和预测，他相信帝国即将在三百年后崩溃，在下一个帝国崛起前将会有三万年的黑暗时代。他告诉委员会，创建一套包含人类所有知识的百科全书能够留下人类的文明火种，虽然无法避免帝国的衰落，但能将三万年混乱的无政府状态缩短到一千年。委员会得知他的计划并非颠覆帝国的阴谋后，将他的团队放逐到银河系的边缘——端点星，端点星也就成了后文中的百科全书基地。

在这一篇章中最亮眼的名词莫过于"心理史学"。心理史学是阿西莫夫虚构的一门学科，它结合了历史、社会学和数理统计，对大群体的未来行为做出预测。心理史学的概念建立在气体动力学的理论基础上：构成气体的分子以绝对随机的方式运动，但人们可以准确地描述这些运动的平均情况，以极高的精度从这些平均运动中计算出气体定律。换句话说，尽管不可能预测单个分子会做什么，但可以预测由无数个分子组成的气体会做什么。把这个概念应用到人类身上就是：每个人都有自己的自由意志，不可预测，但他们组成的群体以某种可预测的方式行事。

在小说中，心理史学的预测有两个基本前提：一个是作为研究对象的人类，总数必须达到足以用统计的方法来加以处理；另一个是研究对象中必须没有人知晓自身已是心理史学的分析样本，保证研究对象的随机性和自发性。

了解了心理史学后不难发现，银河帝国"包含二千五百万颗住人行星、将近千兆人口"的设定其实是在为心理史学服务，因为只有如此庞大的人口基数，才能使心理史学的预测成立。阿西莫夫在一次采访中提到，银河帝国的灵感来源于《罗马帝国衰亡史》。读完该书后他就想，能不能设想一个更大的银河帝国的衰亡史呢？后来就有了"基地"系列，所以小说中的未来一定程度上就是现实中人类历史的缩影。与现实历史不同的是，小说中加入了心理史学这个"先知"，让人类有机会对未来做出调整。那么现实中的我们呢？我们就无能为力了吗？不，某种程度上我们也是"先知"，因为我们已经了解了历史。著名哲学家黑格尔曾说，"人类唯一能从历史中吸取的教训就是，人类从来都不会从历史中吸取教训"。现实中的我们是否可以通过反思历史使我们不再重蹈覆辙，从而创造一个更好的未来？这个问题值得所有人思考。

当武力挑战知识

时间来到五十年后，端点星上的百科全书编者们已经在银河系边缘工作了五十年，他们坚守当初来基地的唯一目的——出版百科全书，坚持绝不介入任何的地方性政治。看起来他们就像是一群不问世事的隐士，然而他们可以不问世事，世事却不可能不问他们。谢顿预言的未来正慢慢显现，银河帝国的外围已经分崩离析，端点星邻近的四个王国正在觊觎他们的土地，没有任何武力的基地似乎已经是待宰的羔羊。

于是，我们聪明的市长塞佛·哈定发动政变，他兵不血刃地夺下基地政权，放任安纳克里昂在端点星建立军事基地，再轮流游说其他三个王国。结果就是安纳克里昂的军队登陆端点星一个月之后，他们的国王就接到其他三国的联合最后通牒。七天内，安纳克里昂人就全部撤离了端点星。

哈定仰仗的当然不只是自己的三寸不烂之舌，而是基地的绝对优势——科技。当别的势力在争斗中科技倒退时，只有基地还保有帝国强盛时的科技。基地虽然没有武力，但可以向四王国提供科技支援。四王国中的任何一个得到基地都会一家独大，所以四王国之间互相忌惮，任何一个想要攻击基地的王国都会被围攻。哈定通过这样的权力制衡解决了基地的危机，甚至没有任何一个人因此丧命。哈定的名言"武力是无能者最后的手段"得以流传。

哈定的成功解围当然也在心理史学的预测之内，这时的谢顿通过生前留下的影像告诉基地的众人：编纂百科全书只是一个幌子，基地真正的任务是延续文明火种，建立起第二个帝国。显然，拯救基地的并不是哈定，而是几乎可以形成降维打击的科技。看到这里人们难免好奇，基地只是保留了现有的科技而已，为什么会形成这么大的差距呢？

我们从小说中对帝国使臣道尔文的刻画能看出一些原因。故事中这位自称考古学家的大人物表达了对科学研究的看法。他认为要做一名优秀的考古学家，唯一的工作就是读完所有前人的文献；解决考古之谜的办法，就是衡量比较各家权威的理论。他甚至认为实地考察是舍近求远，是"万分轻举妄动的做法"，因为"能找着的，考古大师们早就作了完整的研究儿，我们即使到了那儿，也没有希望得到啥新的结果儿"。

从这里可以看出，未来人在创建了辉煌的文明后，似乎自信得已经满足于现状而不再创新，他们得益于前人的功绩并抱残守缺，正是这种现象导致了银河帝国的衰落。更直接体现这一点的是哈定对理事会的怒斥：

"你们这班人，正好是整个银河数千年错误的缩影。你们准备在这里待几个世纪，只是为了整理上个仟年科学家的工作。这算是哪门子科学？你们有没有想过继续研究发展，改良并延伸既有的知识？根本没有！你们以抱残守缺为满足。整个银河都是如此，天晓得这种现象已经多久了。银河外缘为什么会发生叛乱？各方的联系为什么会中断？小型战争为什么永无休止？整个星域为什么都失去核能而回到原始的化学能科技？这就是真正的原因。

"你们难道不觉得吗？这是一种泛银河的现象。这是食古不化，这是堕落——是一潭死水！"

这一潭死水，是银河帝国，是罗马帝国，也是我们曾经闭关锁国的清朝，更是对当代人的棒喝。

当宗教统治科学

权力制衡总有被打破的一天，四王国中发展得最快的安纳克里昂渐渐有了远超其余王国的实力，再次将魔爪伸向基地。这时还是市长的老年哈定再次陷入内忧外患的境地：端点星内，有民众的不知情和不理解，更有反对党的高声弹劾；行星外，则是安纳克里昂王国的秣马厉兵，开战在即。但哈定毕竟是哈定，他对内只是派人盯着几个反对党的头目，对外则收紧了已编织三十年的宗教之网，终于，在安纳克里昂国王举行加冕典礼之时，他亲临现场，一举粉碎摄政王温尼斯的阴谋，让安纳克里昂的侵略者溃不成军，然后又以此为威慑，和另外三个王国签订了条约，永久预防了类似的侵略企图。

这次哈定的成功凭借的是宗教，几十年里基地在对四王国的科技援助中夹带了"私货"，他们将科技包装成宗教，建立起教廷，并规定只有教士才能学习使用科技产品，对教士也只传授使用的方法而不传授原理，于是创造出了前所未有的奇观——科学教。四王国的统治者欣然接受了这个能加强自己统治的工具，却忽视了最根本的问题："君权神授"虽然巩固了他们的统治，但这个"神"的背后却是基地，基地通过"神"轻而易举就能收回他们的统治权，让他们从国王变成万民唾弃的"亵渎神的罪人"。

基地的第二次危机可以说是对西方宗教史的透视。了解西方宗教的人应该能看出来，阿西莫夫所虚构的科学教影射的是基督教，这两者有很多相似之处。比如先知哈里·谢顿对应基督耶稣，《圣灵全书》对应《圣经》，"银河天堂"对应基督教的天堂。

基地的第二次危机可以说是对西方宗教史的透视。如果你了解西方宗教的话应该能看出来，阿西莫夫所虚构的科学教影射的是基督教，这两者有很多相似之处。比如哈里·谢顿对应耶稣基督，哈里·谢顿戒律对应着摩西十诫，《圣灵全书》对应《圣经》，银河天堂对应基督教的天堂，而违背教义所受的"永久毁灭"对应基督教的地狱概念。

阿西莫夫自称是一个人道和理性的无神论者，他认为"向无知投降并奉之为神灵一直是不成熟的表现"，科学教的概念其实就是他无神论逻辑的延伸。一方面科学教这个名字就已经带给人强烈的反差感（"科学"与"教"可看作理性与迷信的结合），另一方面剧情里四王国的民众虽然对宗教无比虔诚，但他们的统治者却知道这只是"骗人的玩意儿"，而基地文明人就更明白不过——宗教对于他们只是一种政治工具而已。这二者的对比无疑是对沦为统治工具的宗教最辛辣的讽刺。

当商业渗透政治

行商是第二次危机后基地逐渐发展起来的商人舰队。按基地法律，他们在星球间发展业务时有义务推广基地的宗教，因此科学教迎来了一段时间的繁荣。不过好景不长，越来越多的星球在发现科学教的恐怖威力后开始抵制科学教，于是宗教的力量开始衰退。

行商长侯伯·马洛奉命到科瑞尔共和国调查太空商船失踪事件。科瑞尔是个严格限制行商活动，严禁传教士入境的落后行星，因此基地势力一直难以渗透。在调查中，马洛发现银河帝国势力，再次重返银河外缘。马洛清楚，自己听到了第三次"谢顿危机"的脚步声。返回基地之后，马洛开始涉足政治。经历一番斗争，他终于成为基地领导人。同时，科瑞尔共和国获得残存银河帝国的军事援助，野心勃勃地向基地展开攻击。面对第三次危机，马洛选择放任不管，但实际上基地早已制住科瑞尔，只是这次不是靠科技冒充的宗教，而是经济制裁。被贸易孤立三年后，科瑞尔最终顶不住内部压力，无条件投降。

基地每遇到一次危机都会出现一种新的力量来解决问题，而这次是商业。美国曾有言论说：没有一个国家在接受市场经济的同时，不接受与其相配套的价值观念和文化——这就是金融的可怕，它能在不知不觉间渗透敌国，被渗透的国家只能沦为待宰的羔羊。著名的"东欧剧变"即是——西方国家以贷款、贸易、科技等手段诱压东欧国家，使它们向西方靠拢，最终把它们"和平演变"。如果对应现实中的历史来看的话，本书结束时已经讲到了近现代史，"商业王侯"对应的就是西方的资本主义，而经济渗透、经济制裁，当代仍屡见不鲜。

当然，在基地的历史中，每一种霸权都不会存在太久，很快金融霸权又会被新的力量推翻，使历史继续向前推进。现在回过头来看，基地三次危机的解决方式虽然每次都不同，但都有一个共同的基础——基地遥遥领先的科技。没有这个基础，权力制衡、宗教统治、金融霸权都不可能实现。"科学技术是第一生产力"这句话，我们都已经听过无数遍，我想，在未来的时代，它也依然会是真理。

当主角不再是主角

《基地》中登场的人物尽管很多，每个人物也只能登场一到两章而已，能被大多数人记住的恐怕只有三个：哈里·谢顿、塞佛·哈定、侯伯·马洛。

谢顿是一位悲天悯人式的伟人，而哈定和马洛都是聪明、勇敢、实干的政治家。没错，即使是这三位英雄，其实也没有太多可说的。《基地》并不像别的小说一样精细地刻画出人物丰富而多变的性格，它的人物看起来都比较扁平。他们就像是武侠小说中那些一登场就身怀绝世武功的高手，你不知道他的成长轨迹，也不知道他的心路历程，只知道他强大、勇敢、机警。而心理史学的存在更是几乎收回了所有人物的英雄光环——无论他们有怎样的丰功伟绩，事后以心理史学的角度来看，似乎都是历史的必然。谢顿留在时光穹隆的影像仿佛在告诉我们：就算没有哈定、马洛，也会有个别的什么定、什么洛来解决危机。

对人物的简化显然是作者有意为之，因为《基地》讲的并不是某个人的奋斗史或爱恨情仇，它讲的是历史。

　　在历史的汪洋中，每个英雄都只是一朵短暂卷起的浪花，他们完成推动情节发展的责任后便功成身退，但也正是人物和背景的平淡成就了《基地》。作者收回了单个人物的英雄主义和深度，所有人物都要为本书的真正主角让道，这个主角就是——人类本身的崇高历史。

【词语篇】

阿西莫夫一生总共写了七大册的基地故事，其中流传最广、影响最深远的，当属"基地三部曲"：《基地》《基地与帝国》以及《第二基地》。如果想读懂这部堪称鸿篇巨制的伟大作品，下面九个关键词必须掌握。

读《基地》必须掌握的九个关键词

1. 银河帝国

人类蜗居在银河系的一个小角落——太阳系，在围绕太阳旋转的第三颗行星上，生活了十多万年之久。人类在这个小小的行星（他们称之为"地球"）上，建立了两百多个不同的行政区域（他们称之为"国家"），直到地球上诞生了第一个会思考的机器人。

在机器人的帮助下，人类迅速掌握了改造外星球的技术，开启了恢宏的星际殖民运动。人类在银河系如蝗虫般繁衍扩张，带着他们永不磨灭的愚昧与智慧、贪婪与良知，登上了一个个荒凉的星球，并将银河系卷入漫长的星际战争时代，直至整个银河被统一，一个统治超过二千五百万颗住人行星、屹立一万两千年的庞大帝国——银河帝国崛起。

2. 端点星

端点星位于银河旋臂的最前缘，是伴随该处一颗孤独恒星的唯一行星。自然资源贫乏，几乎毫无经济价值可言。离端点星最近的住人行星是八秒差距（26 光年）之外的安纳克里昂。端点星离位于银河中心附近的第一银河帝国首都川陀有大约一万秒差距的距离，所以有人认为它是离银河中心最远的行星，端点星也因此得名"线的端点"。在端点星表面观察宇宙，几乎看不见单一的恒星，只有巨大的银河透镜。

端点星在行政区划上属于圣塔尼星区，但是一直属于安纳克里昂星区中安纳克里昂王国的势力范围。端点星有很高的水陆比，有将近一万个住人的岛屿，但没有一块真正意义上的大陆，首府端点市位于唯一的一个大岛上。

在人类移民此地之前，端点星存在着一些低等生命。但《银河百科全书》编撰者登陆后，带来了人类的原有物种，这些低等生命濒临灭绝。

3. 川陀

银河帝国政府的中心，数百代未曾间断。位于银河的核心区域，周围都是人口最稠密、工业最发达的城市。

4. 行商

行商是基地政治霸权的先锋部队，他们不断向外扩张，势力遍及银河外缘辽阔的星域。

5. 哈里·谢顿

他是逝去多年的心理史学宗师，在推出川陀在三个世纪内毁灭的概率是 92.5%，帝国覆亡之后将迎来一段长达三万年的蛮荒时期后，他设定计划，将这漫长的三万年缩短到一千年，是非常伟大的英雄。哈里·谢顿生于银河纪元 11988 年，卒于银河纪元 12069 年。他的卒年后来被确定为基地元年。他是一位数学家，中等个子，长相俊朗。他曾经担任川陀大学数学系主任，是第一银河帝国克里昂一世皇帝的御前首相，川陀大学心理史学系荣誉教授，心理史学研究计划主持人，《银河百科全书》主编。他是心理史学创始人之一（另一位是雨果·阿玛瑞尔），同时也是基地创始人。他还被认为是第二基地第一任首席发言者，后来也成了基地的传奇英雄。

6. 塞佛·哈定

他是端点星市长，也是一位学者。书中没有描写他的外貌，只写了他身材魁梧。政敌对他的评价是身上"没有一滴贵族血液"，是一个"狡猾的无赖"，有着"恶魔似的微笑和恶魔似的头脑"。他发动政变，从百科全书理事会手中夺权，以灵活的手腕带领端点星走出第一次"谢顿危机"；他运用政治手段，对周边诸国输出科技物资，并将科学伪装成宗教，以形而上的力量控制住周边诸王国，以深植人心的伪宗教力量，化解了基地的第二次"谢顿危机"。他喜欢雪茄。他的名言是，"武力是无能者最后的手段"。

7. 侯伯·马洛

侯伯·马洛生于司密尔诺王国，接受过基地的普通教育，成为一名行商长。在成为市长后用经济的力量挫败了科瑞尔共和国对基地的进攻，只用了三年就让科瑞尔共和国无条件投降，化解了第三次"谢顿危机"。他也因此成为继哈里·谢顿和塞佛·哈定之后，基地人民心目中的第三位英雄、基地第一位商业王侯。

8. 谢顿计划

心理史学家谢顿用自己的研究成果，推测银河帝国会在三个世纪内崩溃，接下来银河帝国会经历长达三万年的蛮荒期，直到第二银河帝国建立，重新让整个银河系回归太平。谢顿为了缩短银河帝国的蛮荒期限，由三万年变成一千年，制定了"谢顿计划"，希图扭转乾坤。计划中，谢顿以其研究成果，推算出一个又一个危机。每一个危机的化解，都需要执行者付出极大的智慧与努力，从而推动整个计划向前迈进。而每次危机的化解，也就意味着，人类由银河帝国灭亡带来的动乱，到和平的第二银河帝国的建立，又近了一步。

每次谢顿都只预测危机来临，从不提示危机解除方案。他特别强调的是，不要做任何预测，一定要顺其自然，越是整体自然发展，越能找到危机的解除方案。

基地第一次危机的化解靠的是利益的平衡术。平衡几乎是一切关系的核心。人类发展的艺术就是各势力平衡的艺术，只要利益不平衡，就会有战争；而贪婪经常是打破平衡的首要因素。

基地第二次危机的化解，靠的是市长哈定把科学包装成宗教，把科学基地转变成宗教圣地。哈定让科学披上宗教的外衣，用"形而上"的方式，去传播科学，从而实现了对其他星球的平衡与控制。在这里，科学+心理（宗教），催生出了强大的精神武器。这里多多少少能看到某些宗教控制政权的影子，和宗教对人心的影响力。

当基地遭遇第三次"谢顿危机"而宗教的力量变弱时，是通过商品贸易来化解。当以科技为支撑的商品占据了敌对国家的日常生活之后，这个国家的人民也自然被商品所附带的文化、思想所控制，国民意识形态被控制，必然影响整个国家政局。

小说中，科学、宗教、经济等都成了控制他人的武器。

9. 心理史学

哈里·谢顿的心理史学是用统计学方法得出的预测人类平均行为的方法。哈里·谢顿本人提出了使心理史学成立的两条基本公设，即庞大的人口基数和人群中无人知晓自己已是心理史学的分析样本。为了发展心理史学的数学基础，谢顿的助手阿玛瑞尔制造了元光体。尽管在"谢顿计划"运行三百多年时遇到了来自盖娅的突变种"骡"，但是第二基地仍然使计划回到了正轨。

心理史学成功运作了五个世纪后，来自基地的议员崔维兹发现其有一个致命缺陷，即已知的两个公设皆植根于一个未曾言明的公设：人类是银河中唯一的智慧物种，假使有一种本质迥异的智慧物种出现，其行为无法以心理史学的数学方法精确描述，"谢顿计划"就会变得毫无意义。这也成了心理史学最后被抛弃的原因。

【艺术篇】

打开《基地》，奇伟雄丽的未来图景跃然纸上，坚硬锋利的科技与浪漫诗意的文学幻想相遇……这部著作为何被无数读者奉为经典？我们可以从阿西莫夫的写作艺术来探究。

科学理性之美、历史哲思之光

阿西莫夫是世界科幻文坛的超级大师，他的科幻小说为他赢得了遍及全世界的读者的衷心挚爱，尤其是他经营了半个世纪的科幻史诗"基地"系列。阿西莫夫用极富想象力和饱含哲思的艺术手法，为读者徐徐展开银河帝国的画卷。

科学知识与文学幻想的有机结合

"基地"系列的灵感最初来自《罗马帝国衰亡史》，因此在故事架构中，气数已尽的银河帝国占有很重的分量。此类时空背景，如今早已成为科幻小说的重要原型。阿西莫夫所写的"基地"系列科幻小说，诉说的是"未来的历史"，故事发生在非常遥远的将来。

那时候，人类文明已遍及银河系的两千五百万个行星，总人口也大膨胀，出现了一个横跨整个银河系的"银河帝国"。"基地"系列与"机器人"和"银河帝国"系列贯穿起来，其时间跨度超过两万年。在这三大系列中，阿西莫夫通过银河帝国的兴亡史讨论了人性与政治、经济、军事等文明要素的互动影响。这种宏观视野使他的作品比起一般的科幻作品来，气魄更为宏大，也更加充满人文关怀。

"心理史学"是这部史诗的中心奇幻因素，而贯穿其间最重要的一个人物，自然就是心理史学宗师、"基地之父"哈里·谢顿。在"基地三部曲"中，谢顿是神秘莫测的传奇人物，作者晚年特地以他为主角，用两本前传详尽刻画了他的一生，以及心理史学与基地的创建经过。

由于影响人类行为的因素过于复杂，人类又具有自由意志，因此个人行为绝对无法预测。然而当众多个体集合成群时，却又会显现某些规律，正如同在巨观尺度下，气体必定遵循统计方法所导出的定律。阿西莫夫将这些认识综合，借着笔下不世出的天才谢顿，让心理史学发展到出神入化之境，成为一门探索未来世界巨观动向的深奥科学。

耐人寻味的是，阿西莫夫晚年似乎愈来愈认同这个笔下人物，而他也的确与谢顿一样，对人类文明有着高瞻远瞩、悲天悯人的关怀。

宏观描写与微观描写的巧妙结合

随着帝国的逐渐衰微，基地被好战的强邻包围，人类也面临痛苦抉择：向野蛮的势力投降、甘心受控制，还是不顾被摧毁的危险起而奋战？每一个读者都曾在作品中感受历史的浪潮与惊心动魄的危急瞬间。作品的宏观描写与微观描写都令人拍案叫绝。

尽管阿西莫夫的小说场面宏大，充满了史诗感，语言风格却朴实无华。阿西莫夫在其自传中曾说："我有意识地运用一种非常平实的写作风格，甚至是口语式的风格，这样写起来可以很快，而且很少出差错。如果谁认为简明扼要、不装腔作势是一件很容易的事，我建议他来试试看。"

传记作家米歇尔·怀特认为，阿西莫夫具有罕见的讲故事的天才。他的故事情节虽然错综复杂但完全可信，运用对话推动情节发展的技巧更是无人能及。

有一位记者这么评价阿西莫夫的写作风格："为什么我觉得他的写作风格如此与众不同？让我来告诉你，那是因为他是在与你聊天，而不是对你说教。他就在客厅里，坐在沙发上，喝着一杯晚餐剩下的咖啡。他只是顺便进来打个招呼。他是一个老朋友，一个能聆听你心声的人。你知道，他就是那种人，握手很有劲，笑起来满脸褶子，但很亲切。"

悬念设置与情节变奏贯穿全文

对于侦探小说，阿西莫夫有着自己的观点："我不喜欢现代的硬汉探案故事，太过暴力的小说，或犯罪心理分析研究。我喜欢那种现在所谓的'安逸型探案'，那种有几个可疑人物，最后用推理而不是用枪击来解决问题的故事。"出于对侦探小说的爱好，阿西莫夫把侦探小说和科幻小说结合起来，创作"科幻探案小说"。如他的几部长篇机器人科幻小说《钢穴》《裸阳》《曙光中的机器人》等，讲述了侦探以利亚·贝莱和机器人搭档机·丹尼尔·奥利瓦携手办案的故事，结局常常出人意料。

《基地》之所以引人入胜，就在于一个悬念接着一个悬念。

谢顿想缩短银河帝国将经历的漫长蛮荒期，于是开始了力挽狂澜、扭转乾坤的努力。为了达到这个目的，他设立了两个科学据点：第一基地（简称"基地"，由心理史学家组成）与第二基地。两个基地的位置经过精密计算，分别设在"银河中两个遥相对峙的端点"。此后一千年间，许多预设的历史事件将一环扣一环发生，以促使一个更强大、更稳固、更良善的第二帝国早日诞生。"基地"系列的线索，便是第一基地如何克服一个接一个的周期性危机，激发出无穷无尽的潜力，第二基地又如何暗中相助，以逐步实现为期千年的"谢顿计划"。

在看似稳定的情节中，阿西莫夫总有办法制造精彩的波澜与变奏，令读者忍不住感叹人算不如天算。比如：无端出现一个具有强大精神力量的异种人"骡"，以迅雷不及掩耳的速度席卷整个银河；在"骡"之乱成为历史之后，两个基地间竟发生了阋墙之战。阿西莫夫还给读者留下了一个开放式结局，供大家思索、回味。

三十年后，阿西莫夫抵挡不住全世界科幻迷的千呼万唤，重拾"基地"系列，解密了新的变奏。这一变奏令人拍案叫绝，甚至连"谢顿计划"都被颠覆！却也唯有经由这最后变奏，"基地"与"机器人"两个系列得以遥相呼应，两大系列熔铸成恢宏磅礴的浩瀚银河未来史。

历史与现实的自然融合

向来，过去才是历史，昨天才是历史，阿西莫夫却与众不同，他的"基地"写的是"未来的历史"，是"明天的历史"。阿西莫夫这位"未来历史学家"，用史诗般的笔触，用宏大的篇章，向读者娓娓讲述来自"银河帝国"、来自"基地"、来自"骡"的跌宕曲折的故事，把"未来的历史"淋漓尽致地奉献给读者。

科幻史家、评论家普遍认为，"基地"系列称得上是二十世纪四五十年代以来"成熟"科幻小说的最佳典范。小说描写的是宇宙，暗示的却是地球，即在这个"新造"的世界里，实际上在"重演"人类的历史：它深刻地反映了工业社会中人类的苦恼，人类崇拜科学而又害怕科学的心理，表达了人类对未来的希望，并指出了人类尤其是科学家的社会责任和历史使命。

小说不仅融入了比现实先进得多的科学，而且还交织着复杂、高深的社会心理探讨。其蕴含的主题思想是：科学技术固然重要，是强国的基础之一，但更重要的是哲学思想；先进的社会科学与高度发达的自然科学相结合，将会产生更为文明的生活方式。

【句子篇】

在我们阅读的时候，这些句子淹没在小说绝妙的想象力和宏大的叙事中，并不引人注目，而将其抽离出来后，只觉得意味深长，让我们这些普通人也能感受到作品的伟大心智，让我们的心脏瞬间燃烧起来。

经典名句

阿西莫夫在他的科幻帝国里，构建了一个宏大、严谨而又具体的世界体系。《基地》的语言不仅充满诗意，还富有哲理。从以下经典名句中，我们可以窥见一斑。

1. 腐朽的树干在被暴风吹成两截之前，看起来也仍旧保有昔日的坚稳。

2. 武力是无能者最后的手段。

3. 从头到尾，你们不是依赖权威就是仰仗古人——从来没有自立自强。这无异于一种病态——一种条件反射，遇到需要向权威挑战时，自己独立思考的能力就完全关闭。

4. 光明磊落总有好处，尤其对那些以卖弄玄虚著称的人。

5. 从前有一匹马，它有一个危险而凶猛的敌人——狼，所以每天战战兢兢度日。在绝望之余，马突然想到要找一个强壮的盟友。于是它找到了人，它对人说狼也是人的大敌，提出和人结盟的建议。人毫不犹豫接受了，并说只要马能跟他合作，将快腿交给他指挥，他们可以立刻去杀掉狼。马答应了这个条件，允许人将马缰和马鞍装在它身上。于是人就骑着马去猎狼，把狼给杀死了。

马高兴地松了一口气，它向人道谢，并说："现在我们的敌人死了，请你解开马缰和马鞍，还我自由吧。"人却纵声大笑，回答这匹马说："你休想!"还用马刺狠狠踢了它一下。

6. 当哈里·谢顿为我们规划未来的历史轨迹时，并未考虑到什么英雄豪杰，他寄望的是经济和社会的历史巨流。所以每一个不同的危机，都有不同的解决之道，端视当时我们手中有什么力量。

7. 我的人生哲学是只要勇敢面对难题，难题便会消失，而我从来没有逃避过任何难题。

8. 这些坚强而又孤独的行商，流传下来的传说轶事不可计数。他们都半认真、半戏谑地，以哈定的一句警语当座右铭："不要让道德观阻止你做正确的事!"

9. 任何宗教，出发点都是诉诸信仰和感情。如果将宗教当成武器，那是非常危险的一件事——因为谁也不敢保证这种武器不会反过来伤到自己。

10. 欧南·巴尔是一位老人，已经老得无所畏惧。自从上次动乱之后，他就独自一人住在这个偏僻的地方，陪伴着他的，只有他从废墟中抢救出来的书籍。他从不担心会丢失任何东西，尤其是这条苟延残喘的老命。所以，他毫无惧色地面对闯进家里的陌生人。

7 拓展阅读

影响世界历史进程的科幻小说

很多科幻小说都描绘了一个全新的世界，但只有少数作品能真正改变世界。这里介绍几部对于科技发展具有启发意义、改变了世界发展进程的科幻小说。

"汤姆·斯威夫特"系列：名人的灵感之神

从 1920 年起，汤姆·斯威夫特这个在家念书的天才少年发明家成了上百个故事的主角。无数孩子由此对科学产生了兴趣，其中包括"技术爆炸"点子的构想者，OCR 语音合成、语音识别技术界祖师级人物雷·库兹韦尔，科幻作家罗伯特·海因莱茵、艾萨克·阿西莫夫。苹果公司联合创始人史蒂夫·沃兹尼亚克直接将自己成为计算机科学家归功于汤姆·斯威夫特，而杰克·卡沃更是表示，自己发明手枪替代品电休克枪的点子，就是源于斯威夫特在小说中发明的一个相似器具。

《神经浪游者》：影响了互联网发展

威廉·吉布森的这部经典小说让"赛博朋克"这个文化亚类型流行了起来，进而间接影响了互联网的发展。科幻作家杰克·沃马克说："试想一下，写作的行为最终促使所写的内容变成现实，那会怎样？"

举另一个更直接的例子，英国科幻作家阿瑟·克拉克的短篇小说《接弗兰肯斯坦请拨 F》，讲的是全世界的电话网络通过卫星连在了一起，于是网络觉醒了，变成了全世界第一个有自我意识的人工智能。万维网的发明者蒂姆·伯纳斯·李表示，童年对这篇小说的阅读影响了自己。

《角斗士》：超级英雄们的出身预言家

菲利普在这部小说中讲述了这样一个故事：亚伯尼歌·丹纳教授发明了"碱性自由基"血清，摄取的人可以获得一些类似昆虫的能力。教授将血清注入还未出生的孩子雨果体内，于是这个孩子拥有了蚂蚁的力量、蚂蚱的跳跃能力和超级速度、防弹皮肤。

雨果一天天长大。父母教育他，能力越大责任也越大。结果他在学校成了一个常常被欺凌却不还手的孩子，只在乡下老家的野地里，他才会使用一下自己的超能力。雨果后来成了学校明星橄榄球队的四分卫，但因失手杀死一名队员而退学。接着他参加了第一次世界大战。战争结束他找了一份银行出纳的工作，却因为抢救一名呼吸困难同事时弄掉了金库门被辞退。后来他又投身政治，加入玛雅考古队……

这部小说中雨果虽然没有穿着超人的衣服拯救世界，但几乎预言了所有经典超级英雄的出身。

《世界之战》：阿波罗登月计划的幕后灵感

英国著名作家赫伯特·乔治·威尔斯的这部小说是描述外星人入侵的祖师级作品，带来了骇人的文化冲击，也促成了一件改变世界的伟业——液体火箭发明者罗伯特·戈达德在少年时期读了这个故事后，决定一生都致力于这一领域研究，最终，他的研究使阿波罗登月计划成为可能。同时，很多人相信，传说中CIA（美国中央情报局）的罗伯森小组一直试图隐瞒UFO（不明飞行物、飞碟）报告，就是因为小说改编的广播剧所导致的"1938年骚乱"——美国人以为真有火星人侵入。

《解放全世界》：引发灾难性的进展

赫伯特·乔治·威尔斯的这部比较不为人知的小说，带来了灾难性的进展——氢弹的发明。故事中威尔斯预言了核能，以及使用核能技术的新型炸弹，它可以导致几天的"持续性爆炸"。匈牙利物理学家里奥·席拉在1932年读到了这部小说；同年，中子被发现。席拉受小说启发，想到使用中子可以产生链式反应，并于1934年获得专利。八年后，"曼哈顿计划"浮出水面。

《美丽新世界》：阻止美国对胚胎干细胞的研究

英国作家阿道司·赫胥黎的这部小说间接阻止了美国对胚胎干细胞的研究。内阁成员杰·莱夫科维茨给当时的总统布什念了一段书中描写人类在孵化场中出生和培育的文字，据说布什听后"被吓到了"。而当莱夫科维茨念完这段话，布什直接回应道："我们就站在悬崖边，一旦跌入深谷，就没有回头的余地了。我们应当慢慢来。"

《震荡波骑士》：现代病毒的诞生

这是美国科普作家约翰·布鲁勒尔 1975 年出版的作品，书中男主角设计了一种名为"蠕虫"的计算机程序，希望改写身份逃避惩罚。施乐帕洛阿尔托研究中心（Xerox Palo Alto Research Center，简称 Xerox PARC）的两名研究员约翰·肖奇和约翰·哈普受故事启发，写了一个盗取计算机处理器资源的程序。这个程序不需要授权的分裂式增殖方式，很快就超出了程序员的预期。于是，他们将这个程序起名"蠕虫"——现代计算机病毒诞生。

《雪崩》：虚拟现实与谷歌地球的原型

美国作家尼尔·斯蒂芬森的这部小说描述了一个平行于现实世界的"元宇宙"，在那个虚拟世界里，人们可以通过"化身"进行交往。这个故事激发了大型多人在线角色扮演游戏《第二人生》的出现，也让虚拟网络形象开始流行。在《第二人生》中，用户可以通过个人的虚拟网络形象与人交流和构建社区。

"谷歌地球"和"必应地图"与《雪崩》里中央情报公司开发的"地球"三维软件有很多相似之处，不能不说是受到斯蒂芬森这部小说的启发和影响。谷歌的一位创始人就曾承认，"谷歌地球"的设计就是以《雪崩》的描述为原型的。

《弗兰肯斯坦》："人造生命"的初概念

这是英国作家玛丽·雪莱 1818 年创作的小说，被认为是世界上第一部真正意义上的科幻小说。"弗兰肯斯坦"是小说中将许多碎尸块拼接成人，然后用电将其激活的疯狂科学家的名字。这部小说对合成生物学影响很大。因为是这部作品让人们第一次接触到了"人造生命"概念，后来，人们将创造合成生命描述为生物学上的"弗兰肯斯坦时刻"。

值得一看的高分科幻电影

对于很多科幻影迷来说，真正的科幻不是表达技术，而是表达人要如何理解这个世界。科幻电影因其虚构、超前的世界架构，不仅剧情精彩，更是承载了创作者想传递的人文内涵与对现实世界的反思。下面这些好口碑的科幻电影值得一看。

《星际穿越》

近未来的地球黄沙遍野，小麦、秋葵等基础农作物相继枯萎，人类在沙尘暴肆虐下，倒数着所剩不多的光景。前美国宇航局宇航员库珀接连在女儿墨菲的书房发现奇怪的重力场现象，随即得知，在某个未知区域前美国宇航局成员在秘密进行一个拯救人类的计划。多年以前，土星附近出现神秘虫洞，数名宇航员被派遣到遥远的星系寻找适合人类居住的星球。在布兰德教授劝说下，库珀忍痛告别女儿，和其他三名专家搭乘宇宙飞船，前往目前已知最有希望的三颗星球考察。

他们穿越遥远的星系银河，感受了一小时七年光阴的沧海桑田，窥见了未知星球和黑洞的壮伟与神秘。在浩瀚宇宙，总有一份超越时空的笃定情怀将他们紧紧相连……

这个故事演绎了一段穿越时空的父女真情。虽然"穿越时空的爱"是一个很老旧的主题，无数言情奇幻网络小说以此为线，但本片让人看了仍不由潸然泪下，因为它所体现的情感如此纯粹真实，和我们的生活如此相似。库珀没有"我的征途是星辰大海"般的凌云壮志，只是想赶快完成任务尽早回到女儿身边，陪伴她成长。在人类危急存亡之秋，女儿墨菲最终选择的避风港，仍然是和父亲有着最多回忆的地方。

《盗梦空间》

道姆·柯布与同事在一次针对日本能源大亨齐藤的盗梦行动中失败，反被齐藤利用。齐藤威逼利诱柯布帮他拆分竞争对手的公司，要求柯布在对手唯一继承人罗伯特·费希尔的深层潜意识中种下放弃家族公司、自立门户的想法。因遭通缉流亡海外的柯布为了重返美国，偷偷求助于岳父迈尔斯，吸收了年轻的梦境设计师艾里阿德妮、梦境演员艾姆斯和药剂师约瑟夫加入行动。在层层递进的梦境中，柯布不仅要压制住费希尔潜意识的反抗，还必须直面已逝妻子梅尔的处处破坏，情况远比预想的危险……

影片《盗梦空间》当然不是完美无缺，但毫无疑问，其大胆奇特的情节设置，已经大大超出一般。这部电影全长 148 分钟，剧情悬念迭生、扣人心弦，让人在观影过程中一直处于紧张状态，仿佛身临其境，几乎感受不到时间的流逝。

《复仇者联盟》系列电影

《复仇者联盟》是由乔斯·韦登（第一、二部）、罗素兄弟（第三、四部）执导，小罗伯特·唐尼、克里斯·埃文斯、克里斯·海姆斯沃斯等人主演的动作科幻电影。

第一部：一股突如其来的强大力量从宇宙魔方中出现，还带来了邪神洛基。洛基带走了宇宙魔方，摧毁了实验现场，使长期致力于保护地球安全的"神盾局"感到措手不及。指挥官"独眼侠"尼克·弗瑞意识到他必须创建一个史上最强的联盟组织，集结各方超级英雄，才能拯救世界。

第二部：身经百战的超级英雄们有了职业倦怠，于是已经卸下战甲的托尼·斯塔克制造了一个有自我意识和学习能力的机器人——"奥创"，并将指挥机器人军团的重任交给他。令超级英雄们始料不及，不断进化的奥创竟然认为"人类是地球上最大的威胁"，进而开始着手消灭人类。有强大能力的改造者马克西莫夫兄妹"快银"皮特罗和"绯红女巫"旺达也站在奥创一边。复仇者联盟再度集合，解决这个由他们亲手制造的危机。最后，奥创被彻底消灭，复仇者联盟迎来新成员——猎鹰、幻视、战争机器和绯红女巫。

第三部：银河系中的至尊强者灭霸带着四大黑曜将军到处搜寻无限宝石的下落。灭霸一旦得到六颗无限宝石，他的一个响指就可以摧毁半个宇宙。为了保护宇宙，托尼·斯塔克和史蒂夫·罗杰斯重组各自的复仇者联盟，并与蜘蛛侠、奇异博士、王、银河护卫队、黑豹以及瓦坎达王国一同作战，不惜一切代价，阻止灭霸收集无限宝石。然而，灭霸还是成功集齐六颗无限宝石，毁掉了整个宇宙的一半生命。

第四部：无限战争之后，复仇者们在火箭浣熊、星云和惊奇队长的帮助下，最终成功找到灭霸，但是灭霸已经毁掉所有的无限宝石。

宇宙由于灭霸的摧残变得满目疮痍。五年后，从量子领域回到现实世界的蚁人为幸存的复仇者带来了希望。幸存的复仇者们决定，无论前方将遭遇什么，他们都会在所有剩余盟友的帮助下再一次集结，以逆转灭霸的所作所为，彻底恢复宇宙秩序，重新恢复宇宙生机。最后，托尼·斯塔克壮烈牺牲，但是宇宙得以成功复苏。战斗结束后，史蒂夫·罗杰斯正式退出复仇者联盟，把"美国队长"的职位和盾牌交给了猎鹰。

该系列电影作为有史以来超级英雄出场最多的漫威电影，无论是声势浩大的动作场面、令人眼花缭乱的特效场景，还是极为紧凑的剧情发展，都不断刺激着观众的心脏，让观众为之亢奋。而电影通过其中各显神通、团结一心，终于打倒邪恶势力、保证了地球安全的英雄们所传达的正义、力量、团结和希望，也让这部电影内涵升华，成为当之无愧的史诗级经典。

《星际迷航》

23世纪，人类科技已经发展到可以进行星际旅行的程度。整个银河系的命运，掌控在两个出生于截然不同世界的年轻人手中。一个是柯克，来自地球美国爱荷华州乡下，不爱读书，只爱寻找刺激和冒险，是一个天生的领导人物；史波克，出生成长于瓦肯星，有一半地球血统，以第一名的成绩考进星舰学院。两人性格不同，矛盾不断，但在执行任务过程中，他们共同面对严苛考验，建立起深厚情谊，成为最佳拍档。

遥远的瓦肯星传来星舰遇险的信号，企业号老舰长克里斯托弗·派克率领飞船成员前去救援。柯克发现这其实是罗慕兰帝国尼诺的阴谋。可是为时已晚，派克舰长不幸被敌人扣押。柯克和史波克携手，决定和尼诺决一死战……

《星际迷航》描述了一个正义乐观的未来世界，在那里，地球人类同众多外星种族齐心协力战胜疾病、贫穷和战争，建立起一个和平、发达的星际联邦。影片天马行空的想象、先进的科幻元素及其传达的人文主义关怀，使其成为最受欢迎的科幻作品之一，并荣获第八十二届奥斯卡最佳化妆奖。

《这个男人来自地球》

35 岁的哈佛历史学教授约翰在工作十年后突然辞职，同事们前来送行并纷纷表示不解。约翰说自己身上有一个秘密，为了保守这个秘密他不能待在一个地方超过十年。后来，在交谈中，约翰教授终于透露，他实际上已经活了 140 个世纪，是原始洞穴人，经历了各个不同时代。他说自己曾跟随释迦牟尼修行，与凡·高是多年好友，甚至被人们奉为耶稣……朋友们发现约翰的故事无法被否定也无法被查证。于是，这群哈佛的历史学家、宗教学家、生物学家、心理学家齐聚一室，将这场最后的聚会演化成了一次颠覆传统的学术激辩。

这部电影 2007 年出品，改编自科幻作家杰洛米·贝斯拜的最后一部小说。作为总投资仅 1 万美元的小成本电影，其成功跳脱了传统科幻片"激光加金属"的固有套路，就靠单调的场景和主角们的辩论推进，演绎了一部纯对白的话剧式软科幻，但又给人一种玄妙的感觉。电影在构思上可谓独辟蹊径，扩展了科幻片的想象空间。

《她》

这是一部讲述人与人工智能相爱的科幻爱情电影。西奥多是一名信件撰写人，他刚结束与妻子凯瑟琳的婚姻，还没走出心碎的阴影。一次偶然的机会，他接触到最新的人工智能系统 OS1 的化身萨曼莎。很快，他们发现彼此非常投缘，并逐渐发展成一段不被世俗理解的奇异爱情。

本片主要在中国上海取景，由美国导演斯派克·琼斯历时三年拍摄完成。这是一部很不寻常的爱情片，不仅因为它选择了"宅男爱上电脑操作系统"这样一个新奇的角度，更在于斯派克导演聪明地用未来世界的设定，抽丝剥茧地探讨了"关于爱情的一切"。电影融合新奇的科幻设定与传统的浪漫气息，真人与虚拟共同谱写了一段温暖治愈的恋曲。该片获得 2014 年第八十六届奥斯卡最佳原创剧本奖。

《银翼杀手》

2019 年，洛杉矶变成乌烟瘴气的"九反之地"。在这个世界，人类制造了与真人无异的复制人为自己工作，但当这些复制人有了思想感情便将他们毁灭。复制人虽然残暴，却对自己拥有的短暂生命充满留恋。人类不允许这些复制人拥有做正常人的权利，计划毁灭这些"妄图成为人类"的生命。戴克是个专门追杀变节复制人的杀手，肩负追杀叛逆的复制人的重任，但当他与美丽的复制人瑞秋相遇时，他开始左右为难……

有人说看一本好书就像同作者进行灵魂的对话，看一部好的电影又何尝不是如此。你可以享受看《银翼杀手》的每一分钟，从开头的散漫逐渐进入凝聚的深沉情感，直到最后的尾声，久久沉浸在那寂寥、苍凉的情境中。

《正义联盟：闪点悖论》

中央城的一个夜晚，闪电侠巴里·艾伦和超人、蝙蝠侠、戴安娜、绿灯侠等正义联盟的伙伴们与来自 25 世纪的急速教授及其爪牙们爆发激战，最终恶棍被绳之以法。可是一觉醒来，巴里发现自己的记忆出现混乱，还丧失了变身闪电侠的能力。更出乎他意料的是，在他童年时被盗贼杀害的母亲竟然活着出现在他面前！全世界仿佛天翻地覆，戴安娜率领的亚马逊人以及海王带领的海少侠等人企图毁灭世界……巴里知道自己出现在了另一个时空，两个时空的记忆不断纠结在一起。为了拯救母亲，拯救世界，巴里在蝙蝠侠杀死逆闪电后倒流时间，更改历史，不料引发了第三次世界大战。

"不能改变的事，要学会接受，能够改变的就要勇于行动，还要有区分二者的智慧。"这是巴里的妈妈对他说的话，也是对全片的总结。

影片根据 DC 漫画《闪点》改编，由杰伊·欧力执导，2013 年在美国首映。故事背景设定为一个全新的平行宇宙，超级英雄们在新背景下展现出焕然一新的人物特性与行事风格，更切合时代。

元宇宙究竟是什么

"元宇宙"这个概念最早出现在美国作家尼尔·斯蒂芬森

1992 年出版的科幻小说《雪崩》中，此后，科幻主题的文学、影视作品中，关于元宇宙的内容层出不穷。终于有一天，元宇宙与现实接轨了。

北京师范大学新闻与传播学院教授喻国明在第 35 期"京师中国传媒智库发布"会议上指出，如今媒介所发挥的作用大体上都是认知方面的信息给予，但媒介的作用正在完成一个从给予认知到给予体验的过程；整个媒介和技术从认知发展到体验是个巨大转换，"元宇宙"这个目标一经确立，对传播技术、传播形态、传播方法甚至传播效果，都能起到一个定向作用。

近些年，随着 VR/XR 的出现，人们可以戴着特制眼镜，通过网络置身于另一个真实与虚拟交互的空间。我们的现实生活中，也已经在上演一些科幻大片中的某些精彩片段。

很多人问，未来世界将会变成什么样子呢？

时间回到 2020 年，因为疫情影响，很多学校的毕业典礼都取消了。但有意思的是，中国传媒大学动画与数字学院的学生在沙盘游戏《我的世界》里模拟了毕业场景，完成了"云毕业典礼"。

还有一件有意思的事也发生在 2020 年。某知名歌手在游戏《堡垒之夜》中，以虚拟形象举办了一场虚拟演唱会，吸引了全球超过 1200 万玩家参与其中。

无论是虚拟的毕业典礼，还是虚拟的演唱会和春晚会场，都给大家带来了不一样的体验。在未来，像这样以数字身份参与数字世界，很可能就是我们的生活日常。

只不过，我们的想象还可以更丰富更大胆一些。比如说：医生可以用数字身份进入太空，为航天员提供医疗服务；航天员可以用虚拟形态进入太空，去到遥远的星球打造科研基地；人们也可以用数字身份去探索神秘的部落，甚至可以穿越到侏罗纪时代，骑着翼龙穿梭在飞流的瀑布间……

这些想象，就像是构建了一条沟通真实世界和虚拟空间的通道，把物理世界和数字世界连在了一起。

如果这些想象都可以在技术上实现，它将带来物理世界和数字世界的深度融合，也会促使我们去进行更多的思维世界的探索。而这必定会带来人类社会的改变。

大家把这种可能性称为"元宇宙"。在这里，"元"字除了"本原"的意思，还有"超越"和"更高"的含义。从科幻走进现实，人们对"元宇宙是什么"还未能达成一个绝对标准的共识。因为时代的演变、技术的变革，"元宇宙"仍是一个不断发展的概念，不同参与者以自己的方式不断丰富着它的定义，"元宇宙"特征和形态也在不断变化。

虽然至今"元宇宙"并没有一个准确定义，但零碳元宇宙智库创始人陈序老师在他主讲的元宇宙课程里给出了这样一个解释："元宇宙"是人以独立的数字身份自由参与和共同生活的可能的数字世界。

如果你试图去理解这句话，就会发现其实"元宇宙"没那么难理解，这句话有一个关键词——"数字身份"。数字身份记录了你在互联网的足迹，但并不是完全独立的身份，它依然依附于线下那个拥有真实身份的你。唯一不同的是，现实世界中只存在物理状态下的一个拥有真实身份的你，而在元宇宙你可以拥有多个数字身份。广义的元宇宙，它不是对物理世界的映射，而是纯粹建立在数字世界里的虚拟时空。现在，你再来看"元宇宙"这个概念，是不是没那么陌生了？

在2022年的全国两会上，全国政协委员、第五空间信息科技研究院院长、上海市信息安全行业协会名誉会长谈剑锋带来了《关于加强对元宇宙市场的监管，防范新型数字经济风险的提案》，这件提案最终由38位委员联名提交。

当前，"元宇宙"很火。作为一个发展中的概念，它的到来引发人们大量关注与讨论。但是，面对这样一个新事物，我们不可忽视其发展过程中可能带来的风险与挑战。

技术发展方面，"元宇宙"仍然充满不确定性，也缺乏实际的产品支持。社会治理方面，"元宇宙"是现实物理世界在数字虚拟世界的延伸与拓展，追求跨越现实物理世界与数字虚拟世界之间的界限，有可能对现有政治结构、金融体系和人类生存模式形成前所未有的挑战，产生平台管控、经济监管、政策立法等一系列新问题。伦理道德方面，"元宇宙"深度释放了人类创造力与能动性，集中体现了人类对于突破物理限制、拓展生命体验的内在向往。

整体而言，对"元宇宙"风险隐忧的反思不是对其本身的否定，而是在规范中促进其健康有序发展的必经之路。

相信我们之所以喜欢科幻大片，就是希望可以过上那种梦幻般的奇特生活吧！而"元宇宙"即将成为我们未来的生活，我们也将在"元宇宙"的世界中，开启未来的科幻大片之旅。"元宇宙"概念的探索与发展，为未来科技和社会形态的演化描绘了一幅令人神往的美好图景。潜在的机遇和可能带来的变革值得期待，但我们也应该保持科学理性，脚踏实地，追求更有意义的生命过程。

机器人技术发展到了什么程度

1950 年，科幻作家艾萨克·阿西莫夫提出了著名的"机器人三定律"：第一，机器人不能伤害人类，也不能任凭人类面临危险而袖手旁观；第二，机器人应服从人的一切命令，但不得违反第一定律；第三，机器人应保护自身的安全，但不得违反第一、第二定律。

多年后的今天，机器人已经悄无声息地渗透到了我们生活中的方方面面。在这种情况下，当时显得十分超前的三条定律是否仍然适用呢？

近些年来，机器人行业发展迅速，机器人被广泛应用于各个领域。机器人行业的蓬勃发展，离不开先进的科研进步和技术支撑。今天，我们一起来看看机器人最前沿技术。

软体机器人：柔性机器人技术

自然界的很多生物都有一定的柔性和灵活性，柔性机器人其实就是模仿了一些生物的这种特性。柔性机器人可以做到像藤蔓一样生长，柔软的身体延伸至各个角落；或者像章鱼一样，整个身体没有任何硬性的结构组织。还有仿鱼类生物的水下机器人，柔软的"鱼鳍"如同真的一样，可以在水中灵活运动。

柔性机器人技术是指采用柔性材料进行机器人研发、设计和制造的技术。柔性材料能在大范围内任意改变形状，在管道故障检查、医疗诊断、侦察探测等领域具有广泛应用前景。

液态机器人：液态金属控制技术

液态金属控制技术是指通过控制电磁场外部环境，对液态金属材料的外观特征、运动状态进行准确控制的一种技术。可用于智能制造、灾后救援等领域。

原理是用液态金属氢氧化镓作为主要材料，利用电脑程序控制电极电流的方向，当液体金属的表面张力改变时，液体也会同时变得容易流动，借此让电极带动液体移动。液态金属是一种不成型、可流动的液体金属，目前技术重点主要集中在液态金属的铸造成型上，液态机器人还只是一个美好的愿景。

生物信号可以控制机器人：生肌电控制技术

生肌电控制技术是指利用人类上肢表面肌电信号来控制机器臂，在远程控制、医疗康复等领域有着较为广泛的应用。

机器人可以有皮肤：敏感触觉技术

敏感触觉技术指采用基于电学和微粒子触觉技术的新型触觉传感器，让机器人对物体的外形、质地和硬度更加敏感，最终胜任医疗、勘探等复杂工作的技术。

"主动"交流：会话式智能交互技术

采用会话式智能交互技术研制的机器人，不仅能理解用户的问题并给出精准答案，还能在信息不全的情况下主动引导完成会话。据说苹果公司新一代会话交互技术将会突破 Siri（speech interpretation & recognition interface，智能语音助手）一问一答的模式，甚至可以主动发起对话。

机器人有心理活动：情感识别技术

情感识别技术可实现对人类情感甚至是心理活动的有效识别，使机器人获得类似人类的观察、理解和反应能力。可应用于医疗康复、刑侦鉴别等领域。对人类的面部表情进行识别和解读，是与人脸识别相伴而生的一种技术。

用意念操控机器：脑机接口技术

脑机接口技术是指通过对神经系统电活动和特征信号的收集、识别及转化，使人脑发出的指令能够直接传递给指定的机器终端的技术，可应用于助残康复、灾害救援等领域。

机器人带路：应用自动驾驶技术

应用自动驾驶技术可为人类提供自动化、智能化的装载和运输服务，并延伸到道路状况测试、国防军事安全等领域。

再造虚拟现场：虚拟现实机器人技术

虚拟现实机器人技术可实现操作者对机器人的虚拟遥控操作，在维修检测、现场救援、军事侦察等领域有应用价值。

机器人之间互联：机器人云服务技术

机器人云服务技术指机器人本身作为执行终端，通过云端进行存储与计算，即时响应需求、实现功能，有效实现数据互通和知识共享，为用户提供无限扩展、按需使用的新型机器人服务方式的技术。

8 考点速记

1.《基地》是（美）国科幻作家（艾萨克·阿西莫夫）创作的科幻小说，是其（"基地"系列）小说的第一部。"心理史学家"（哈里·谢顿）预见未来银河将会经历一段长达三万年的黑暗期，于是设法集合帝国中最优秀的科学家，到银河边缘的一个荒凉行星建立"基地"，以保存人类文明。

2. 基地的三位英雄分别是（哈里·谢顿、塞佛·哈定、侯伯·马洛）。

3.（哈里·谢顿）是"基地"系列中的重要人物之一，《基地》开篇便郑重介绍了他的生平，并称他一生最大的贡献是对（心理史学）的开拓；端点市的首任市长是（塞佛·哈定）。

4. 在《基地》中多次引用的由谢顿集中组织撰写的书叫（《银河百科全书》）。

5.《基地》里提到的在"基地纪元"早期形成了（四）个寿命极短的独立王国，称作（四王国）。其版图中幅员最广、势力最强的，是（安纳克里昂）王国。

6. 基地的创始人是（哈里·谢顿），"基地"设在银河系的边缘端点星上，它还有一个兄弟基地叫（第二基地）。端点星上的硬币是用（不锈钢）做的。

7. 哈里·谢顿借助心理史学预见了（银河帝国）的崩溃和（蛮荒或黑暗）时代的到来。《基地》一书中，"谢顿危机"一共出现了（三）次。

9　阅读笔记

1. 《基地》中你最喜欢的人物是谁？

2. 你还记得"谢顿危机"吗？说说你的看法。

3. 如果穿越到《基地》中，你最想做一件什么事？

4. 阅读《基地》，你最深的感受是什么？

5. 请用 100 字以内的文字向朋友推荐《基地》。

我的
名著阅读
笔记2
下

WO DE MINGZHU YUEDU BIJI

主编——黄菲

湖南大学出版社·长沙

目 录

CONTENTS

四 海底两万里

1 导 读 / 002

2 阅读计划 / 004

3 作者名片 / 005

4 名著概要 / 006

5 原文节选 / 022

6 名著赏析 / 030

【背景篇】"诺第留斯号"的始发港：想象力让梦想乘风
破浪 / 030

【内容篇】"诺第留斯号"的伟大航路：以迷人的方式
重述历史 / 034

科学与人文兼备的非凡作品 / 037

【语言篇】"诺第留斯号"的科学气质：科学家也可以

浪漫多姿 / 042

【人物篇】"诺第留斯号"上的乘客：一半是海水，一半

是火焰 / 044

7　拓展阅读 / 048

凡尔纳"海洋三部曲"：漫游奇异的海底世界 / 048

脑洞之光：灵感来自科幻小说的发明 / 051

中国经典科幻小说推荐 / 057

关于科幻，你需要知道的概念 / 063

8　考点速记 / 070

9　阅读笔记 / 073

五　红　岩

1　导　　读 / 076

2　阅读计划 / 077

3　作者名片 / 078

4　名著概要 / 079

5　原文节选 / 091

6　名著赏析 / 099

【背景篇】小说背景：重庆解放前夕光明与黑暗的决战 / 099

创作缘起："把这里的斗争告诉后代" / 100

书名来源：为什么叫《红岩》/ 101

精神传承："红岩精神"永流传 / 101

【艺术篇】艺术基调：终结禁锢的世界 / 103

小说结构：宏伟严谨又富于变化 / 104

人物刻画：着力塑造英雄群像 / 105

【人物篇】许云峰：卓越的革命领导者 / 109

江雪琴：温和可亲的江姐、刚强坚忍的战士 / 111

华子良：忍辱潜伏 15 年的传奇英雄 / 112

小萝卜头：共和国最年轻的烈士 / 114

成岗：钢铁一般的战士 / 116

刘思扬：浪漫英雄主义知识分子革命者 / 118

7 拓展阅读 / 121

他们是《红岩》英雄人物的原型 / 121

写出名著的他们都曾是囚徒 / 127

中国当代经典革命历史小说集锦 / 132

8 考点速记 / 139

9 阅读笔记 / 143

六 哈利·波特与死亡圣器

1 导　读 / 146

2 阅读计划 / 147

3 作者名片 / 148

4 名著概要 / 149

5 原文节选 / 163

6 名著赏析 / 174

【剧　　情　篇】霍格沃茨，魔法火车要一直向前 / 174

【主　　题　篇】爱与陪伴——成长永远的命题 / 178

　　　　　　　　十年一梦——超越魔幻的普世经典 / 179

【写作技法篇】"哈利·波特"系列的现实启示与写作

　　　　　　　　手法 / 181

【人物关系篇】教父之爱如山——小天狼星布莱克 / 184

　　　　　　　　友谊之爱如花——黄金三人组 / 185

　　　　　　　　师长之爱如灯——邓布利多教授 / 188

　　　　　　　　生命之爱如光——西弗勒斯·斯内普 / 189

7 拓展阅读 / 191

"哈利·波特"系列内容速览 / 191

"哈利·波特"魔法世界趣味盘点 / 195

古代东方神话志怪作品盘点 / 205

值得一读的经典魔幻小说 / 210

8 考点速记 / 218

9 阅读笔记 / 222

海底两万里

◎在这浩瀚的大海中，人们不是孤独的，这里充满了生命的气息；海之为物是超越的、神妙的生存之乘舆；海是动，海是爱，正像你们法国一位大诗人所说的，它是长存的生命。

◎我的心还在这个国家，只要我还有一口气，我的心也永远在这个国家！

◎但愿所有的仇恨都在这颗倔强的心中平息！

1 导　读

继 18 世纪瓦特改进蒸汽机，接下来的一百多年里，欧洲陆续涌现出如本茨、斯蒂芬森、爱迪生以及后来的莱特兄弟等一批工业革命的先驱，火车、汽车、电气技术和飞机等科学成果应运而生，达尔文和爱因斯坦等人的科学论著相继发表。科学技术的发展引起了当时西方许多文学家的关注，他们试图用文学形式反映新的科学思想和技术，描绘当时社会和未来世界的科学发展远景。儒勒·凡尔纳身处欧洲科学技术不断创新的时代，科技的飞速进步为科幻小说家们提供了创作灵感。《海底两万里》[①] 就是在这样的社会大背景下诞生的。

早在儿童时代，凡尔纳就热爱幻想、梦想探险。他常同他的弟弟保罗到海边游玩，在撞坏的老式单桅船上，兄弟俩轮流当着"船长"。大海在凡尔纳幼小的心灵里，留下了难忘的印象。1865 年，凡尔纳特地买了一艘捕鱼船，实地考察了布列塔尼和诺曼底海岸线的情况。1868 年，他将捕鱼船整修一新，取名"圣米歇尔号"，再次进行海上考察，并在航行中完成了《海底两万里》第一卷的创作。

《海底两万里》是儒勒·凡尔纳创作黄金时代最有代表性的作品之一，是一部以海洋为题材的科学幻想小说。它与长篇小说《格兰特船长的儿女》《神秘岛》合为著名的"凡尔纳三部曲"，也即"海洋三部曲"，《海底两万里》为第二部。

---

① 〔法〕儒勒·凡尔纳著，陈亚锋译，北京：大众文艺出版社，2013 年版。

　　故事讲述了法国生物学家阿龙纳斯、其仆人康塞尔和鱼叉手尼德·兰，一起随诺第留斯号①潜艇船长尼摩周游海底的故事。《海底两万里》情节设置悬念迭生，人物刻画性格鲜明，语言描述富于变化，对充满神秘色彩的海底世界的描述绘声绘色，既有艺术美感，又不失科学的严谨性。特别是那艘诺第留斯号潜艇，它诞生在真正能够进行长时间水下航行的舰艇出现之前，为后来的工程师们制造实用潜艇提供了有益启发。

---

　　① 原文为"nautilus"，音译为"诺第留斯号"，意译为"鹦鹉螺号"。本书所用译本为"诺第留斯号"。

2 阅读计划

篇幅：全书共二卷 47 章，约 30 万字。

阅读时间：每天半小时，三周读完。

要求：

1. 通读全书。以地点、事件等关键信息为线索展开阅读，梳理出"诺第留斯号"的航行路线以及在航行过程中经历的事件，迅速了解主要故事情节。

2. 人物解读。分析尼摩船长、阿龙纳斯教授、康塞尔和尼德·兰的人物形象和性格特点。

3. 自主查阅资料。了解作者儒勒·凡尔纳的生平经历及《海底两万里》的成书过程，从科学性、人文性、文学性的角度来评价《海底两万里》，可以采用圈点批注式、文本摘录式、心得体会式等方法做读书笔记。

3 作者名片

儒勒·凡尔纳（Jules Gabriel Verne）（1828—1905），19 世纪法国著名的科幻和探险小说作家，"科学幻想小说之父"。出生于法国西部海港南特城一个法官家庭。自幼便热爱海洋，向往远航探险。1848 年依父亲意愿来到巴黎学习法律，但他对法律毫无兴趣，爱上了文学和戏剧。毕业后在大仲马的鼓励下，开始诗歌与戏剧创作。后来结识了阅历深广的探险家杰克斯·阿拉戈，对游历冒险与科学知识产生了浓厚兴趣，于是如饥似渴地学习各类知识：这为他以后进行科幻创作打下了扎实的科学基础。

凡尔纳一生创作了大量优秀的科幻小说，包括《气球上的五星期》《地心游记》《从地球到月球》《环绕月球》《海底两万里》等，作品内容从天上到地下、从海洋到陆地，其中《海底两万里》堪称"19 世纪自然科学的大百科全书"。凡尔纳大部分作品都收录于题为《在已知和未知的世界中的奇异旅行》的作品集中，其中《格兰特船长的儿女》《海底两万里》和《神秘岛》被称为"凡尔纳三部曲"，也称作"海洋三部曲"。

4 名著概要

第一部分

交代"诺第留斯号"的来历以及阿龙纳斯教授、康塞尔、尼德·兰随尼摩船长游历的原因。

第一章 飞走的暗礁

1866年，海上发生了一系列怪事。海洋中出现了一个庞然大物，它体积巨大且速度惊人，就像飞走的暗礁，多艘航船莫名其妙被撞裂了。"怪物"的出现引起了公众及学界的猜测与论争，更引发了整个欧洲的恐慌。公众坚决要求把这个"怪物"从海洋里清除。

第二章 赞成和反对

人们对"怪物"的看法主要分两派，一派认为是一种力大无穷的怪物，另一派认为是一艘动力强大的潜水艇。报社采访阿龙纳斯教授（法国巴黎自然科学博物馆副教授，曾出版《海底的神秘》一书），阿龙纳斯认为是一种力量大得惊人的"海麒麟"。美国海军部长写信邀请阿龙纳斯教授代表法国加入林肯号远征队，跟随二级战舰林肯号去追捕清除"怪物"。

第三章 随您先生的便

阿龙纳斯读完美国海军部来信并下定决心去找那个"怪物"，他的忠实的仆人康塞尔不假思索地说："随您先生的便。"他很快收拾行李跟阿龙纳斯教授一同上了以法拉古司令官为舰长的"林肯号"。战舰从布洛克林码头扬帆起航，在大西洋黑沉沉的波涛上全速前进。

第四章 尼德·兰

法拉古舰长除了为"林肯号"精心准备了各种捕鲸装备、歼灭性武器外，还请来了一位来自加拿大的脾气暴躁但身手不凡并富有经验的鱼叉手之王——尼德·兰。全体船员同仇敌忾，决心一定要捕获那只"独角鲸"或是"海麒麟"，只有尼德·兰对所谓"独角鲸""海麒麟"的存在表示怀疑，他怀疑是"一条巨大的章鱼"，但被阿龙纳斯教授否定了，因为软体动物不可能对钢铁舰船造成那么大的破坏。

第五章 冒险行动

"林肯号"在太平洋上努力搜寻。三个月后，海员们泄气了，开始怀疑这次搜捕行动的意义，要求返航。11月2日，舰长许诺最后搜寻三天，三天后如果还无结果就掉头返航。11月

5 日，最后时刻，一向无动于衷的尼德·兰突然喊叫起来，他发现了"怪物"的踪迹！

第六章　开足马力

船员们紧张激动过后，"林肯号"企图捕获"怪物"，而"怪物"却若无其事地同"林肯号"玩捉迷藏。经过一夜一天的追逐周旋，到第二天晚上，双方形成对峙。当"林肯号"向"怪物"发起进攻时，"怪物"却突然熄灭电光，向"林肯号"喷射出两股巨大的水柱。"林肯号"遭遇灭顶之灾。阿龙纳斯教授掉落大海。

第七章　种类不明的鲸鱼

阿龙纳斯和康塞尔筋疲力尽就要沉入海底时，被站在"怪物"背上的尼德·兰拉了上来。尼德·兰说这"怪物"不是鲸，是钢板做的。阿龙纳斯这才断定它是一艘潜水艇。天亮时，船舱盖被掀开，八个壮汉出来，把他们拖进了潜艇。

第八章　动中之动

阿龙纳斯教授三人被关进一间黑屋子。半小时后，房间有了亮光，进来两个人。阿龙纳斯教授他们分别用法语、英语、德语和拉丁语进行自我介绍，对方均无反应。他们走后，侍者送来衣服和食物，阿龙纳斯教授他们饱餐后就进入了梦乡。

第九章　尼德·兰的愤怒

潜水艇浮出海面更换空气。阿龙纳斯教授三人仍被关在铁屋子里，尼德·兰怒气冲天，他想逃跑，又想夺取这艘潜水艇。康塞尔不停地劝慰也没用。一个侍者进来时，被尼德·兰出其不意地打倒在地。这时，一个说法语的人出现了。

第十章　水中人

讲法语的人就是这艘诺第留斯号潜水艇的主人尼摩船长。他说第一次见面保持沉默是为了了解阿龙纳斯教授一行，其实那四种语言他都懂。他要阿龙纳斯教授三人服从他的命令，否则将置他们于死地。这位自称"跟整个人类社会断绝了关系"的尼摩船长说，他们的一切用品都取自海洋，他热爱海洋。

第十一章　诺第留斯号

尼摩船长带阿龙纳斯教授参观"诺第留斯号"上有一万二千册藏书的图书室，给阿龙纳斯抽用海藻制成的雪茄，带他观赏自己丰富的收藏，又让阿龙纳斯教授看了为他准备的雅致的房间，和他自己住的简陋的房间。

第十二章　一切都用电

尼摩船长向阿龙纳斯教授介绍船上各个房间里不同仪表的用途，及如何开采海底矿藏、如何发电、如何获得空气，又介绍了一只小艇的用途，还带阿龙纳斯教授参观了厨房。

第十三章　一些数据

尼摩船长将潜水艇的平面图、侧面图和投影图拿出来，向阿龙纳斯教授介绍潜水艇的构造、动力和建造过程，一切都是那么科学合理，又那么不可思议。

第十四章　黑潮暖流

11月8日中午海底探险正式开始。潜水艇在五十米深的水下穿越黑水流。康塞尔为尼德·兰细致讲解了鱼的分类，阿龙纳斯教授和两位同伴尽情观赏形态各异的鱼儿和海底景色。

第十五章　一封邀请书

11月16日，当阿龙纳斯教授和尼德·兰、康塞尔一同回到房间时，发现桌上有一封写给自己的信，是多日未曾露面的尼摩船长写的，他邀请阿龙纳斯教授到海底森林打猎。之后，尼摩船长还向阿龙纳斯教授详细介绍了如何在海底打猎。

第十六章　在海底平原上散步

阿龙纳斯教授和康塞尔穿上潜水衣随尼摩船长漫步海底平原，欣赏海洋奇物。一路上美丽神奇的海底景观令他们惊叹不已，而潜水衣让阿龙纳斯教授在海底走了一个半小时仍充满活力。他们看到了克利斯波森林。

第十七章　海底森林

阿龙纳斯教授一行人来到克利斯波岛附近的海底森林。阿龙纳斯教授仔细观察海底生物，还在海底睡了几个小时。醒来时，一只巨型海蜘蛛试图攻击阿龙纳斯教授，被尼摩船长的同伴射中。到了克利斯波岛的海底绝壁，他们开始返回，途中打到一只水獭，躲过了巨大而可怕的鲛鱼。

第十八章　太平洋下四千里

尼摩船长与阿龙纳斯教授畅谈海底资源的循环利用。潜艇在太平洋下穿行，令人大开眼界。然而，有一天，大家看到一艘海难沉船，凄惨的场景让人心悸。

第十九章　万尼科罗群岛

来到万尼科罗群岛，阿龙纳斯教授向尼摩船长讲述了他对

18世纪末两艘失踪法国探险船只的了解，尼摩船长从万尼科罗群岛的海底遗物中，揭开了这两艘探险船只失事的真相。

第二十章　托列斯海峡

"诺第留斯号"经由地球上最危险的海峡——托列斯海峡前往印度洋，中途触礁搁浅。所幸它没有损坏，尼摩船长打算借助五天后太平洋的涨潮返回海洋。经尼摩船长同意，阿龙纳斯教授三人坐上小艇去了格波罗尔岛。

第二十一章　在陆地上的两天

阿龙纳斯教授和两位伙伴一起上格波罗尔岛采摘野果、打猎，还捉到一只吃豆蔻吃醉了的无双鸟。他们在海滩上吃了一顿美味的晚餐。

第二十二章　尼摩船长的雷

尼德·兰提出永远别回潜水艇了，但接着岛上的土人巴布亚人发现了他们。土人追赶他们到沙滩后，划独木舟围住"诺第留斯号"，企图发起进攻。尼摩船长将电通到潜艇铁梯栏杆上，土人触电后吓得魂飞魄散，很快就撤退了。"诺第留斯号"受海水最后的波浪推动，离开珊瑚石床，时间正如尼摩船长所预料的那样。

第二十三章　强逼睡眠

潜水艇在印度洋行驶。尼摩船长测量不同深度海水的温度，发现一千米下的海水是恒温的。阿龙纳斯教授三人目睹了有趣的一幕：海面上磷光闪烁，把大海照得如同白昼，原来是一些水母和其他发光水生物发出的光。有一天，船副在探测角度时，好像发现了什么不对劲的地方，随即尼摩船长突然下令将阿龙纳斯教授三人关起来，并强制他们睡觉。吃过午饭，阿龙纳斯教授三人都昏睡过去了。

第二十四章　珊瑚王国

一觉醒来，阿龙纳斯教授三人发现竟然在自己的房间。尼摩船长让阿龙纳斯教授帮忙救治一名船员，可惜他伤势太重，已经无法救活。第二天，船长带阿龙纳斯教授三人来到五彩缤纷的珊瑚王国，将那位死亡的船员安葬在珊瑚墓园里。

第二部分

写阿龙纳斯教授、康塞尔、尼德·兰随尼摩船长从印度洋出发游历的事情，以及"诺第留斯号"和尼摩船长的结局。

第二十五章　印度洋

阿龙纳斯教授对尼摩船长有了更多的了解，并爱上了潜水。离开珊瑚岛后，"诺第留斯号"驶入印度洋。他们看到了企林岛，还看到了迷人的软体动物"肛鱼"。在孟加拉湾口，他们看到水面漂浮着无数的尸体，是从恒河流来的。"诺第留斯号"在奶海中航行，夜色中，他们眼前呈现的是一望无垠的"乳白色"大海。

第二十六章　尼摩船长的新提议

"诺第留斯号"来到了锡兰岛，这是一个以采珠业著称的地方。尼摩船长给阿龙纳斯教授三人介绍了原始的采珠方法和采珠人悲惨的生活，并邀请阿龙纳斯教授他们去参观采珠场。想到那里有可怕的鲛鱼（鲨鱼的一种），阿龙纳斯教授有些害怕。尼德·兰对此行的危险却毫不在乎。

第二十七章　价值千万的珍珠

阿龙纳斯教授三人在船长带领下看到了一颗大如椰子的珍珠。阿龙纳斯教授估计它至少值一千万法郎。此时并未到采珠期，然而一个可怜的采珠人却在冒险采珠。突然一头大鲨鱼向采珠人发起进攻。危急时刻，尼摩船长冲了过去，与巨鲨展开殊死搏斗。尼摩船长危在旦夕，尼德·兰投出利叉刺中鲨鱼要害。船长把采珠人救到小艇上，并赠送给他一小袋珍珠。

第二十八章　红海

"诺第留斯号"在阿曼海中行驶了四天。2月7日中午时分来到红海，在红海上劈波斩浪。2月9日停在红海最宽处。尼摩船长给阿龙纳斯教授介绍红海得名的原因和他发现从红海通往地中海的地下通道"阿拉伯海底地道"的经过。

第二十九章　阿拉伯海底地道

经由"阿拉伯海底地道"，"诺第留斯号"像一支离弦之箭，直冲而下。尼德·兰在红海发现了一只儒艮（又名"美人鱼"），他用捕鲸叉击杀了这只庞大的儒艮。尼摩船长邀请阿龙纳斯教授一起去领航人的操作间。尼摩船长亲自指挥，潜艇通过"阿拉伯海底地道"，顺利穿过苏伊士海峡，不到二十分钟便到达了地中海。

第三十章　希腊群岛

潜艇来到地中海接近欧洲海岸的时候，尼德·兰表现得非常激动，他认为他们三人得趁机逃跑。然而，"诺第留斯号"一直在深海或外海中航行，根本没有逃跑的机会。在桑多林岛附近，阿龙纳斯教授目睹了海底火山喷发的壮观奇景。

第三十一章　地中海四十八小时

潜艇在地中海海底只花了四十八小时就行完约六百里航程。阿龙纳斯教授三人在这里见到了八目鳗、鸢形鲛、大头鲸等海洋生物。2月16日至17日夜间，"诺第留斯号"进入地中海的第二道水域，最深的地方有三千米。阿龙纳斯教授看到许多遇难船只的残骸静卧在海底，惨不忍睹。潜艇利用一股下层逆流，从狭窄的直布罗陀海峡疾驰而过，来到大西洋。

第三十二章　维哥湾

"诺第留斯号"驶近葡萄牙海岸后，尼德·兰又一次计划逃跑，并叫阿龙纳斯教授等他信号。阿龙纳斯教授的内心却纠结万分。潜水艇在维哥湾停了下来，尼摩船长找到阿龙纳斯教授，向他讲述了1702年为西班牙政府运输金银的战舰被英国海军击败沉没的历史。他命令船员潜水搬取沉船上的金银珍宝。在与尼摩船长的交谈中，阿龙纳斯教授得知，尼摩船长拾获这些财宝是为了接济穷人。阿龙纳斯教授也终于明白，"诺第留斯号"在克里特岛海中行驶时，尼摩船长那些价值数百万的金子是送给谁的了。

第三十三章　沉没的大陆

潜艇驶离欧洲大陆，也意味着阿龙纳斯教授三人又失去了一次逃跑的机会。尼摩船长在夜间带阿龙纳斯教授到三百米深的大西洋底去参观柏拉图笔下的大西洋城①。在阿龙纳斯教授眼前呈现的是一座遭受毁灭性破坏的城市，坍塌的屋顶，倒下的庙宇，破损零落的拱门，倒在地下的石柱……

第三十四章　海底煤坑

"诺第留斯号"一路向南，停靠在一座熄灭了的火山中心。尼摩船长对阿龙纳斯教授说，这是"诺第留斯号"取之不尽、用之不竭的矿藏。尼摩船长拒绝了阿龙纳斯教授前往观看船员们开采煤矿的提议，于是阿龙纳斯教授三人在岩洞与咸水湖里游览了一通。

第三十五章　萨尔加斯海

"诺第留斯号"继续往南穿越大西洋上一个奇特的海域——萨尔加斯海，这是一片海带、黑角菜等海底植物密集的水域。在那里"诺第留斯号"进行了一次勘测实验，发现下潜到海底一万六千米的深度竟安然无恙。尼摩船长建议阿龙纳斯在海底拍一张照片，以留存这绝无人知的景色。

第三十六章　大头鲸和长须鲸

南大西洋海域出现了一群长须鲸。尼德·兰向尼摩船长请

---

① 有的版本译作"亚特兰蒂斯"。

求让他去捕杀，却被船长劝住。尼摩船长说，人类不应该滥杀这种善良无害的动物。不一会儿，来了一大群长须鲸的天敌大头鲸。为了保护长须鲸，船长下令狠狠冲杀大头鲸。

第三十七章　冰山

"诺第留斯号"终于驶达南极圈，却被可怕的冰山群挡住去路，无法前进。"诺第留斯号"开足马力，使出浑身解数仍然动弹不得。最后尼摩船长下令潜到更深的水层，选择从冰山下面穿过。历经艰险，"诺第留斯号"终于浮出海面。

第三十八章　南极

潜艇到达南极，阿龙纳斯教授、康塞尔和尼摩船长登上南极大陆，观赏南极特有的美丽景观，以及企鹅、海豹等特有动物。但由于天气原因，阿龙纳斯教授无法确定是否真的到达了南极。3 月 21 日天放晴，阿龙纳斯教授和尼摩船长用望远镜和航海时计测出他们所在地点正是南极。尼摩船长将一面绣有金黄"N"字的黑旗插在了南极点。

第三十九章　意外呢？偶然呢？

潜艇在驶离南极时发生了意外。一座冰山翻倒，潜艇被一大块倒下来的冰块砸到，失去了平衡，阿龙纳斯教授三人一时找不到出路，又一次陷入困境。

第四十章　缺少空气

"诺第留斯号"被困在厚厚的冰墙中。船长尼摩镇定自若地指挥大家轮班凿冰墙、喷开水，阻止新的冰块形成。艇内极度缺氧，但秩序井然。经过大家的共同努力，潜水艇终于冲出冰墙，嵌板被打开，新鲜的空气像潮水一般涌入舰艇。

第四十一章　从合恩角到亚马逊河

阿龙纳斯教授三人呼吸到了新鲜的空气。潜艇很快穿出南极圈，朝合恩角驶去。之后，潜艇从大西洋往北，沿着南美洲的曲折海岸行驶，经过火地岛、马露因群岛，穿越赤道。

第四十二章　章鱼

潜水艇来到留加夷群岛附近，一群大章鱼跟着"诺第留斯号"游走，其中一只章鱼撞进轮叶中，让潜艇动弹不得。尼摩船长带领船员们挥动斧头和章鱼展开了激烈搏斗。阿龙纳斯教授和尼德·兰、康塞尔也加入了战斗。一名水手身亡。尼德·兰不慎被章鱼掀倒在地，生死关头，尼摩船长挺身而出，救下尼德·兰。经过一刻钟的战斗，章鱼全部被打走。

第四十三章　大西洋暖流

尼摩船长为在章鱼大战中牺牲的船员哀伤不已。"诺第留斯号"继续向北，沿着大西洋暖流航行。尼德·兰再次提出逃跑计划，阿龙纳斯教授向船长提出离开潜水艇的要求，遭到拒绝。暴风雨来临，船长站在平台上迎接风浪，岿然不动，仿佛要从暴风雨中汲取灵感和力量。

第四十四章　北纬 47 度 24 分 西经 17 度 28 分

大风暴之后，"诺第留斯号"被抛到大西洋东边。这片海底是沉船的墓场。尼摩船长经过多番测量，终于找到他想去的地方，"诺第留斯号"潜入海底。他们发现一艘年代久远的沉舰，竟是在七十四年前一次惨烈战斗中沉没的赫赫有名的复仇号战舰。尼摩船长来此正是为了凭吊英勇不屈的复仇号舰队。

第四十五章　屠杀场

凭吊过后潜艇浮出水面，不料一艘战舰向潜水艇发起攻击。阿龙纳斯教授劝尼摩船长不要毁灭那艘战舰，但尼摩船长不听，称对方为"压迫者"，他的祖国、亲人就是毁于那艘战舰。阿龙纳斯教授他们决定等那艘战舰更靠近些就逃走，可最后战舰被"诺第留斯号"撞沉。复仇后，尼摩船长回到房间，对着一张有着一位年轻妇人和两个小孩的肖像画，泣不成声。

第四十六章　尼摩船长的最后几句话

"诺第留斯号"向北极海域飞驰。阿龙纳斯教授时常被船毁人亡的噩梦惊醒，尼德·兰也陷入了颓丧绝望。阿龙纳斯教授三人再次计划逃跑。逃离前教授听到尼摩船长的最后几句话："全能的上帝！够了！够了！"阿龙纳斯教授三人利用附在潜水艇上的小艇逃跑，可潜水艇被卷入了大旋涡，他们的小艇也难逃厄运，阿龙纳斯教授被撞晕了过去。

第四十七章　结论

阿龙纳斯教授醒来时发现自己和两个同伴被罗夫丹群岛的渔民救起，而尼摩船长与"诺第留斯号"下落不明。阿龙纳斯教授把所见公之于众，同时希望尼摩船长能绝处逢生，熄灭复仇怒火，继续他的科学探索。

5 原文节选

种类不明的鲸鱼

我虽然由于意外落水而吓得发慌，但我当时意识还十分清醒。我首先下沉到二十英尺深的水里。我是泅水的好手，但不能跟拜伦、埃德加·坡那两位游泳大师相比——我虽沉在水中，神志却一点没有昏迷。控制着紧张的情绪向水面游去。我浮出水面来最关心的一件事就是看看战舰在哪里。船上是不是有人看见我掉下水了？林肯号是不是改变方向了？有没有人发现我落水？我能不能得救？夜色沉黑。我仿佛看到一大块黑东西在东方渐渐消失了，它的标灯远远地熄灭了。这一定是我们的战舰。顿时我的心凉了半截。

"救命！救命！"我拼命呼喊，两手拼命划着向林肯号泅去。

我身上的衣服非常碍事。衣服湿了贴在我身上，非常的难受。我要沉下去了！我不能透气了！……"救命！"这是我发出的最后呼声。

我嘴里满是海水。我极力挣扎，可是仍然无济于事……忽然我的衣服被一只很有力的手拉住，我感到自己被托出水面上来了。我听到，我的确听到有谁在朝我说话："如果先生不嫌不方便，愿意靠着我的肩膀，先生这样感觉会好些。"

我一手抓住这个人手臂，回过头来。"是你呀！"我说，

"是你呀!"

"正是我,"康塞尔答,"我来伺候先生。"

"就是刚才的一撞把你跟我同时抛入海中来的吗?"

"不是。为了服侍先生,我就跟着先生下来了!我认为我应该这样做!"

"战舰呢?"我问。"战舰哪!"康塞尔转过身来回答,"我认为先生不要再指望它了。"

"你是什么意思?"

"我的意思是说,在我跳入海中的时候,我听见舵旁边的人喊:'舵和螺旋桨都坏了!'"

"都坏了?"

"是的!被那怪物的牙齿咬坏了。我想,林肯号虽说没有受到太大的破坏,可是,这种情况对于我们是很不利的,因为船无法掌握方向了。"

"那么,我们完了!"

"可能是这样,"康塞尔安静地回答,"不过,我们还可以支持几个钟头,这段时间,我们可以做不少的事!"康塞尔这样坚定和冷静,也令人感到踏实了。

我用力地游着,但我的衣服像铅皮一样紧紧裹着我,十分不灵活,我觉得很难支持下去。

康塞尔发现了这一点。"我想先生一定会允许我把衣服割掉。"他说。

他迅速地用刀子从上至下把衣服割开。然后,他敏捷地替我脱衣服,我就抓住他泅水。很快,我也给康塞尔脱掉了衣服,就这样相互依靠着在水里游着。

可是，我们的处境仍然十分危险：可能我们掉下海的时候，人家没有看见，也可能看见了，但因为战舰的舵坏了，没有办法回到这边来救我们。我实在是无计可施了。康塞尔很冷静地这样假设小艇或许会帮我们，并计划着随后应做的事。太令人难以置信了！这个冰一般冷的人在这里好像在自己家里那样！现在我们唯一的生路，就是希望林肯号放下小艇来救我们，所以我们应该想办法，尽力支持，等待小艇到来。我于是决定节约使用我们的力量，尽量地保存体力。下面是我们的办法：我们一个人朝天躺着，两臂交叉，两腿伸直，浮着不动，另一个人泅水把前一人往前推送。做这种"拖船"的工作，每人不能超过十分钟，相互轮换，我们就可以在水面浮好几个钟头，说不定能够一直支持到天亮。这是碰运气的事！求生欲望如此强烈地支撑着我们！并且我们又是两个人。最后，我还要肯定一点——这看来像是不可能的——即使我要打破我心中的一切幻想，即使我要"绝望"，现在也办不到！战舰跟那鲸鱼冲撞的时间是在夜间十一点钟左右。

所以到太阳升起，我们还得游泳八个小时。我们替换着游，应该可以撑到八个小时。海面相当平静，我们因而可以不必多费力气。有时，我的眼光想看透深沉的黑暗，但什么也看不见，只有那由于我们游泳动作激起的浪花透出一点闪光来。在我手下破碎的明亮的水波，点缀在镜子般闪闪的水面上，就好像一块块青灰色的金属片。当然，此刻是毫无心情欣赏这美丽的景色的。到早晨一点左右，我感到极端疲倦。我的四肢痉挛得很厉害，渐渐发硬，不能灵活运用了。康塞尔不得不来支持我，如果没有他我想我早就不行了。不久我听到这个可怜人发喘了，他的呼吸渐渐短促了。我明白他也不能支持很久了。

"丢下我吧！丢下我吧！"我对他说。"丢下先生！我是不会这样做的！"他答，"我还要死在先生前头呢！"这时候，有一片厚云被风吹向东边去，月亮露出来了。海水在月亮下闪闪发光。这仁慈的月亮重新鼓起了我们的气力。我的头又抬起来，向四周观察，突然之间看到舰船。它在离我们五海里的海面。但小艇呢，一只也没有！我想叫喊。可没有用的，没人会听到的，并且我的嘴唇肿得发不出声音。

康塞尔还可以说话，我听到他好几次这样喊："救命呀！救命呀！"我们停一下动作，我们用心听。尽管我的耳朵充血，发出一种嗡嗡的声音，但我觉得似乎是有人呼喊，康塞尔的叫喊仿佛有了回应。

"你听见吗?"我低声说。"听见！听见！"康塞尔又向空中发出绝望的呼喊。

是的，我可以肯定！是有一个人在回答我们的呼喊！是被抛弃在大海中的受难者吗？是撞船的另一落水者吗？还是战舰上的一只小艇在黑暗中呼唤我们呢？康塞尔使出浑身解数，托住我的肩膀，我尽力抗拒我最后的一次痉挛。他用尽全力半身浮出水面望望，然后又筋疲力尽地躺下："你看见什么吗？"

"我看见……"他低声说，"我看见……我们不要说话……保存体力！……"他看见了什么呢？突然间我不自觉地想起那怪物来了！……这怎么可能……现在并不是约拿躲在鲸鱼肚子里的时代了！不过康塞尔还拖着我。

他不时地向远处张望，有时还回应几声，回答他的声音越来越近了。我几乎没有听见，我的气力尽了，我的手指都僵了，浑身上下无法动弹。我的嘴抽搐着，一张开就灌满海水。冷气侵袭着我。我最后一次抬起头来，一会儿又沉下去了……就在这一瞬间，我碰到一个坚实的物体。我就紧靠着它。随后，我觉得有人拉我，把我拉到水面上来，然后就失去了知觉，我晕过去了……一定是由于我身体碰到了什么东西，我才很快苏醒过来。我迷迷糊糊地半睁开我的眼睛……"康塞尔！"我低声说。"先生叫我吗？"康塞尔答。这个时候，在微弱的月光下，我看到不是康塞尔的脸孔，但我立即认出是谁了。

"尼德·兰！"我喊。"正是他，先生，他是来追他的奖金的！"加拿大人答。

"还有你也落水了，是吗？"

"是的，教授，令人难以置信，我几乎是立刻就能站立在一个浮动的小岛上了。"

"一个小岛吗？"

"或者更正确地说，是站在你的那只巨大的'独角鲸'上。"

"尼德·兰，快告诉我到底发生了什么。"

"不过，现在我终于知道我的鱼叉为什么不能伤害它，为什么碰在它表皮上就碰弯了。"

"为什么呢？尼德·兰，为什么呢？"

"教授，因为那个东西是钢板做的！"到这里，我开始了我的思绪，重新回忆一番，并且检查一下自己以前的想法。加拿大人的最后几句话不得不使我转变以往的观念。我很快爬到这个半浸在水中，已经做了我们的临时避难所的生物（或物体）上面。我用脚踢它，它分明是坚固结实、钻不透的硬物体，和通常那些鲸鱼的皮肤完全不一样。

不过这个坚硬物体可能是一种骨质的甲壳，跟太古时代动物的甲壳相似，我现在认为应该将它归入两栖动物才对，如龟鳖、鳄鱼之类。可是！不然！在我脚下的灰黑色的背脊是有光泽的，滑溜溜的，而不是粗糙有鳞的。它被撞时发出金属的响亮声，绝对不是生物意义上的皮肤。看来，我只好说它是由螺丝钉铆成的铁板制造的了。的确如此！这动物，这怪东西，这天然的怪物，它使整个学术界莫名其妙不知头绪，它使东西两半球的航海家糊里糊涂。这时我不得不承认，它是一种更惊人的怪东西，它是人工制造的怪东西。看到最怪诞、最荒唐甚至神话式的生物，也不会令我感到如此惊讶。造物者手中造出来的东西怎么出奇，也容易了解。这竟然是人工制成的，不属于任何生命体，那就不能不使人感到十分惊讶了！现在不容犹豫了。

我们现在是躺在一只潜水船的脊背上，按照我可能的判断，这就像用钢铁打造的鱼。对这，尼德·兰也早有他的看法：我们——康塞尔和我——只能同意他。

"那么，这只船里面应该有一套驾驶机器和一批驾驶人员？"我说。

"当然有，"鱼叉手答，"不过，我上这浮动小岛已三小时了，并没有什么事情出现。"

"这船一直没有走动吗？"

"是的，阿龙纳斯先生。它只是随波漂荡，而不是它自己动。"

"可是，我们都知道，它移动的速度很快。所以就必然有一套机器，和一批操纵机器的人。所以，我现在认为……我们是得救了。"

"嗯！"尼德·兰带着保留的语气说。这时候，不知怎么回事，这个奇异东西的后面沸腾起来，它现在开行了，推动它的分明是那推进器。为了不再落入水中，我们都牢牢地抓住它。还算运气，它的速度并不十分快。"它如果就这样在水平面上行驶，我倒一点不在乎，"尼德·兰低声说，"但是，如果它忽然潜入水中，那我的性命就靠不住了！"加拿大人说得很对。

所以，最要紧的是赶快想办法跟里面的人取得联系。我想在它上层找到一个开口，一块盖板，用专门术语来说，找到一个"人孔"；但一行行的螺丝钉很清楚、很均匀，外表显得很光滑，没有入口啊。而且这时，月亮又消逝了，四周一片漆黑。只好等到天亮，才能想法进入这只潜水船的内部。所以，我们的命运是完全掌握在指挥这机器的神秘的领航人手中。如果他们潜入水中，我们便完了！除了这种情形，那我并不怀疑跟他们取得联系的可能性。正是，如果他们不能造空气，他们一定要常常到洋面上来，更换他们呼吸的空气。所以，船上层必然有一个孔，这样才能获得船外的空气。至于希望得到法拉古舰长来救的想法，不用再去想了。我们被拖到西方去，我估计船的速度相当缓慢，每小时约十二海里。船的推进器搅动海水，十分规律，有时船浮出一些，向高空喷出磷光的水柱。到早晨四点左右，这船的速度增加了。

我们现在可以说是精疲力尽，有点吃不消了，同时海浪又直接向我们打来。很幸运，尼德·兰一下子摸到了一个钉在钢背上的大环，我们就牢牢地挽住它，才不至于滑倒。最后，长夜过去了。由于当时的情况，现在不能将那时发生的事情完全写出来，单有一件小事现在还可以记起来。就是当风浪比较平静的时候，我似乎几次都听到有模糊不清的声音，并且分辨不出来是什么声音。全世界的人都无法解释的那水底航行的秘密是怎么一回事呢？生活在这只怪船里的是怎样的人呢？怎样的机械使它行动有这样惊人的速度呢？

天亮了。浓雾渐渐散去。我正要仔细观察一下上层形成平台的船壳的时候，我觉得船渐渐下沉了。

"喂！鬼东西！"尼德·兰喊着，用脚狠踢钢板，"开门吧，不好客的航海人！"但在推进器拨水的隆隆声响中间，想叫人听到他的话是不容易的。很幸运，船没有继续下潜。突然，一种猛然推动铁板的声音从船里面发出来。一块铁板掀起了，出来一个人。这人十分害怕似的怪叫了一声，立即又钻了回去。不久，八个又高又大的壮汉，蒙着脸，钻出船来，把我们拉进了他们的可怕机器中。

6　名著赏析

【背景篇】

凡尔纳的《海底两万里》作为科学幻想小说的经典之作，并不是从天上掉下来的，了解作者的生平和所处的时代背景，有助于我们理解《海底两万里》的内容，体会小说的独特魅力。

"诺第留斯号"的始发港：想象力让梦想乘风破浪
石　上

如果把维克多·雨果视为法国海洋文学史上的一个重要航标，那么儒勒·凡尔纳无疑是西方海洋文学史上的一座灯塔。如果说由《格兰特船长的儿女》《海底两万里》《神秘岛》组成的"海洋三部曲"是凡尔纳小说王国的桂冠，那么《海底两万里》则堪称冠顶的明珠。在时间的汪洋里，"诺第留斯号"载着一代又一代读者，潜入大海的深处，探索自然的未知与奥妙，感悟人生的哲理与思考。

金色的晨曦穿透薄雾洒向宝石蓝色的海面，一艘由法国开往印度的三桅商船缓缓驶出港口。十一岁的儒勒·凡尔纳迎风站在甲板上，内心犹如船头激起的浪涛一样汹涌澎湃。为了这次梦寐以求的环球冒险之旅，他先用积蓄已久的零花钱，从一个厌恶出海的水手那里买下一份雇佣合同，然后背着家人，偷偷地从天主教学堂溜上这艘商船。他决定以一个见习水手的身份，开始自己乘风破浪披荆斩棘的冒险生涯。身后的故乡渐行渐远，眼前的海面愈发浩瀚无垠，他的视线追随着逐浪高歌的鸥鸟，渐渐投向未知的远方……当然，他完全没想到，父亲早已在下一个港口等候他多时。

儒勒·凡尔纳生于法国西部海港城市南特，从出生那刻起，就呼吸着港口城市特有的咸湿空气。他经常跟弟弟保罗一起在码头一待就是一整天，听水手讲出海的故事，看着川流不息的船只，猜测每一艘进港的三桅帆船从哪个洲驶来，又会带来哪些新奇的货物。海洋文化的浸润影响，日常生活的耳濡目染，养成了他热爱海洋、渴望冒险，追求不凡人生的性格。那些大航海时代充满异域风情与奇幻冒险的热血传奇，令他向往不已。凡尔纳儿时最大的理想就是成为一名水手，随船游历世界。而他的律师父亲，则一心希望这个长子能够承袭父业。这次孤注一掷的越洋冒险之旅，虽然尚未启航就被终结在襁褓之中，但那道通往神秘未知海域的蓝色巨门，已被少年凡尔纳在心中亲手开启。现在他还不知道，自己将用一生的时间，在纸上继续这次没有完成的环球冒险旅程。

在挨了一顿狠揍之后，凡尔纳短暂的冒险之旅止步于卧室和书房。他哭着鼻子向父亲保证，以后只躺在床上，在幻想中旅行。于是，这个不安分的"熊孩子"开始在花样百出的"耍宝""搞怪"中，尽情释放自己无处安放的想象力。既然不能出海做水手，凡尔纳就把自己当成《鲁滨逊漂流记》的主人公，在院子里搭窝棚，连续几天不吃饭，玩转"孤岛求生"；为了感受鸵鸟的视野，他就腿绑自制高跷在学校里乱跑，所到之处一片狼藉；即使在结婚之后，他还曾在卧室里用床单和衣架搭设了一个简陋版"气球"，躲在里面研究非洲的动植物，脑补驾驭气球进行的洲际旅行。超凡的想象力加上良好的科学素养，成为凡尔纳进行科幻文学创作永不竭绝的原动力。1863年，他完成了自己的第一部小说《气球上的五星期》——一个英国旅行家乘坐氢气球穿越非洲的探险故事，并一举成名。从此，这个发誓在幻想中旅行的"宅男"一发而不可收，用千奇百怪的动植物，秀异雄奇的地形风貌，惊心动魄的冒险故事，令全球无数读者叹为观止，拍案叫绝。

1865年夏天，一封特殊的"粉丝"来信被送到凡尔纳的手中。信中写道："先生，感谢您在《地心游记》《从地球到月球》这两部扣人心弦的作品中，写下的那些亲切和蔼的语句，它们使我忘记了内心的悲痛，帮我抵挡住痛苦的烦扰。唯一的遗憾，就是在读完两本书之后，没有更多这样精彩的小说可供我继续读下去。希望在不久的将来，您能用自己丰富的学识和想象力，让笔下的人物乘着潜水机旅行，带领我们走进神秘的海洋深处。"这封信来自法国19世纪最具风情、最另类的女作家乔治·桑。在被凡尔纳两部"上天""入地"的科幻小说成功"圈粉"之后，她希望能够读到一部有关海洋冒险的力作。乔治·桑的建议折射出地理大发现时代的生活风尚。在经历初期工业革命的冲击和洗礼之后，海洋正通过文学、绘画、艺术、时尚等全方位进入大众的视野，人类渴望去破译这片蔚蓝色蕴藏的无限奥秘。

文学史家们认为，乔治·桑的"催更信"是促成《海底两万里》这部海洋小说诞生的直接动因，而波兰反对沙皇独裁统治的起义遭到残酷镇压，则直接影响了凡尔纳《海底两万里》中尼摩船长形象的设定。小说创作之初，满腔正义感的凡尔纳，将主人公尼摩船长设定为反抗俄国暴政的波兰科学家形象。不过出版商担心引发外交争议，使该书在俄国市场上遭禁，没同意。激烈争执过后，最终双方达成一致，决定将尼摩船长的身份模糊化为自由的拥护者和反压迫的复仇者。凡尔纳赋予了主人公强烈的社会责任感和人道主义精神，并借他之口严厉谴责了殖民主义者的野蛮残暴与倒行逆施。

【内容篇】

被称作"奇异幻想的巨匠"的凡尔纳，改变了人们对科幻小说没有生命力，只能风行一时的片面看法。凡尔纳凭借着他的独特创造力，在《海底两万里》中，把科学和艺术、技术和文学巧妙结合，而且善于设置悬念，一环紧扣一环，为大家展现了一个引人入胜的奇妙海底世界。

"诺第留斯号"的伟大航路：以迷人的方式重述历史

19世纪中期，西方的自然科学迅速发展，增强了人类征服自然的欲望和信心。《海底两万里》作为儒勒·凡尔纳的巅峰之作，将他对海洋的幻想与刻画发挥到了极致，唱响了那个时代的海洋最强音。出版商赫泽尔曾在为凡尔纳撰写的作品序言中说道："其实，他的目的在于概括现代科学积累的有关地理、地质、物理、天文的全部知识，以他特有的迷人方式，重新讲述世界历史。"

坚硬如铁的双层艇体，强劲无穷的机械动力，时速五十海里的超高航速，时而潜行于压力极强的海底，时而穿梭于暴风骤雨的海面，奇妙无比的诺第留斯号潜艇令当时的读者如痴如醉。作为集时代最新科技知识大成的代表，"诺第留斯号"涉及电力、化学、机械、物理、气象、采矿等诸多学科。而鹦鹉螺（潜艇名"nautilus"的中文意思）正是凭借薄薄的几毫米螺壳，承受下潜到百米深海后的巨大水压的螺壳动物。这一命名细节，更充分展现出凡尔纳广博的科学知识与非凡的想象力。

尼摩船长曾自豪地告诉阿龙纳斯："大海供应我一切必需品。"他们从雌性鲸类身上获取奶，制成奶油，从北极海中的大海藻里提取食糖，制作可以和最甜蜜的果酱媲美的秋牡丹果子酱，把鲸鱼的触须做成笔，利用乌贼分泌的汁制作墨水，用贝壳类的足丝做衣料，编织衣服，在海洋植物中提取香料，用柔和的大叶海藻铺床，就连雪茄烟也是由海藻制成。尼摩船长还开采海底煤矿用来发电，提取海水里的钠制成大功率电池，给予潜艇热量、光明和动力。海洋不但为生活在"诺第留斯号"的人们献上了陆地上的人根本闻所未闻、见所未见的生活必需品，也维系着尼摩船长的整个精神世界。

除此之外，整部小说还动用大量篇幅，不厌其烦地介绍了诸如海流现象和鱼类、贝类、珊瑚等海洋生物循环系统及珍珠生产等科学知识。潜水艇、潜水服、电的使用等等，更是在一定程度上激发了科学的创造，促进了科学的发展。科学与幻想的巧妙结合，使《海底两万里》成为名副其实的科学启蒙小说。

19世纪下半叶，"异域风情"受到众多艺术家的青睐和读者的追捧。在《海底两万里》中，凡尔纳运用"登峰造极"的手法（法国当代小说家米歇尔·布托尔语），自始至终置主人公于最危险、最绝望的境地：深海狩猎，极地破冰，采集印度洋珍珠，目睹珊瑚王国葬礼，打捞西班牙沉船中的财宝，参观克利斯波岛海底森林，探访大西洋城废墟，领略海底火山喷发奇景，等等。

特别是在通过托列斯海峡时，潜艇因为触礁而搁浅，他们在旁边的小岛上逗留了两天，却遭到了土人的围攻。他们赶紧逃进小艇，可土人依然紧追不舍。多亏尼摩船长很机智地想到了一个办法，他把铁梯栏杆通了电，击退了土人。

到锡兰岛时，阿龙纳斯教授接受尼摩船长的建议，潜水到海底珍珠场参观。他们发现一个印度人在海底采珠。忽然，一条巨鲨向采珠人扑去，把采珠人打翻在地。尼摩船长立即抽出短刀，挺身与鲨鱼搏斗。就在尼摩船长被鲨鱼巨大的身躯所压倒，危在旦夕时，尼德·兰迅速投出利叉，击中鲨鱼，尼摩船长脱险。最后，尼摩船长不仅救了采珠人，还送给他一包珍珠。

在大西洋留加夷群岛附近，"诺第留斯号"被一群巨型章鱼盯住。它们随舰艇游走，其中一只章鱼的下颚骨卷进轮叶，令潜水艇动弹不得。尼摩船长带领船员们挥动斧头齐上阵，与章鱼展开激烈搏斗。一名船员被章鱼触须缠住，不幸牺牲。尼德·兰不慎被章鱼掀倒在地，眼看就要被章鱼咬成两段，尼摩船长挺身而出，将斧头砍入章鱼的巨齿，救下处于死亡边缘的尼德·兰。

击退土人围攻、与鲨鱼搏斗、冲破冰山封路、反击章鱼袭击和逃出北冰洋大风暴……凡尔纳笔下的海底旅行以前所未有的"奇情"另辟蹊径，令人耳目一新。作者在向读者展示大自然之力和美的同时，也让我们感受到了尼摩、阿龙纳斯教授等人的渊博学识、沉着冷静和迎难而上、勇于拼搏的精神，使读者在强烈刺激、震惊之余，获得极大的精神与审美享受。

除了用"奇情"提升吸睛度，凡尔纳还利用环环相扣的谜题，为小说制造了层出不穷的悬念。尼摩船长究竟是何方神圣？为什么如此仇视人类社会？三人组能否重获自由？万里深海之旅的尽头在哪里，又该如何收场？旧的疑团刚刚破解，新的困惑又纷至沓来，在这种一波未平一波又起的紧张氛围中，凡尔纳让读者不断体验坐过山车般的解谜快感。

科学与人文兼备的非凡作品

凡尔纳的"海洋三部曲"向读者展示了一个以"海洋"为背景，用科学与想象力构建的精彩世界。其情节跌宕、构思精妙、想象丰富，笔下人物性格鲜明。作品不仅涵括了渊博的科学知识、地理知识和历史知识，还彰显了鲜明的正义感和人道主义精神，在思想上具有相当深刻的教育意义。凡尔纳的科幻作品，科学精神、人文关怀兼备，他无愧于"文学家中的科学家""科学家中的文学家"的称号。

丰富的文学价值

鲜明生动的人物形象

《格兰特船长的儿女》中，凡尔纳生动地刻画了机敏智慧且富有正义感的格里那凡爵士，被困荒岛靠坚定意志自救且最终获救的格兰特船长，格兰特船长两个勇敢的孩子——坚毅的格兰特小姐和刚强的小罗伯特，沉默寡言但冷静稳重的麦克那布斯少校，粗枝大叶却精通地理学的巴加内尔，还有熟知航线的孟格尔船长以及值得信赖的老水手奥斯丁。

　　《海底两万里》中，让我们印象最深刻的无疑是知识渊博、享有威望的尼摩船长。他性格复杂，英勇无畏、敢于冒险，却又被仇恨蒙蔽了理智。他挺身勇斗鲨鱼，拯救穷苦采珠人；他把数百万黄金送去资助克里特岛人民反抗土耳其统治的斗争；他为了报仇，竟然不顾无辜的水手，而将一艘军舰撞沉。阿龙纳斯教授是学者的典型，他博古通今，为了探究科学的奥秘，不畏艰险。康塞尔是忠心耿耿的仆人，关键时刻首先考虑的总是阿龙纳斯教授的安危。他精通分类学，是阿龙纳斯教授做科学研究的好助手。而捕鲸手尼德·兰则是普通大众的代表，他技艺高超、勇猛过人，却又野性十足，坦率而急躁，成天想着逃离潜艇，重归自由。

　　《神秘岛》中，我们透过凡尔纳的细腻描写，认识了五位"荒岛求生者"——刚毅勇敢、博学睿智的工程师赛勒斯·史密斯，见多识广、文武双全的战地记者吉丁·史佩莱，才学兼优、勤学好问的少年赫伯特，正直善良、敢于冒险的水手彭克洛夫，聪明伶俐、心思灵敏，对主人忠心耿耿的仆人纳布。此外，还有洗心革面、谦逊勇敢的前罪犯艾尔通。

艺术构思和科学知识巧妙结合

　　凡尔纳的作品把曲折、生动的情节和新奇的想象力巧妙地结合在一起，把新奇的艺术构思、浓厚的幻想色彩和渊博的科学知识，自然地融会贯通，既带给读者美学享受，又传授了丰富的科学知识。比如在《神秘岛》中，五个"荒岛求生者"在荒岛上进行的一系列凸显人类智慧的努力：他们不知身处何地，便利用星座来测出纬度，由地球的时差推出经度；他们不知山岗高度，便用相似三角定理推算；他们用灵巧的双手，依据所掌握的科学技术，制造了肥皂、蜡烛、陶器等生活必需品；他们还利用瀑布的水能，建了一个水力锯木厂。这五个聪明能干的"荒岛求生者"，在凡尔纳笔下，就像五个演员，演出一幕幕令人惊喜的科学短剧。凡尔纳细致巧妙的插叙，把本来枯燥无味的科学知识，生动而又具体地介绍给读者。

丰富深刻的内涵主旨

凡尔纳的作品经久不衰，被奉为科幻经典，不仅在于其所涵盖的广博的科学知识，还因为其所蕴含的深刻的人文思想。作品中传达的对弱势群体和被压迫人民的同情，体现了凡尔纳的社会正义感和崇高的人道主义精神。

他笔下塑造的人物品德高尚、公道正直，富有追求真理，愿为科学、为自由而献身的精神。像尼摩曾说："在海中没有什么拘束和压迫，在海中我是完全自由的。"尼摩船长所渴望的从来不是财富和地位，而是人们能获得真正的自由和幸福。他把多年潜心研究的科学成果和他所获得的财富，奉献给受压迫民族，却不愿意为野蛮的殖民统治服务，正是他不畏强权，反对殖民主义、反对侵略压迫的人道主义思想体现。《格兰特船长的儿女》中格里那凡爵士和夫人在英国政府拒绝救援后，毅然决定自行组织救援队，亲自带队寻找格兰特船长这一行动，充满道德与正义。而《神秘岛》字里行间无不透露出一种征服和改造自然的豪迈与乐观。被困在荒岛的五人并没有绝望，他们各有所长，团结互助，运用集体的智慧竭尽所能改善自己的生存条件，最后在荒岛建成了自己的"乌托邦"。

卓越的科学价值

百科式的科普小说

"海洋三部曲"是以海洋为背景的百科式的科普小说，文中对各种海洋动植物展开了绘声绘色的描述，不仅对海底自然现象和景观进行了逼真描写，还随处可见专业科学术语，无处不在表露小说的科学严谨性。

正如凡尔纳自己所说，他虽然也虚构和臆造，可是始终都是以现实为根据来创作的。他善于利用他所处时代的科学技术和新发现，进行广泛深刻的研究，并加以大胆的想象，预测未来世界的创造和发明。比如《海底两万里》的"诺第留斯号"就是集当时最新科技知识大成的代表。"诺第留斯号"的船舱墙壁上悬挂着各种仪表：温度计、风雨表、湿度计、暴风镜、流体压力计等。最神奇的是，潜艇的驱动力是"原动力"："这里有一种功力强大但使用便捷的原动力，它可以有各种用处，船上一切都依靠它。所有一切都由它造出来。它给我光，它给我热，它提供所有的能源。这原动力就是电。"

"诺第留斯号"的电能主要来自海水发电。凡尔纳也用他扎实的科学知识和丰富的想象力，向我们展示了"诺第留斯号"如何在海洋中做到自给自足。"诺第留斯号"上的食物都来自海洋：奶是从鲸鱼乳房挤出来的，糖是从北极海中的大海藻中提炼的，日用品比如床是海里最柔软的大叶海藻做的，笔是鲸鱼的触须做的，墨水是墨鱼或乌贼分泌的汁液。

还有《神秘岛》故事里，五位落难者凭借人类的智慧和乐观的精神，制造出玻璃、陶器、炸药、电报机等用品，并且向读者详细介绍了制造过程和方法，仿佛是一本"荒野求生指南"。

启发人类未来生活图景

"海洋三部曲"是非常经典的科幻小说。它启迪人们扩大视野，带领人们大胆想象、创造性地思索未来。它激发探险者的探索精神，启发科学家的灵感火花。

凡尔纳在坚守科学常识的基础上，用他深邃的洞察力、奇特的想象力，加上天才般的文学描述，为大家展示了一个波澜壮阔、美妙壮观的海底世界。那充满异域情调和浓厚浪漫色彩的生活图景，既体现了人类渴望超越现实，上天入海、探索自然的梦想，也充分展示了人类对科学发展的无限畅想和科学技术的强大力量。

【语言篇】

在语言表现方面，凡尔纳独具一格。在《海底两万里》中，凡尔纳缜密又细腻的科学用语，诗人般浪漫又多姿的文学语言，能够让读者更好地吸收丰富的科学知识，欣赏小说的艺术特色。

"诺第留斯号"的科学气质：科学家也可以浪漫多姿

除了科学与幻想的完美契合，曲折紧张的情节构筑，《海底两万里》的成功同样离不开细致入微的场景描摹。凡尔纳的语言生动有趣，既是艺术的语言，又是科学的语言，既有艺术的浪漫多姿，又有科学的清晰准确。他用玄妙而充满魅力的文字，带我们领略了海洋科学的神秘与奥妙。

"船是很长的圆筒形，两端作圆锥状。它很像一支雪茄烟。已经有船采用过这种类型的构造。这个圆筒的长度，从头到尾，正好是七十米，它最宽的地方是八米。所以这船的构造跟普通的远航大汽船不是完全一样的。"对"诺第留斯号"的介绍，凡尔纳如数家珍，详细描述了它的外形、大小、构造，还有应对各种情况的设备仪器等。借助凡尔纳缜密而又细腻的记录，读者们似乎都能建造出自己的"诺第留斯号"。

"是的，在海中点滴微虫和粟粒夜光虫聚集到一起的结合，是有细微触须的真正透明小胶球，在三十立方厘米的水中，它们的数目可以有二万五千。"照相式的场景实录，充分证明凡尔纳是个不折不扣的"细节控"。

"在诗人眼里，珍珠是大海的眼泪；在东方人眼里，它是一滴凝固的露水；在妇女们眼里，它是戴在手指上、脖子上或耳朵上的长圆形、透明色、螺钿质的珠光宝器；在化学家眼里，它是带了些胶质的磷酸盐和碳酸钙的混合物；最后，在生物学家眼里，它不过是某种双壳类动物产生螺钿质的器官的病态分泌物。"寥寥数语，既有文学色彩，又包含了丰厚的自然科学知识，把各种人眼中的珍珠描绘得入木三分。

"这是一条身躯巨大的章鱼，长八米。它速度极快，动作敏捷地倒退着走，方向跟诺第留斯号走的相同。它那海色的呆呆的大眼睛盯视着。它的八只胳膊，不如说八只脚，长在它脑袋上——因此这种动物得了头足类的名称，发展得很长，有它身躯的双倍那样长，伸缩摆动，像疯妇人的头发那样乱飘。"对于海洋生物的白描式刻画，给人一种身临其境的现场感。

"在这凄绝荒凉的自然界中，是那野得可怕的寂静，就是那海燕和海鸭的振翅声也没有能把它打破。一切都是冰冻了，仿佛声音也冰冻了。"寥寥几笔，南极大陆的荒寂便跃然眼前。

"人们说，海洋是人类致命的地方，但对无数的动物——和对我，它是真正生命的所在！""我的心还在这个国家，只要我还有一口气，我的心也永远在这个国家！"凡尔纳用充满深情的诗一般的语言，表现了尼摩船长对大海的热爱、对受苦民众的关切。

【人物篇】

不同于其他科普读物只是借助人物来传授科学知识，《海底两万里》中，凡尔纳笔下的几个人物，各有其鲜明个性。他们不仅推动了整个小说的情节发展，也承载着深刻的人文主义思想。

"诺第留斯号"上的乘客：一半是海水，一半是火焰

《海底两万里》中的人物不多，有名有姓的仅有四个，分别是尼摩船长、博物学家彼埃尔·阿龙纳斯、仆人康塞尔与鱼叉手尼德·兰。如何利用屈指可数的人物支撑起如此庞大的叙事？凡尔纳巧妙运用了明暗对比的手法：尼摩船长神秘莫测，令人捉摸不透，而阿龙纳斯、康塞尔、尼德·兰性格鲜明，则让人一目了然。不同的脾性，不同的诉求，在"诺第留斯号"这个密闭的空间里摩擦、冲撞，成为情节发展的内在动力。

尼摩（Nemo），在拉丁文中有"无名的，不被理解的人"的意思。而在儒勒·凡尔纳笔下，这个看似很"丧"的名字，却迸发出千年寒冰样的幽光与岩浆般炽烈的情感，在神秘的海底唱响了一曲冰与火之歌。

他无私地关注着被压迫者，慷慨地奉献出价值连城的金银财宝，源源不断地为殖民地人民的反抗斗争提供物质援助；而面对野蛮的殖民统治者，他宁可让足以震惊世界的科研成

果葬身海底。他反对压迫、反对奴役，视自由高于一切，在他看来，只有"在海中才有独立"，只有在海中他才是"完全自由的"，所以，他对大海爱得深切，而对他心中已经"死亡的陆地"，连一寸土地也不愿靠近；但他又囚禁阿龙纳斯一行，剥夺他们的自由，强制他们永远留在"诺第留斯号"上。他指挥船员展开疯狂的海上复仇计划，面不改色地看着爆炸的船体和遇难者的尸骸沉入海底；而当看见印度采珠人被鲨鱼袭击时，却又奋不顾身地站起来，拿着短刀，直向鲨鱼冲去，准备跟鲨鱼肉搏，最后还慷慨地送给采珠人一袋珍珠维持生计……

激昂与悲观，慷慨与吝啬，自由与专制，冷酷与博爱，偏执与慈悲，如此众多的对立，都被凡尔纳的传神妙笔融于尼摩船长一身。他既是在爱与恨、怜悯与复仇之间挣扎的矛盾体，也是真实剖析人类文明本质的精神复合体。博学多识的自由隐士，沉稳机智的科学怪才，善良正义的爱国斗士，冷酷无情的复仇恶魔……拥有多重身份的尼摩船长，折射出凡尔纳对文明、科学、政治、社会与人性的多维度思考，也让这个人物成功打破科幻小说主人公的"工具人"魔咒，成为真正具有典型意义的文学形象。

相对于尼摩船长的"惊世骇俗""特立独行"，彼埃尔·阿龙纳斯完全是以世俗意义上的"学霸"形象出现。他积极参与政府的远征考察活动，敢于答应尼摩船长，跟随他乘坐诺第留斯号潜艇作海底两万里的探险旅行，在尼德·兰多次劝说逃离时犹豫不决。他心地善良又不乏正义感，性情温和甚至略显优柔寡断，学识渊博且热衷科考远征，既对大自然抱有强烈的好奇心，又满怀献身科学造福人类的乐观信念。这位有着人文主义和民主思想的绅士学者，既是深海冒险之旅的见证者与叙事者，也是尼摩船长与世俗社会之间唯一的情感纽带。透过他的双眼，读者得以饱览令人叹为观止的海洋奇观，同时也剥离了世人披盖在尼摩船长身上的妖魔化外衣。如果说尼摩船长凝聚着凡尔纳对于科学的狂野想象，那么阿龙纳斯则是凡尔纳自我投射在作品中的现实化身。

如果说尼摩船长与阿龙纳斯代表了凡尔纳理想人生的一体两面，那么仆人康塞尔与鱼叉手尼德·兰则代表了他对普通人的认知标准。"分类狂"康塞尔忠实稳重，无论遇到什么总爱一本正经地进行整理归纳。从他愿意冒生命危险跟随主人参与追捕"怪物"，看到主人落水后义无反顾地跳水救人，在南极缺氧时把最后一丝空气留给主人这三件事，可以看出他对主人阿龙纳斯忠心耿耿。而通过细致的分门别类，他和主人一起完成了对所见奇异海洋生物的全面科普。"行动派"鱼叉手尼德·兰则是平民的代表，"美食"和"逃跑"是他的关键词。他虽脾气暴躁，但经验丰富，深谙野外生存之道，即使寄身荒岛也能为大家烹制出一顿丰盛大餐，并在风暴之夜带领伙伴们逃出生天。康塞尔的静与尼德·兰的动，成为漫长旅程的调味品与发酵剂，动静之间，碰撞营造出浓浓的喜感与人性活力，不但为略显悲怆沉重的小说主题涂上了一抹温暖的亮色，也为读者带来了更加趣味盎然，更富生活气息的阅读体验。

凡尔纳作为现代科幻小说的奠基人，站在时代的门槛上，先人一步看到了科学与想象结合的"洪荒之力"。《海底两万里》的问世，则使"海洋"成为解读凡尔纳文学作品和精神世界的一个重要的关键词。这个站在时代的制高点俯瞰海洋的人，不但用自己伟大的作品，让我们深感大海的浩瀚和人类的渺小，也将人与自然和谐依存的可能性，植根于对人类未来的思考之中。

7 拓展阅读

凡尔纳"海洋三部曲"：漫游奇异的海底世界

法国著名科幻作家儒勒·凡尔纳从小就喜爱大自然，富有想象力，乐于探索。有人说，海洋是凡尔纳小说的象征。在凡尔纳的作品中，海洋题材占了相当大的比例。他的代表作"海洋三部曲"——《格兰特船长的儿女》《海底两万里》和《神秘岛》，就是无比壮丽的海洋幻想之歌。

回顾《海底两万里》

"海洋三部曲"中三部小说的故事情节有一定连续性，《海底两万里》是第二部。故事讲的是法国生物学家阿龙纳斯教授应美国海军部邀请，参加追捕袭击船只的"怪物"的行动后的离奇经历。其实所谓"怪物"是一艘构造奇妙、船身坚固，利用海洋发电的潜艇——"诺第留斯号"。该潜艇是由身份不明，会说法语、德语、英语和拉丁语等多种语言的船长尼摩，在大洋中的一座荒岛上秘密建造的。尼摩船长邀请阿龙纳斯教授和他的伙伴们一起作海底旅行。他们从太平洋出发，经过印度洋、红海、地中海，进入大西洋、南北两极海洋，看到了许多罕见的海洋动植物和海中的奇异景象，共同经历了舰艇搁浅、土人围攻、同鲨鱼搏斗、冰山封路、大章鱼袭击等许多险情。在"北冰洋大风暴"之后，阿龙纳斯教授和两个同伴被罗夫丹群岛的渔民救起，而尼摩船长和"诺第留斯号"却失去踪迹，结局成谜。大家是否感到意犹未尽？

可以说，《海底两万里》就是一部悬疑小说，设置了很多悬念：神秘未知的"怪物"，"诺第留斯号"上新奇的科学技术，海底奇妙的未知世界……但最神秘、人们好奇的焦点，还是"诺第留斯号"船长尼摩。在拥有 12000 册书籍、造价 200 万法郎的豪华潜艇上，尼摩船长看似悠闲，实则忧心忡忡。当潜艇海中遇险，被大头鲸进攻和遭受大章鱼袭击时，是尼摩船长以异于常人的冷静，带领船员们脱离险境；当船员伤势严重时，他请求阿龙纳斯教授为其治疗；面对水手的死，尼摩船长甚至情绪激动得流下眼泪，并且为水手举行了隆重的珊瑚王国葬礼；他定期拿出数百万黄金，为殖民地人民的反抗斗争提供物质援助……凡尔纳塑造的是一位知识渊博、性格古怪，对殖民者充满憎恨、对广大民众充满同情的智者形象。

《海底两万里》直到结尾也没有揭示船长尼摩的身份，连他的生死都成了谜。读者脑中始终萦绕着一个个谜团：尼摩船长究竟有怎样的身世？什么原因让他如此仇视人类社会？他还活着吗？他是依然在大洋底下进行着可怕的报复，还是在那场残忍的大屠杀之后幡然醒悟呢？想要知道谜底，就要读"海洋三部曲"的第三部——《神秘岛》。

揭开《神秘岛》的面纱

《神秘岛》中的故事发生在美国南北战争时期，讲述了被围困在南方的五名俘虏——工程师史密斯、仆人纳布、记者史佩莱、水手彭克洛夫和少年赫伯特，抓住偶然的机会夺得一个热气球逃往北方，不料中途被暴风吹落在一个荒岛上，他们团结协作，积极展开自救的故事。

岛上缺乏生活物资，一无所有，危险重重，但他们五个人并没有自暴自弃，而是互相鼓励、互相帮助，利用已有的知识和智慧与大自然作斗争。他们用表盖玻璃制作透镜，解决用火问题，利用弓箭猎取动物，豢养各种家畜，开拓荒地种植蔬菜。每当危急时刻，比如住所被猴子侵占、与海盗作战、遇到"野人"或是火山爆发，总有一个神秘人物会帮助他们，这个神秘人物就是《海底两万里》中的尼摩船长。原来尼摩船长从"北冰洋大风暴"中成功突围后，将"诺第留斯号"开到了林肯岛附近的一个岩洞，准备平静地度过自己的余生。《神秘岛》中，令人好奇的尼摩船长的身份终于揭晓。最终在史密斯等人见证下，尼摩船长放弃复仇，随着"诺第留斯号"沉入海底。后来，这五名被困荒岛者终于被格兰特船长的儿子罗伯特指挥的"邓肯号"所救，重新回到祖国的怀抱。史密斯他们还救了一个人——在附近孤岛上独自生活了十二年、沉默忧郁的艾尔通，最后艾尔通成为他们忠实的朋友。

阅读完《神秘岛》我们又产生了新的悬念，艾尔通是什么人？他经历了什么，为什么会独自在荒岛生活十二年？而谜底就在"海洋三部曲"的第一部——《格兰特船长的儿女》中。

海上逃生之旅——《格兰特船长的儿女》

《格兰特船长的儿女》的故事，得从"邓肯号"船主格里那凡爵士捕获一条鲨鱼，发现鲨鱼肚里的漂流瓶说起。他在瓶中找到一封遇难失踪的苏格兰航海家格兰特船长的求救信，原来他被困在南纬 37 度的某个地方。格里那凡请求英国政府派遣船只去寻找，可因为英国政府对苏格兰人的歧视，格里那凡的请求遭到无情拒绝。格里那凡毅然决定自行组织救援队。他带着妻子海伦、表哥麦克纳布斯、法国地理学家巴加内尔和格兰特船长的儿女，沿着南纬 37 度四处寻找。他们穿越南美洲的高山和草原，横贯澳洲内地和新西兰，环绕了地球一周。由于对求救信的错误解读，他们一路上遇到了许多危险，但他们以无比的意志和勇气，战胜了地震、洪水、风暴等艰险，终于在太平洋的一个荒岛上找到了格兰特船长。格兰特船长和他的儿女团聚了，格里那凡夫妇心满意足，"邓肯号"载着众人胜利返航，船上所有人又回归正常生活。

格兰特船长的儿子罗伯特长大成人后，驾驶"邓肯号"救了"神秘岛"上的五个人。而在《神秘岛》中让人疑惑的艾尔通的身世，《格兰特船长的儿女》也给出了答案。

脑洞之光：灵感来自科幻小说的发明

在大部分人的观念里，科幻小说是天马行空的想象，但历史上有不少科学家正是从科幻小说中获得创造灵感的。事实上，科幻小说和其他幻想作品不同，它是以科学为基础的。科幻小说的主要功能之一就是启发未来，科幻小说中设想的新奇事物，或许若干年后就会变成现实。

潜艇

"现代潜艇之父"——美国发明家西蒙·莱克设计潜艇的

灵感来自法国作家儒勒·凡尔纳创作的科幻小说《海底两万里》。

在《海底两万里》问世之前，潜水艇已经出现。据说，凡尔纳对《海底两万里》中诺第留斯号舰艇的描写，就是受了1867年巴黎世博会上展出的法国潜水员号潜水艇和美国人设计的鹦鹉螺号潜水钟的启发。西蒙·莱克是《海底两万里》的忠实读者，正是该书让他从此迷上了海底探险，开启了他发明、改进潜艇的旅程。他对潜艇的新发明主要包括压载舱、潜水舱和潜望镜等方面。1898年，他发明了第一艘在公海航行的潜艇"亚古尔英雄号"，据说，为此他还收到了凡尔纳的亲笔贺信。

直升机

除了《海底两万里》中的诺第留斯号潜艇，凡尔纳在1886年发表的科幻小说《征服者罗比尔》中，还设想了未来的飞行器。凡尔纳写道，工程师罗比尔已经秘密制造了"信天翁号"飞行器，并驾机来到费城宣布："只有比空气重的机器才能真正征服天空。"

伊戈尔·伊万诺维奇·西科斯基发明直升机的灵感就是来自凡尔纳的《征服者罗比尔》。当他还是小男孩时就读了这本书，并深受启发。1939年，由西科斯基设计制造的VS-300型直升机成功升空。这是历史上第一架单旋翼带尾桨构型的直升机飞行。西科斯基经常引用凡尔纳的话说："但凡人能想象到的事物，必定有人能将它实现。"

坦克

1903 年，被誉为"发明未来的人"的赫伯特·乔治·威尔斯在《陆战铁甲》中，描述了一个盔甲与火炮相结合的庞然大物。它长 100 英尺，有远程控制的炮弹，可以容纳 42 个士兵和 7 个军官，用履带而非车轮前进，是应对堑壕作战的魔鬼般的武器，威尔斯给它命名为"陆地装甲车"。

1916 年，由英国战地记者埃文顿设计、英国军方建造的世界首辆坦克 Mark I 开始服役。这项发明并非巧合——英国首相丘吉尔是威尔斯的粉丝，他在写给威尔斯的信中承认，坦克的想法就是从他的科幻小说中来的。

原子弹

赫伯特·乔治·威尔斯的作品除了描述科技带来的便利之外，也充斥了技术带来的威胁。他 1895 年首版于英国的《时间机器》可谓是"反乌托邦"小说的鼻祖，后来阿道司·赫胥黎的《美丽新世界》、乔治·奥威尔的《一九八四》正是继承了这一传统。

威尔斯 1914 年发表的小说《获得自由的世界》中提到，人们创造了一种新型武器，叫"原子弹"，不只是武器名字甚至是爆炸后的细节都与后来出现的原子弹出奇地相似。更巧合的是，《获得自由的世界》中讲道，原子弹的奥秘是在 1933 年由一位物理学家参透的。而原子物理学家里奥·齐拉特正是在 1932 年读到了这部小说，1933 年他碰巧产生了通过一个链式反应放大原子能量的构想，随即着手一系列关键实验并与爱因斯坦、富兰克林·罗斯福商议，最终促成了制造原子弹的"曼哈顿计划"。

人造卫星

说到人造卫星和空间站，最知名的预言之作，当数科幻巨头亚瑟·查尔斯·克拉克在 1951 年的作品《哨兵》——后被改编为经典科幻电影《2001 太空漫游》。1945 年，克拉克发表《地球外的转播》一文，提出地球同步轨道通信卫星的构想，并详细论述了其可行性。后来国际天文联合会将地球同步卫星的轨道命名为"克拉克轨道"，以纪念他的杰出贡献。

但最早预言人造卫星的作品，则是爱德华·埃弗里特·黑尔于 1869 年写的《砖月亮》。文中设想用砖砌成一个直径 61 米的人造月亮，利用巨大的飞轮旋转时产生的惯性力将其送入近地轨道。尽管没有提到发射细节，却说明了卫星可用在航行、通信与气象等方面，而且在地球轨道中同步运行，永不落地。今天的导航人造卫星便是这篇小说中概念的实践，只不过运用的是无线电技术。

火箭

由美国科学家罗伯特·戈达德设计的世界上第一枚以液体为燃料的火箭于 1926 年 3 月 16 日成功发射升空。戈达德之所以迷上航天，据说源于他 16 岁对英国小说家赫伯特·乔治·威尔斯 1898 年创作的经典科幻小说《世界之战》（又名《世界大战》《星际战争》）的阅读。该书讲述的是火星人入侵地球的故事，其中有这样一段情节——一个月黑风高的晚上，几个火星人乘坐火箭来到地球，他们打开盖子，东倒西歪地从里面爬了出来。戈达德后来回忆道："星际飞行的想法，引起了我无限的遐想。"当年的小读者，成为了美国航空航天局的物理学家。罗伯特·戈达德带领团队成功发射了世界上第一枚靠液氧和汽油推进的火箭，并逐渐实现了航天器的载人飞行！

手机

摩托罗拉公司是世界上著名的手机制造商之一，该公司的研究和发展总监马丁·库帕先生把他发明世界上第一部手机的灵感，归功于由美国人吉恩·罗登贝瑞制作、首播于 20 世纪 60 年代的科幻影视系列作品《星际迷航》。在《星际迷航》中，寇克（Kirk）舰长手中那个不仅能和队友联系，还能看地图的小盒子吸引了库帕的注意。库帕说："对我们来说这不是幻想，这是一个目标。"马丁·库帕觉得这玩意儿就是他想要的东西。1973 年，经过三个月的通宵达旦后，他带领团队终于设计出世界第一部手机"Dyna TAC"。

互联网

很多人都知道马克·吐温是出色的讽刺作家，鲜有人知道他还写过科幻小说。1889 年他发表的《亚瑟王朝廷上的康涅狄格州美国人》便是最早的时空穿越小说之一。而他在 1898 年发表的短篇小说《起源于 1904 年伦敦时间》则描述了一个与我们今日熟知的互联网功能极为相似的装置——"电传照相机"。小说中写道："电传照相机一经出来，就被以最快的速度交付给公众使用，并很快与全世界的电话系统连接。目前已经推出了改进的'无限距离'电话，每个人都可以通过这个得知全球的日常活动，也可以对发生的事情进行广泛的讨论。"这不就是我们现在的互联网吗？而因此，马克·吐温也被加冕为"互联网的先知"。

iPad

受科幻迷们力捧，由库布里克导演的科幻史诗大片《2001太空漫游》诞生于 1968 年，改编自英国科幻小说家亚瑟·查尔斯·克拉克的小说《哨兵》，电影剧本由克拉克本人和导演库布里克共同构思。电影里第一次出现了一个叫"NewsPad"的新奇玩意。而电视系列剧《星际迷航》受其启发，一个名为"PADD"的设备贯串剧情始终。这款设备就是"个人接入式显示设备（personal access dispaly device）"，船员在飞行中用它来记录事情。

到了 2010 年，乔布斯在苹果发布会上首次发布 iPad。在演示产品时，他专门用了《星际迷航》中的相关片段，向这部科幻巨著致敬。

3D 打印机

在美国科幻作家罗伯特·希克利的小说《万能制造机》中，讲述了一个人们带着一台"万能制造机"在太空生活的故事。那是一台神奇的大机器。只要人们对着它说出要求，它就会跟变戏法一样变出人们想要的东西。比如，在故事中，阿诺尔德站在机器前，摁下按钮，对它响亮而清楚地说："我要硬铝螺帽，直径为 4 英寸。"机器就会听从指令，发出低沉的轰鸣声，灯光闪烁，闸板缓缓打开，出现一颗闪光发亮的螺帽。这台机器就像神奇的阿拉丁神灯一样，可以满足人类的各种愿望。故事中，机器还为他们制造了活蹦乱跳的大虾、矿泉水和沙拉酱。

如今的 3D 打印机可谓"万能制造机"的现实版。只需将设计好的三维模型输入到 3D 打印机中，将该模型"分区"成各层截面，指导打印机逐层打印，最后再将各层截面黏合，产品就制造出来了。

中国经典科幻小说推荐

2015 年，世界科幻大会公布，《三体》第一部获得第七十三届雨果奖"最佳长篇小说奖"。这是中国科幻小说第一次获得世界大奖。作者刘慈欣一跃成为世界科幻大师，也让越来越多的人对科幻小说产生了兴趣。但很多人不知道的是，在刘慈欣之前，中国科幻小说已经走过了百余年的历程。

刨除梁启超 1902 年写的《新中国未来记》，荒江钓叟于 1904 年撰写的《月球殖民地》是目前发现的最早的本土原创科幻小说。从鲁迅 1903 年翻译凡尔纳科幻小说《从地球到月球》并撰写《〈月界旅行〉辨言》[①] 到老舍 1932 年发表《猫城记》，从叶永烈 1978 年的《小灵通漫游未来》，郑文光 1979 年的《飞向人马座》，到 21 世纪王晋康的《水星播种》、何夕的《人生不相见》，再到刘慈欣的《三体》、郝景芳的《北京折

---

① 《月界旅行》即《从地球到月球》，译名不同。

叠》先后获得科幻文学领域国际最高奖——雨果奖，中国科幻小说终于从原来野蛮生长不被主流接纳，到突出重围，走上了世界舞台，进入新的黄金时期。

在中国科幻小说发展史上，出现了众多优秀小说，我们从中挑选了五部，推荐给大家。

《猫城记》

《猫城记》是老舍的科幻杰作，是媲美乔治·奥威尔的《一九八四》《动物庄园》的反乌托邦经典。

1918 年，老舍毕业于北京师范学校，1924 年赴英国伦敦大学亚非学院执教。教课之余，老舍接触了很多西方现代文学作品，包括赫伯特·乔治·威尔斯的科幻小说。1930 年回国后，老舍在齐鲁大学任教时创作了《猫城记》，并于 1932 年开始在《现代》杂志连载。

《猫城记》的故事并不复杂，它讲述了主人公"我"与朋友驾驶飞船前往火星，飞船不幸坠毁，只有"我"一人幸运生还，却被长着猫脸的火星人带进猫城的故事。"我"在这个陌生的异国，艰难地生活着，并对这些猫人进行了深刻细致的观察。在猫国，"我"认识了唯利是图又昏聩的大蝎、冷酷自私又愚蠢的公使太太，和心眼通透但随波逐流的悲观者小蝎、心存大义却难扭乾坤的殉道者大鹰，见证了一个曾经拥有两千年文明的国家，由于种种原因终至覆灭的全过程，引人深思。

老舍写作《猫城记》时，中国正值内忧外患，内有军阀混战，外有日本侵占东三省，他只能以文学创作来表达对时局的忧愤，抒发对时代的悲哀，期望用笔杆唤醒国人。《猫城记》

出版后，被翻译成英、法、德、日、俄等多种语言，并入选欧美和日本科幻经典文库。

《小灵通漫游未来》

《小灵通漫游未来》是著名作家叶永烈 1961 年创作的科幻童话，1978 年出版，1980 年荣获全国少年儿童文艺创作一等奖。故事主人公小灵通是一个眼明耳灵、消息灵通的小记者，他无意中登上了一艘开往未来市的气垫船，在船上结识了小虎子和小燕兄妹俩。在兄妹俩和机器人铁蛋的带领下，他漫游未来市，见识了许多高新技术。全书通过记述小灵通在未来市的所见所闻，向读者们生动有趣地展示了未来的美好景象。

1984 年，叶永烈以展望新的技术革命的灿烂前景为主线，写出了《小灵通再游未来》，1986 年出版。与书同名的小灵通手机（1996 年叶永烈无偿授权，2014 年退市）成为当时风靡全国的无线市话通信设备，用户达到一亿。2000 年，作者又写出《小灵通三游未来》。这部作品写作时间与第一部隔了近 40 年，书中未来市的科技随着时代的发展，也更新、更先进。三部作品合为新版《小灵通漫游未来》，荣获第十三届中国图书奖。

《小灵通漫游未来》整个系列出版已经超过二十年，在作品中，作者以充分的文学天分、严谨的科学逻辑和丰富的想象力，作出了对未来世界的精准预言：智能手机、信息技术、器官移植、网络在线课程……它影响了几代中国青少年，为广大青少年读者种下了热爱科学、相信科学、拥抱科学的种子。

《飞向人马座》

《飞向人马座》讲述了一个挑战宇宙大自然的惊险而又感人的故事。东方号宇宙飞船肩负着到火星上去建设一个半永久性实验室的重任，然而由于敌人破坏，飞船被提前发射，飞船上的三个年轻人——邵继恩、邵继来兄妹和他们的朋友钟亚兵，也被送往深幽的宇宙太空。在与地球中断联系、燃料耗尽的情况下，三个年轻人没有绝望，而是镇定地为自己疗伤，抓紧时间学习科学知识，寻找返回地球的机会。最终，他们在摆脱高能射线、暗星云包围和黑洞吸引力等种种危险之后，成功地与寻找他们的"前进号"取得联系，顺利返回了地球。

《飞向人马座》的作者郑文光被誉为"中国科幻文学之父"，是中国著名科幻作家，世界科幻小说协会会员。早在1954年，他就发表了第一篇科幻小说《从地球到火星》，此后，他又写了一系列天文学题材的小说，如《第二个月亮》《太阳探险记》《征服月亮的人们》等。1979年出版的《飞向人马座》荣获第二届全国少年儿童文艺创作一等奖，成为郑文光科学幻想小说的代表作。

《水星播种》

与J. K. 罗琳为了给女儿讲床头故事而创作了"哈利·波特"系列小说一样，王晋康也是为了给喜欢科幻的十岁儿子讲故事才被"逼"成了科幻作家。1993年，王晋康发表科幻小说处女作《亚当回归》，引起巨大反响，并获得年度中国科幻银河奖。从此，原本是业余作者的王晋康跻身中国著名科幻小说家行列,《科幻世界》杂志主编姚海军甚至将 20 世纪 90 年代称为"王晋康时代"。

出版于 2002 年的《水星播种》是王晋康代表作之一,讲述了一个人类创造新的物种文明的故事。一位重度残疾的亿万富豪洪先生倾尽财力,资助一项对硅基生命(硅锡钠生命)的研究,并且将它们"放生"到水星,任其自然进化。洪先生自己也跟随飞船抵达水星,为了在这些硅基生命进化出文明的时候,能够成为他们眼中的神。但事情并没有完全按照预期发展,这些看似简单的硅基生命在发展到一定规模和程度之后,意外进化出了群体智慧,并且在多年之后基本占据了整个地球,成为人类文明的掘墓者。《水星播种》并不是平铺直叙地描绘硅锡钠生命从低级形式向智慧生命演化的过程,相反,它将相隔亿万年的人类和索拉星人两种生命视角穿插交互,让外星人所面对的神秘情境通过当下的人类故事获得诠释,而故事的结局,更是引发了人们关于"人类该如何存续于这个资源有限的地球或宇宙"的思考。

《三体》三部曲

《三体》三部曲,又名"地球往事"三部曲,是刘慈欣创作的长篇科幻小说系列,由《三体》《三体 2:黑暗森林》《三体 3:死神永生》组成,于 2006 年至 2010 年由《科幻世界》杂志连载。2015 年《三体》第一部经刘宇昆翻译后摘得科幻小说桂冠"雨果奖",刘慈欣也从一位平凡的工程师变成中国科幻小说的"领军人物"。他以一己之力,将中国科幻小说推上了国际舞台,读者们都亲切地称呼他"大刘"。

　　《三体》三部曲讲述了地球文明在宇宙中的兴衰历程。对人性绝望的天文学家叶文洁向宇宙发出信号，被四光年外正寻找新的生存世界的三体人获取，他们知道了地球位置，决定进攻地球。面对危局，人类组建起太空舰队，制订了对付三体人的"面壁计划"。"面壁者"之一的社会学教授罗辑发现了宇宙文明间的"黑暗森林法则"——任何暴露自己位置的文明都将很快被消灭。于是，他以向全宇宙公布三体世界的坐标相威胁，制止了三体对太阳系的入侵，换得地球与三体之间脆弱的战略平衡。而地球文明也不敢暴露自己。最终，人类没能逃脱毁灭的命运，因为宇宙中还存在更强大的文明，他们发出的"二向箔"，将整个太阳系压缩为二维平面，人类面临毁灭。超乎一切之上的力量要求宇宙归零重生，在黑域中穿越长达1800万年的时空……

　　《三体》创造了一个与科学理论、逻辑推演都自洽的世界，正如刘慈欣曾说的，"好看的科幻小说应该是把最空灵、最疯狂的想象写得像新闻报道一般真实"。从科学角度来讲，《三体》讲述的是宇宙社会学，涵盖了大量物理学知识；从文学角度而言，《三体》是一部人类文明面临毁灭时该如何延续的悲剧史诗。整部作品，人性的挣扎、地球的存亡、文明的博弈，在三体与地球的战争中留下了浓墨重彩的印记，其内容的复杂性与思想的深刻性，很难用只言片语说尽。让我们抛开《三体》所获得的荣誉和盛赞，回归科幻小说本身，用心感受这一部怀有崇高意蕴的太空史诗。

关于科幻，你需要知道的概念

科幻小说里有许多经常出现的词语，像"异形""黑洞""仿生人""心灵感应"和"时空旅行者"等。它们到底是什么意思呢？今天我们就来了解一下吧！

·人工生命（AL，artificial life）

人工生命，即具有自然生命特性和功能的人造系统。一是指由人类创造出来的有感觉和意识的生物，科幻电影《科学怪人》《我，机器人》中都有所体现。一是计算机科学领域的虚拟生命系统。现实社会中的"人工生命"概念，主要指后者，即计算机模拟出来的复杂、栩栩如生的生命行为。人工生命形式有可能在编程规定范围外进行演变，发展出自己习得的行为举止。

·外星人/异形（alien）

科幻作品中，"异形"是对任何不来自地球的人的统称，也可以理解为"与人类不同的智慧生命"。它们具有鲜明的"非人"性，可简单分为三类：外星人、人造人、克隆人或是超人。《超级杀手》《异形》等多部科幻电影中都出现过。

·仿生人（android）

仿生人即拥有人类外形的机器人，即仿真机器人。仿生人在当代科幻语境中几乎总是表示由有机物质构成的人造人，但有时也指人形机器人，因此又叫仿制人和人形机器人。仿生人一直以来都是科幻小说或科幻电影的重要主题。比如在科幻电影《超凡觉醒》中，就呈现了一个全是仿生人的城市，他们可以无限不循环地生存下去，只需要修改一下程序，便可以拥有另外一种人生和记忆，但是他们没有情感、没有记忆，没有欲望、没有灵魂。

·宇宙大爆炸（big bang）

"大爆炸"理论认为，宇宙是由一个致密炽热的奇点，于137 亿年前一次"大爆炸"后膨胀形成的。该理论认为，宇宙曾有一段从热到冷的演化史，这个时期宇宙体系不断膨胀，物质密度从密到稀演化，如同一次规模巨大的爆炸，宇宙目前仍处在不断膨胀扩大状态。

·宇宙大收缩论（big crunch）

与宇宙大爆炸论相对，它解释宇宙如何灭亡。"大爆炸"认为起初所有物质仅以奇点形式存在，经过爆炸和不断膨胀形成现在的宇宙。但是"大收缩"认为宇宙的物质如果够多的话，产生的引力将最终导致宇宙膨胀变慢、停滞甚至收缩，然后再次形成无限密集的奇点，彻底摧毁任何事物。

·魔豆天梯（beanstalk）

用一个巨大的电缆，将地球和一个与地球相对静止的同步卫星拴在两端制成的电梯。乘坐这种电梯可以轻松进入太空，减少开支。

· 信用点（credit）

科幻小说里，"信用点"指通行全宇宙的标准货币。这种货币首次出现在约翰·W. 坎贝尔的《最强机器》里，这篇小说1934年12月开始在美国《惊奇》杂志连载，主角是在坎贝尔多部作品中出现过的阿恩·门罗。小说中的一个角色抱怨说他不得不建造一座"花费500万信用点的空中实验室"，后来他又建议将一艘火箭飞船命名为"小型信用点吞噬者"，因为光是建造船身就用去了250万信用点。

· 光束传送（beam down/beam up）

出自《星际迷航》，指将人从飞船运输到星球（或相反）的方法：以分子等级瓦解他们，再用光束将这些分子送往目的地，然后在到达的刹那，重新将分子整合成人形。

· 黑洞（black hole）

是现代广义相对论中，宇宙空间存在的一种超高密度天体，由于类似热力学上完全不反射光线的黑体，故名为"黑洞"——1969年美国物理学家约翰·惠勒命名。黑洞是时空曲率大到光都无法从其视界逃脱的天体，由质量足够大的恒星在核聚变反应的燃料耗尽而"死亡"后，发生引力坍缩而产生。黑洞的质量极其巨大，体积却十分微小，它产生的引力场极为强劲，任何物质和辐射在进入黑洞的一个事件视界（临界点）内，便再无力逃脱，甚至目前已知的传播速度最快的光（电磁波）也逃逸不出。黑洞可以通过吸收其周围的一切物质来不断成长。科学家最新研究理论显示，当黑洞死亡时可能会变成"白洞"，它与黑洞吞噬邻近所有物质相反，会喷射出之前黑洞捕获的所有物质。

·爆能枪（blaster）

首次出现是在《星球大战》中，为银河系普遍使用的手持型热武器。外表与手枪相似，但开火射出的不是子弹，而是某种射线或能量脉冲。

·时空旅行者（chrononauts）

指在时空中自由穿梭的人。一般是利用一些物理定律的漏洞来实现，可以借助机器，也可以运用自己的超常能力。

·半机械人（cyborg）

又称半机器人，是一种电子控制的有机体，将人工智能机械与生物机体相结合创造的一种生物，一半是人，一半是机器，兼备两者的优点。

·干件（dryware）

科幻小说常用术语，指机器人或半机械人（赛博格，即"cyborg"）身体上人造的、机械的部分。类似构词还有湿件（wetware），指计算机软件和硬件以外的其他"件"，即人脑，通常也指人脑和机器连接起来的设备。

· 冬眠人（cryonaut）

被低温休眠、暂停生命的人。

· 赛博空间（cyberspace）

网络世界组成的虚拟抽象空间。

· 安赛波（ansible）

一种超距瞬时通信技术。厄休拉·勒古恩在其 1966 年出版的小说《罗卡农的星球》中创造了这个词，用以表示一种能在浩瀚宇宙中即时通信的装置。

· 心灵感应（telepathy）

不借助五官，直接感受他人思想或向他人传播思想的能力。

· 地球化改造（terraforming）

将外星球地表改造成适合人类居住的面貌。

· 后人类（posthuman）

因为生物、技术或者魔法等经历了重大变化的人类。

· 垂死世界（dying world）

一种很少使用的科幻小说的次类型，故事背景一般是全世界走到尽头、濒临毁灭。或许是人为耗尽了资源，或许是自然现象所致，总之这个世界的物理定律开始失效。

· 戴森球（Dyson sphere）

美籍英裔物理学家弗里曼·戴森 1960 年提出的理论，是一种设想中的巨型人造结构。所谓"戴森球"就是直径 2 亿千米不等，用来包裹恒星以获取恒星能量的人造天体，是一个利用恒星做动力源的天然的核聚变反应堆。戴森认为这样的结构可以满足先进文明对科技升级的要求，建议搜寻这样的人造天体结构以便找到外星超级文明。

· 德雷克公式（Drake equation）

又称德雷克方程，以美国天文学家法兰克·德雷克名字命名，是他于 1961 年提出的一条用来推测"银河系及可观测宇宙能与我们进行无线电通信接触的高智能文明数量"的公式。

· 大筛选（great filter）

"费米悖论"推衍出的一个假想机制，即我们一直没有见到外星生命，附近的宇宙一片死寂，很可能是因为有生命维持的星球，在他们能产生任何可以扩张进入宇宙的智能生命之前都被过滤或毁灭掉了。因此，一个行星文明跨越到星际文明，再不断扩张至整个宇宙并永续文明，成功的概率微乎其微。在无生命与持续扩张的生命之间存在着一张巨大的筛网，谁也不知道，人类在这场"大筛选"中已经走了多远。

· 神交（grok）

该词出自美国科幻小说家罗伯特·海因莱因 1961 年出版的小说《异乡异客》。这个词在火星上照字面意思理解是"喝（水）"，实际隐喻"合而为一""深深了解"或者"与……联合统一"。

· 蜂巢思维（hive mind）

该词出自美国作家凯文·凯利的著作《失控：机器、社会与经济的新生物学》。蜂巢思维即"群体意识""群体智能"。这种群体意识，即蜂巢之中每个个体各有分工，自发维系整个蜂巢运转，蜂巢就像一个整体，汇集了每个个体的思维、智能。群体内所有成员共同分享所有资讯，根据信息整理、分析结果集体行动。

· 朱庇特大脑（Jupiter-brain）

一种"后人类"，很可能由纳米机械制成，拥有先进、强大的计算能力。

8 考点速记

1. 凡尔纳是（法国）的科幻小说家，他是现代科幻小说的重要奠基人。他被公认为（"科学幻想小说之父"）。

2.《海底两万里》是凡尔纳三部曲也即"海洋三部曲"之一，其余两部分别是（《格兰特船长的儿女》）和（《神秘岛》）。

3. 凡尔纳的作品形象夸张地反映了19世纪"（机器时代）"人们征服自然、改造世界的意志和幻想，我国的科幻小说大多也受到其作品的启发和影响。

4.《海底两万里》的开头讲述的是人们在海上发现了一个疑似（独角鲸 或 海麒麟）的"怪物"，（阿龙纳斯）教授受邀参与追捕。在追捕的过程中才发现，这个怪物其实是一艘构造奇妙的（潜艇）。

5.《海底两万里》中的人物在印度洋的采珠场和鲨鱼展开过搏斗，鱼叉手（尼德·兰）手刃了一条凶恶的巨鲨；他们在红海里追捕过一条濒于绝种的（儒艮），它的肉当晚就被端上了餐桌。

6.《海底两万里》主要讲述了（诺第留斯）号潜艇的故事。凡尔纳的小说之所以动人，不仅在于其（构思巧妙、情节惊险），还在于其是（科学与幻想）巧妙结合的成果，和作品传达了社会正义，彰显了人道主义精神。

7.《海底两万里》中人物寥寥，有名有姓的只有四个半，即船长（尼摩）、生物学家（阿龙纳斯）、生物学家的仆人

（康塞尔）和鱼叉手（尼德·兰）。林肯号舰长（法拉古），只在小说开头部分昙花一现，姑且算半个。

8.《海底两万里》中诺第留斯号潜艇是船长尼摩在大洋中的一座荒岛上秘密建造的，船身坚固，利用（海洋）发电。

9.《海底两万里》中（尼摩）是个不明国籍的神秘人物，他与大陆的联系，主要是支援陆地上受压迫人民的正义斗争。

10.《海底两万里》中的许多科学幻想都已经成为现实，如（火箭）（潜水艇）。

11. 尼摩船长在（珊瑚墓园）埋葬去世的伙伴。

12. 尼摩船长为什么把死者的墓地选在珊瑚丛中？（因为珊瑚虫会把死者永远封闭起来。）

13. 尼摩船长是从（太平洋）出发，到（挪威海岸）停止。

14.《海底两万里》中，阿龙纳斯曾出版过一部书，名为（《海底的神秘》），"鱼叉手之王"指的是（尼德·兰）。

15. 大仲马把历史学融进文学，巴尔扎克把社会伦理学融进文学，凡尔纳则把（生物学）（地理学）（地质学）等学科融进文学。

16. 凡尔纳与大仲马合作创作了剧本（《折断的麦秆》）。后来，凡尔纳又创作了（《气球上的五星期》）（《地心游记》）（《八十天环游地球》）等，他的几乎所有作品都收录在一本总标题为（《在已知和未知的世界中的奇异旅行》）的书中。

17. 潜艇上的人睡的床是用（大叶海藻）做的，穿的衣服是用（贝壳类的足丝）做的，用来写字的笔是用（鲸的触须）

做的，墨水是用（墨鱼或乌贼的分泌物）做的。

18．"诺第留斯号"上的藏书量是（12000）册，"诺第留斯号"的造价是（200）万法郎，"诺第留斯号"的最快速度是（每小时 50 海里）。

19．列举几种海底植物：（裙带菜）（海带）（紫菜）（石花菜）（鹅掌菜）。

20．船长的国籍是（印度），在（《神秘岛》）里有说明。

21．尼摩船长能听懂（四）种语言，分别是（法语）（德语）（英语）和（拉丁语）。

22．北半球海洋中的水以（顺时针）的方向流动。

23．船长邀请"我们"去海底森林打猎，打到了（水獭）。

24．鲸鱼用（肺）进行呼吸。

25．《海底两万里》中的潜艇叫（诺第留斯号 或 鹦鹉螺号）。

26．尼摩船长和阿龙纳斯在海底环球探险旅行时，经历了许多险情，比如：（舰艇搁浅）（土人围攻）（同鲨鱼搏斗）（冰山封路）（章鱼袭击）等。

27．尼摩船长与阿龙纳斯教授在海底环球旅行的路线：（经过印度洋、红海、地中海，进入大西洋、南北两极海洋）。

28．《海底两万里》中的故事发生在（1866）年，那一年，德国工程师（西门子）发明了世界上第一台大功率发电机。

9 阅读笔记

1. 尼摩船长和阿龙纳斯教授在海底环球探险旅行时，经历了许多险情，请谈谈你印象最深刻的一次。

2.《海底两万里》讲述了尼摩船长一行人在大海里的种种惊险奇遇。请就小说的某一方面谈谈你的阅读感受和得到的启示。

3.《海底两万里》中四个主要人物，你最喜欢谁？请结合具体事例分析其形象。

4. 如果让你向同学推荐《海底两万里》，你会怎么写推荐语呢？

5. 请根据《海底两万里》或你阅读过的其他科幻小说，谈谈科幻小说与科技发展的关系。

红 岩

◎人生自古谁无死？可是一个人的生命和无产阶级永葆青春的革命事业联系在一起，那是无上的光荣！

◎如果需要为共产主义的理想而牺牲，我们每一个人，都应该、也可以做到——脸不变色，心不跳。

◎不能把对党的忠诚，变成对某个领导者的私人感情，这是危险的，会使自己迷失政治方向。

1 导 读

20世纪40年代末期，中国革命已进入最后时期，胜利即将到来，但重庆却处在黎明前最黑暗的时刻，国民党特务大肆搜捕中共地下党员，疯狂破坏地下党组织和工人运动，作垂死挣扎。

名师读名著

在中美特种技术合作所（简称"中美合作所"）的渣滓洞、白公馆集中营，被捕的共产党员和其他革命者，忍受着惨绝人寰的折磨，同敌人展开了英勇的斗争。

《红岩》①的作者罗广斌、杨益言都是重庆"中美合作所"集中营的幸存者，他们亲身经历了黎明前血与火的斗争和考验，目睹了许多革命者为革命英勇斗争、无畏牺牲的壮烈场面。根据这些亲身经历，他们于1957年写作了革命回忆录《在烈火中永生》，随后在此基础上创作了长篇小说《红岩》。

《红岩》这部小说以真实事件和人物为原型，以重庆解放前夕残酷的地下斗争，特别是狱中斗争为主要内容，成功地塑造了许云峰、江雪琴（即江姐）、成岗、刘思扬等一系列有勇有谋的革命者的崇高形象。虽然他们绝大部分都牺牲了，但他们用自己的青春、热血与生命，凝聚起了一座光芒四射的丰碑——"红岩精神"，永远激励着我们。

---

① 罗广斌、杨益言著，北京：中国青年出版社，2000年7月第3版。

2 阅读计划

篇幅：30章，约41万字。

阅读时间：每天半小时，四周读完。

要求：

1. 通读全书。简要概括各章节内容，了解小说的情节发展。

2. 人物解读。分析书中主要人物许云峰、江姐、成岗、刘思扬和华子良的性格特征，梳理主要人物的相关典型情节。

3. 自主查阅资料。了解作者的生平和小说的创作背景，感悟小说《红岩》对爱国主义教育和传承革命精神的积极意义，并写下阅读笔记。

3 作者名片

罗广斌（1924—1967），四川忠县（今重庆忠县）人。1948年加入中国共产党。1948年9月因叛徒出卖在成都被捕，先后被囚于渣滓洞、白公馆监狱。在狱中坚持斗争，拒绝其兄罗广文（国民党高级将领）的保释，宁愿坐牢，也不写悔过书，和难友一起秘密制作五星红旗，迎接解放。1949年11月27日大屠杀之夜，策反看守杨钦典，带领难友集体越狱成功。新中国成立后历任共青团重庆市委常委、市统战部部长，重庆市文联作协会员，积极宣传烈士革命事迹。他经常为青少年讲述革命战士在狱中坚持斗争的故事，对青少年进行革命传统教育，并于1950年编辑出版了重庆集中营烈士诗集《囚歌》。另与杨益言、刘德彬合写了报告文学《圣洁的血花》（1950年）、革命回忆录《在烈火中永生》（1958年）。1958至1961年，与杨益言合著长篇小说《红岩》。

杨益言（1925—2017），原籍四川省武胜县，生于重庆市。1944年在同济大学读书，后因参加反对美蒋的学生运动被学校开除。1948年8月在重庆被特务机关逮捕，囚禁于重庆"中美合作所"渣滓洞。重庆解放前夕被营救出狱。曾在中共重庆团市委工作。1963年加入中国作家协会，为四川省重庆文联专业作家。1979年出席中国文学艺术工作者第四次代表大会，当选为中国文学艺术界联合会委员。1980年当选中国作家协会四川分会副主席。

4 名著概要

第一章

炮厂被烧，工人们认出两个纵火犯是总厂稽查处的特务。许云峰想在沙磁区设一处备用联络站开展学运，最后确定搞个书店，陈松林担任店员。陈松林每到周一就会去附近的重庆大学，甫志高让他送些上海、香港出版的刊物给一个叫华为的学生。在重庆大学训导处门口，陈松林遇见成瑶正在代表文学院讲话。陈松林看见《彗星报》主编黎纪纲被特务打伤，对黎纪纲产生了强烈的好感和同情。

第二章

夜深了，甫志高来到书店，他注意到一个头发长长、脸色苍白的青年，正聚精会神看着书。这个青年最近常常来书店，有时读书入了神会情不自禁读出声，陈松林与他交谈，了解到他姓郑。周一陈松林到重庆大学华为的宿舍，看见郑克昌躺在黎纪纲的床上，原来他是黎纪纲的表弟，目前失业暂时住在这里。陈松林送了他一本《时代》。

第三章

成瑶把《挺进报》给二哥成岗看。成岗觉得她太冒失，训斥了她。成岗回忆起自己的革命经历。抗日战争初期，他先是考进长江兵工总厂当了一名办事员，后被调到附属的修配厂当管理员。修配厂抗日战争结束便停工了，在成岗努力下复工后，成岗被提拔为厂长。1947 年内战烽火日紧，成岗的组织关系突然中断。后来重回组织，成岗成为许云峰的交通员，负责印刷《挺进报》，与江姐见面后又承担了刻钢板的任务。

第四章

江姐去川北工作，甫志高送行，华为一路同行。江姐看见城楼上挂着的血淋淋的人头中，有一个竟然是华蓥山纵队政委彭松涛——她的丈夫！江姐热泪盈眶，胸口梗塞，她强忍悲痛，尽量保持平静，和华为找到了游击队。华为的母亲是华蓥山游击队司令双枪老太婆，大家都尊称她"老太婆"。老太婆告诉了江姐老彭牺牲的经过，江姐说："我希望，把我派到老彭工作过的地方……"

第五章

郑克昌伪装积极进步，骗取了甫志高和陈松林的信任。成岗觉得设计出新油印机后自己还可以承担更多的工作，向李敬原提出印刷《进攻》。李敬原认为两个刊物不宜放在一起，如果发现就都完了。成岗发现自己珍藏的文件原来是李敬原手刻的，内心生出无限敬意。临走，李敬原告诉成岗说他这次是办《挺进报》最后一期，党准备交给他新任务。

第六章

军统陆军少将特务头子徐鹏飞因缺乏共产党地下组织的情报而烦恼，不得已同意处决长江兵工总厂纵火特务，逮捕云阳县的假共产党。徐与军统西南特区区长严醉有矛盾，特区副区长沈养斋向徐鹏飞密报了严醉手下特务黎纪纲、郑克昌渗透进地下党组织的消息。徐从魏吉伯和黎纪纲（他们都是严醉身边特务）处了解到《挺进报》的来源，甫志高和陈松林暴露。徐鹏飞准备对书店展开抓捕。

第七章

许云峰得知沙坪书店要扩大，还准备办刊物，很疑惑。陈松林与许云峰说起新来的店员郑克昌的种种情况，引起许云峰的警觉。许云峰确定郑克昌是特务，安排陈松林撤离，区委会议改期。郑克昌和魏吉伯抓人失败。而甫志高对许云峰的命令不以为然，在家门口被捕。

第八章

许云峰和李敬原在一个茶馆碰头。许云峰突然发现甫志高领着两个陌生人正要挤进茶园，推断甫已叛变。为保护李敬原，许云峰被特务逮捕。特务们赶到成岗家，成岗把扫帚挂在窗口示警后，夹着一捆《挺进报》正准备从窗台跳下，被特务发现。李敬原与成瑶碰面，成瑶得知印刷《挺进报》的就是她二哥成岗和二哥被捕的消息。李敬原叫成瑶改名陈静，以《山城晚报》记者身份继续革命。

第九章

沈养斋向徐鹏飞打电话祝贺他捕获共产党。徐鹏飞审讯许云峰，许云峰毫不畏惧。徐鹏飞让人打开刑讯室的铁门，许云峰发现里面的成岗已经血肉模糊。许云峰想把敌人的注意力都引向自己，保护组织和同志，说自己是《挺进报》的领导人。成岗写下《我的"自白"书》，表达了对党的满腔忠诚；面对徐鹏飞的死亡威胁，许云峰丝毫没有屈服。

第十章

因为抓捕地下党有功，军统特务头子、伪国防部保密局局长毛人凤宣布，公开、秘密单位都归徐鹏飞一人领导。山城再现《挺进报》，共产党煽动工人罢工、到处散发传单，毛人凤很恼火，指示从许云峰身上找突破口。徐鹏飞假意邀请许云峰赴宴，实则是想制造"中共地下党负责人与政府当局欣然合作"的假象。许云峰识破徐的诡计，徐计划失败。毛人凤找许云峰交谈，许云峰不卑不亢，毫不退缩。

第十一章

渣滓洞牢房里，刘思扬（地下党，出身资本主义家庭，负责《挺进报》新闻的收听记录）回想起他被甫志高出卖，和未婚妻孙明霞一起被特务头子抓捕的经过。楼里传来熟悉的歌声，他知道了自己的未婚妻就关在对面女牢中。刘思扬进监狱后，认识了工人余新江、农民丁长发、新四军龙光华还有老大哥。龙光华抄叶挺的《囚歌》激励大家。老大哥劝大家吃霉臭的米饭。渣滓洞敌人用断水折磨革命者。

第十二章

余新江认出老大哥是自己读夜校时的国文老师夏老师。许云峰被打得血肉模糊，躺在担架上抬进了监狱。特务把他单独关押在一个牢房里。狱友们用歌声交流，许云峰高唱《国际歌》，同志们放声应和。监狱里迎来了一个新生命。敌人故意断水。放风时，大家在牢房背面找到一个潮湿的地方挖水坑，想积攒山泉。特务发现了舀水的龙光华，他被打成重伤。

第十三章

许云峰为监狱产下的新生命取名为"监狱之花"。龙光华牺牲了，刘思扬将龙光华珍藏的红色五角星缝在他的军帽上。余新江和刘思扬作为渣滓洞全体被囚禁者代表，找看守所长猩猩提出四点要求：礼葬龙光华；重病号一律送医院治疗；废除一切非人的迫害和虐待，改善监狱生活待遇；为龙光华举行追悼会。猩猩不同意，谈判代表被拘禁。难友们绝食抗议，特务们用白米饭回锅肉诱惑失败，四天后特务妥协。

第十四章

华为来到一处小院和江姐碰面，告诉她余新江被捕了。华为离开后江姐正要离开，甫志高突然来到。他让江姐检查秘密送来的一批军火，又说余新江病了。甫志高的阴谋被江姐看穿，但来不及了。江姐被捕，特务奸计得逞。老太婆和华为去解救江姐，在路边一家小店发现了特务甫志高和魏吉伯，得知在前一晚，江姐已被押到重庆。

第十五章

江姐被关押于渣滓洞。特务半夜提审江姐，将竹签子扎进江姐的指甲缝，但江姐没有屈服。江姐晕了过去，特务就用水把她泼醒。女牢的人轮流照顾受了酷刑的江姐。女牢老大姐、双腿被敌人的老虎凳折断的李青竹同志告诉了大家江姐的经历。江姐的坚强意志让大家很是佩服。趁着放风，男囚室送来了写给江姐的慰问信和表达敬意的诗篇。

第十六章

新来监狱的同志带来了解放军即将渡过长江的好消息，大家都很兴奋。元旦那天，大家举行新年大联欢，一起表演节目、互换礼物。各牢房还在门口贴上了春联。余新江用胶牙刷柄刻制成一颗小红星送给老大哥。特务们在暗中监视着他们，还放了准备窃听的录音机。女牢通过晾晒衣服和男牢传递着消息。半夜，有人发现，许云峰被特务悄悄押走了。

第十七章

西南长官公署的一间会议厅里正在举行记者招待会，陈静（成瑶）在会上认识了中央社记者玛丽和徐鹏飞。成瑶质问杨虎城被关押一事，众记者纷纷提问是否释放政治犯。成瑶在《山城晚报》上戳穿国民党假和谈的真相，一时舆论哗然，重庆学生游行请愿，工人宣布全市总罢工。成瑶开始引起徐鹏飞注意，处境变得危险。陈松林告诉成瑶，特务魏伯吉已被华为处决，并说组织要求她结束记者工作。

第十八章

为表达和谈诚意，国民党假意释放资产阶级出身的刘思扬。刘思扬回家即遭软禁。雨夜，一个自称老朱（特务郑克昌假扮）的人来访，声称自己是来接头的地下党，要刘思扬写下机密材料。刘思扬连夜写了份公开声明，揭露国民党释放政治犯是个骗局。送牛奶工人暗示刘思扬注意奶瓶纸盖。刘思扬发现里面有纸条，是李敬原的笔迹，叫他尽快离开。刘思扬识破老朱是特务，但没来得及逃离。

第十九章

刘思扬再次被捕，押到白公馆监狱，和成岗一间牢房。他发现关押在白公馆的人很杂，共产党、国民党、特务都有。国民党有东北军军长黄以声，杨虎城将军，杨虎城的秘书宋绮云夫妇。他看到了老大哥说过的老疯子华子良，还有一个身子细弱、脑袋圆大的小男孩经常带着书本去黄以声那里。特务用催眠术、测谎器对付成岗没起作用，又给他注射麻醉剂，妄图用"诚实注射剂"控制成岗，让他说出真话。成岗依靠顽强的意志力战胜麻醉药物，敌人的阴谋再次失败。

第二十章

刘思扬得到了成岗的信任，成岗介绍黄以声、小萝卜头宋振中、华子良与胡浩给他认识。成岗在狱中坚持编写《挺进报》，黄以声利用能看报的特权偷偷给他传递新闻。成岗把《挺进报》折成小纸条拴在麻绳上，通过监狱水槽传给各个牢房。小萝卜头和他的父母宋绮云夫妇要被押送到贵州，临走他告诉成岗，地牢底下地窖里关进一个人。

第二十一章

郑克昌伪装成被捕进步记者混入楼七室，化名高邦晋，骗取余新江信任，意图探查监狱地下党线索。他鼓动单纯青年学生高唱啦啦词，想破坏党的领导，结果露出马脚。余新江识破郑克昌的诡计，将计就计，除掉了看守狗熊和郑克昌。

第二十二章

白公馆所长陆清听到广播里国民党节节败退的消息，很是惶恐。胡浩（进步学生，因投奔共产党误闯进"中美合作所"禁区被抓）高度近视，在看一份重要文件时被特务发现。为了保护胡浩和其他革命者，齐晓轩（白公馆地下党负责人）挺身而出，声称字条是他写的，并说文件来源于看守所管理室的报纸。特务们怕受纪律处分，只好不了了之。

第二十三章

成岗和刘思扬换了新牢房，刘思扬发现负责送饭的疯子华子良将饭送进了一个隧道。刘思扬从胡浩处得知监狱里有个图书馆。他看到成岗和齐晓轩去了图书馆，可到图书馆却没发现他们，只见管理员老袁倚着门读着一本唐诗。刘思扬发现自己归还的书上贴的马克思像连同封面都被撕掉了。老袁警告他，任何细小的麻痹轻敌都会带来血的教训。

第二十四章

成岗和齐晓轩在图书馆的秘密集会点讨论，怎么把敌人准备毁灭整座城市的情报送出去。突然，疯子华子良闯入。原来他是原华蓥山纵队党委书记，被捕十五年了，装疯是为了蒙蔽敌人。华子良告诉他们关在地窖的是许云峰，许云峰在地窖挖暗道，叫他把越狱的计划传递出去。李敬原带成瑶去见老太婆。老太婆得知华子良还活着，十分高兴。

第二十五章

严醉告诉徐鹏飞，上级指示他要提前分批秘密杀害关押的革命者。地下党安插在渣滓洞的看守给女牢带来了共和国成立的消息，激动的女革命者们拿出"监狱之花"的母亲留下的一面红旗，开始绣五星。特务要将江雪琴、李青竹转移到白公馆，江姐知道牺牲的时候到了。她穿上那身干净的蓝色旗袍，披上红色绒线衣，最后一次亲吻"监狱之花"，和战友们告别。

第二十六章

女牢给余新江送信被特务发现，特务搜查女牢刚晾晒的衣服却一无所获，原来是那位值班看守帮了她们。贵阳解放，重庆的解放也将大大提前，可是杨虎城将军全家、小萝卜头全家、黄以声将军都被杀害，情势特别危急。华子良和渣滓洞的地下党看守失去了联系，白公馆和渣滓洞的联系也中断。华子良准备趁买菜时逃离，却被新来的特务带到了别处。

第二十七章

李敬原来到安平人寿保险公司和成瑶商讨营救集中营战友工作。联系不上渣滓洞看守同志和华子良，白公馆、渣滓洞与地下党断了联系。毛人凤与徐鹏飞、严醉、黎纪纲谈话，毛人凤很看重黎纪纲，将其破格提拔为少将。特务传来关于陈松林、李敬原和成瑶等人召集会议的情报，狡猾的徐鹏飞不动声色，黎纪纲自告奋勇前去抓人。

第二十八章

胡浩给成岗看他写的入党申请书，成岗看着那真挚的话语，感受到了胡浩那颗对党的火热的心。胡浩交给成岗一把打开牢门的钥匙。华子良失踪，成岗从徐鹏飞亲自巡查监狱的行为判断，华子良已脱险。黎纪纲中了地下党设下的圈套，突然失踪。特务决定杀害成岗和许云峰。许云峰将挖好的隧道留给战友，自己神态自若，慷慨就义。

第二十九章

在渣滓洞，余新江和狱友们听到了解放军攻打重庆的炮声。牢房间传递着即将暴动的消息。监狱所长猩猩借口要和平释放革命者拖延着时间，他在等待行刑队到来屠杀全部革命者。一切按计划进行，丁长发小组牵制敌人主力，其他几百名战友从相反方向敌人防守薄弱的地方破墙而出。余新江打开了女牢大门，孙明霞捡到余新江掉落的刘思扬写的《铁窗小诗》。丁长发牺牲，余新江被打伤。墙垮了，监狱里的人冲了出去。

第三十章

敌人在灭亡前想炸毁山城，但他们的阴谋一个个被粉碎。徐鹏飞疯狂地下着命令，他不知道最后一班飞机就要起飞。白公馆，刘思扬用成岗留下的钥匙打开牢门，齐晓轩和刘思扬带领大家穿过许云峰留下的隧道越狱。刘思扬被流弹击中，胡浩抱着刽子手一起滚落悬崖，老袁受了重伤……齐晓轩身中数弹，但他昂然屹立在一块巨大高耸的岩石上，想把敌人的注意力都引向自己。就在最危急时刻，响亮的冲锋号响起，华子良领着解放军来了！党来了，胜利的黎明，也来了！

5　原文节选

第十一章

火辣辣的阳光，逼射在签子门边。窄小的牢房，像蒸笼一样，汗气熏蒸得人们换不过气来。连一丝丝风也没有，热烘烘的囚窗里，偶尔透出几声抑制着的呻吟和喘息。

"吱——"

近处，一声干涩的蝉鸣，在燥热的枯树丛中响起来。

刘思扬忍住干渴，顺着单调的蝉鸣声觅去，迟钝的目光，扫过一座座紧围住牢房的岗亭；高墙外，几丛竹林已变得光秃秃的只剩竹枝了，连一点绿色的影子也找不到。

远处久旱不雨的山冈，像火烧过一样，露出土红色的岩层，荒山上枯黄的茅草，不住地在眼前晃动。迟钝、呆涩的目光，又回到近处，茫然地移向院坝四周。

架着电网的高墙上，写着端正的楷体大字：

> 青春一去不复返，
>
> 细细想想……
>
> 认明此时与此地，
>
> 切莫执迷……

又一处高墙上，一笔不苟地用隶书体写着黑森森的字：

> 迷津无边，回头是岸；宁静忍耐，毋怨毋尤！

墙顶上的机枪和刺刀，在太阳下闪动着白光……他的眼前，像又出现了今天早上那辆蒙上篷布的囚车，沿着颠簸的公路，把他押进荒凉无人的禁区，又关进这座秘密的集中营的情景。一个多月以前，被捕时的经过，也清楚地在他的脑际闪现出来：那天晚上，他的未婚妻孙明霞从重庆大学来找他。深夜里，他俩轻轻拨动收音机的螺旋，屏住声息，收听来自解放区的广播。透过嘈杂的干扰声，他俩同时抄录着收音机里播出的一字一句激动心弦的胜利消息。然后，他校正着两份记录稿，用毛笔细心地缮写了一遍。到明天，这份笔迹清晰的稿件，便可以送交李敬原同志，变成印在《挺进报》上的重要新闻。抄写完稿件，孙明霞就把钢精锅从电炉上拿下，倒出两杯滚烫的牛奶，又把两份记录的草稿，拿到电炉上烧了。在寒星闪烁的窗前，两人激动而兴奋地吃着简单的夜餐，心里充满着温暖。手表的指针，已接近五点，再过两小时，又该是另一个战斗的白天。孙明霞丝毫没有倦意，正娓娓地向他讲述学校里近来的情况：华为离开以后，孙明霞接替了他的一些工作，她和成瑶又是要好的朋友，她们在一起工作得十分愉快……

就在他们促膝谈心的时刻，楼梯口传来了一阵急促的脚步声。刘思扬心头一惊，立刻把刚写好的《挺进报》的稿件塞进书桌暗装的夹缝里藏好……就是这样突如其来，事前连一点预感也没有，他和未婚妻孙明霞同时被捕了。

直到被审讯的时候，刘思扬才明白是叛徒甫志高出卖了他。叛徒不知道他负责着《挺进报》的收听工作，因此敌人没有从这方面追问，刘思扬决心把这当作一件永不暴露的秘密，再不向任何人谈起。

刘思扬还清楚地记得，那个戴着金色梅花领章的特务头子和他进行的一场辩论——

特务头子高坐在沙发转椅上，手里玩弄着一只精巧的美国打火机，打燃，又关上，再打燃……那双阴险狡诈的眼睛，不时斜睨着自己的面部表情。一开口，特务头子就明显地带着嘲讽和露骨的不满。

"资产阶级出身的三少爷，也成了共产党？家里有吃有穿有享受，你搞什么政治？"

自己当时是怎样回答他的？对了，是冷冷地昂头扫了他一眼。

"共产党的策略，利用有地位人家的子弟来做宣传，扩大影响，年轻人不满现实，幼稚无知，被人利用也是人之常情……"

"我受谁利用？谁都利用不了我！信仰共产主义是我的自由！"他从来没有听过这样无理的话，让党和自己蒙受侮辱，这是不能容忍的事，当然要大声抗议那个装腔作势的处长。

"信仰？主义？都是空话！共产党讲阶级，你算什么阶级？你大哥弃官为商，在重庆、上海开川药行，偌大的财产，算不算资产阶级？你的出身、思想和作风，难道不是共产党'三查三整'的对象？共产党的文件我研究得多，难道共产党得势，刘家的万贯家财能保得住？你这个出身不纯的党员，还不被共产党一脚踢开？古往今来各种主义多得很，识时务者为俊杰，我劝你好好研究一下三民主义……"

刘思扬到现在也并不知道特务为什么对他说这样的话，更不知道自己为什么不像别的同志一样遭受毒刑拷打。这原因，不仅是他家里送了金条，更主要的是，作为特务头子的徐鹏飞，他难以理解，也不相信出身如此富裕的知识分子，也会成为真正的共产党人。因此，他不像对付其他共产党人一样，而是经过反复的考虑，采取了百般软化的计策。当然刘思扬并不知道，也不注意这些，他觉得自己和敌人之间，毫无共同的阶级感情。

"阶级出身不能决定一切。三民主义我早就研究过了，不仅是三民主义，还研究了一切资产阶级的理论和主义，但我最后确认马克思列宁主义才是真理。"

"凭什么说马克思列宁主义是真理？"那特务处长，居然颇有兴致地问。

"在大学里，我学完了各种政治经济学说。最后，才从唯物主义哲学、《资本论》和人类社会发展的规律中，找到了这个真理，只有无产阶级是最有前途的革命阶级，只有它能给全人类带来彻底解放和世界大同！"

"少谈你那套唯物主义哲学。你到底想不想出去？"特务的声音里，仍然带着明显的惋惜之意，"你又不是无知无识的工人，我现在对你的要求很简单，根本不用审问，你们的地下组织已经破坏了！你在沙磁区搞过学运吧？你的身份，还有你的未婚妻的身份，甫志高全告诉我了！他不也是共产党员？他比你在党内的资历长得多！但他是识时务的人，比你聪明！"

"要我当叛徒？休想！"

"嗯？你是在自讨苦吃，对于你，我同意只在报上登个悔过自新的启事。"

"我没有那么卑鄙无耻！"

"嗯，三少爷！路只有两条：一条登报悔过自新，恢复自由；一条长期监禁，玉石俱焚。"

刘思扬记得，他当时毫不犹豫地拒绝了对方的威胁，并且逼出了敌人一句颇为失望的问话："你想坐一辈子牢？"

"不，到你们灭亡那天为止！"

"好嘛！我倒要看看你这位嫩骨细肉的少爷硬得了多久？出不了三个月，你敢不乖乖地向我请求悔过自新！"

"向你请求？休想！"

就这样，结束了敌人对他的引诱，于是他被关进一间漆黑而潮湿的牢房。再次被提出去时，已经天色漆黑，似乎被押过一片草地，还碰到一棵树，也许是个有花草的庭园，接着，又进了一条漆黑的巷道。几个人和他并排走。耳边听见一阵吆喝，"举枪！"后来就是"乒乒"几声刺耳的枪声在巷道深处回响。他想再看这世界最后一眼，面前仍是一片漆黑，什么也望不见。黑暗中，他和一些人高呼口号……可是，子弹并未穿过他的胸膛，原来是一场毫无作用的假枪毙。又押回牢房时，他不再是一个人了，而是和一个青年工人关在一起。工人叫余新江，也是被甫志高出卖的。从此，两个人成了同甘共苦的伙伴，互相支持、鼓励，直到今天早上，囚车又把他和重伤的余新江押进这秘密的集中营。

从被捕以后，再没有见过明霞。除了假枪毙那天晚上，听见过她高呼口号的声音。不知此刻，她关在什么地方，也许和自己一样，押进了这座集中营？

刘思扬从风门口微微探出头去，火辣辣的太阳，晒得他的眼睛发酸。他忍受着酷热和喉头的干燥，左顾右盼，两边是一排排完全相同的牢房。他记得，他和余新江关进的这一间，叫楼上七室。在这间十来步长、六七步宽的窄小牢房里，关了二十来个人，看样子都是很早就失去自由的人，也不知道这些人当中，是否有自己的同志和党的组织。楼下也和楼上一样，全是同样的长列牢房。一把把将军锁，紧锁着铁门，把集中营分割成无数间小小的牢房，使他看不见更多的人，也看不到楼下，只能从铁门外楼栏杆的缝隙里，望见不远处的一块地坝，这便是每天"放风"时，所有牢房的人可以轮流去走动一下的狭窄天地。

地坝里空荡荡的，在炭火似的烈日下，没有一个人影……

对新的集中营，他还不熟悉，保持着某种过分的拘谨。对这里的一切，他宁愿缓缓地从旁观察、了解，而不肯贸然和那些他还不了解的人接近。这就使他虽然生活在众多的战友中间，却有一点陌生与寂寞之感。他自己一时也不明白，这种感受从何而来，是环境变了，必须采取的慎重态度，还是那知识分子孤僻的思想在作怪？

太阳渐渐偏西了，可是斜射的烈焰给闷热的牢房带来了更燥辣的，焦灼皮肉的感觉。

高墙电网外面，一个又一个岗亭里，站着持枪的警卫。佩着手枪巡逻的特务，牵着狼犬，不时在附近的山间出没。

目光被光秃的山峦挡住，回到近处；喉头似火烧，连唾液也没有了，这使他更感到一阵阵难忍的痛苦。"出不了三个月，你敢不乖乖地向我请求悔过自新！"徐鹏飞的冷笑，又在耳边回响……向敌人请求悔过自新？刘思扬咬着嘴唇，像要反驳，又像要鼓励自己，他在心里庄重地说道："一定要经受得住任何考验，永不叛党！"

　　回头望望，全室的饮水，储存在一只小的生锈的铁皮罐子里，水已不多了，然而谁也不肯动它，总想留给更需要它的人。刘思扬又一次制止了急于喝水的念头，决心不再去看那小小的水罐。

　　他的心平静了些，勉强挤出一点聊以解渴的唾液，又向对面的一排女牢房望去。这时像要回答敌人的残暴和表达自己坚定的信念似的，刘思扬心底自然地浮现出一首他过去读过的高尔基有名的《囚徒之歌》，他不禁低声地独自吟咏起来：

太阳出来又落山，

监狱永远是黑暗。

守望的狱卒不分昼和夜，

站在我的窗前——

高兴监视你就监视，

我却逃不出牢监。

我虽然生来喜欢自由——

挣不断千斤锁链！

　　就在这时候，一阵轻微的清脆的歌声传了过来，牵动了刘思扬的心。声音是那样的熟悉，吸引着他向对面的女牢房凝目瞭望。在一间铁门的风洞旁边，意外地看见了那一对阔别多日的，又大又亮的眼睛！孙明霞的嗓音，充满着炽热的感情，仿佛在他耳边低诉：

……他是个真情汉子从不弄虚假，

这才值得人牵挂——

就说他是个穷人也罢，

有钱岂买得爱情无价？

就说他是个犯人也罢，

是为什么他才去背犯人枷？

……

随着清脆的歌声，那对火热的目光，久久地凝望着他。刘思扬清楚地看见孙明霞头发上扎着一个鲜红的发结，这时他像放下了一副重压在肩上的担子，心情立刻开朗了。明霞就在这里！两个人共同战斗，同生共死，使他感到一阵深深的安慰和幸福。

……

6 名著赏析

【背景篇】

《红岩》主要描写了重庆解放前夕残酷的地下斗争，和共产党领导下被关押的革命者们顽强的狱中斗争。了解小说的创作背景和作者生平，有助于我们理解这部优秀的革命英雄传奇，铭记革命烈士，传承革命精神。

小说背景：重庆解放前夕光明与黑暗的决战

1948 年到 1949 年，中国革命进入关键转折期，辽沈、淮海、平津三大战役取得伟大胜利，人民解放军进军大西南，一路摧枯拉朽，全国胜利在即。

然而彼时的重庆，尚处在黎明前最黑暗的时刻。国民党反动派明知自己覆灭的命运不可扭转，仍要垂死挣扎，他们愈加疯狂地镇压共产党人和进步人士。1949 年 9 月至 11 月，重庆解放前夕，国民党反动派对关押在重庆军统集中营的共产党人和爱国民主人士实施了系列大屠杀，制造了震惊中外的大血案。其中，以 1949 年 11 月 27 日的集体屠杀最为惨烈。彼时，新中国已经成立一个多月，被囚禁在渣滓洞、白公馆的 300 多名革命者牺牲在黎明之前，仅 35 人脱险。其中，就有《红岩》的作者罗广斌、杨益言。

罗广斌、杨益言于 1948 年先后被国民党反动派逮捕，并囚禁在重庆中美特种技术合作所集中营里。他们和战友们生死与共，共同经历了惊心动魄的狱中斗争。作为幸存者的他们，无法忘却那些牺牲的战友们，立志要"把这里的斗争告诉后代"。

创作缘起："把这里的斗争告诉后代"

重庆解放之后，罗广斌、杨益言和另一位狱友把狱中亲历写成多篇报告文学、革命回忆录，在《大众文艺》《红旗飘飘》等刊物上发表。在这些叙写真人真事作品的基础上，罗广斌、杨益言进行加工、提炼和艺术概括，创作了长篇小说《红岩》。

《红岩》从酝酿到成书历时十年，成书四十来万字，底稿三百多万字，经历了三次彻底"返工"，大改过五六次，小修小改不计其数。在此期间，作者们还给几百万青年学生和干部作过百余次报告。1961年12月，这部小说终于正式出版。

《红岩》反映了重庆在解放前夕光明与黑暗的决战。小说围绕着三条线索展开：中美特种技术合作所集中营里革命者与反动派之间的生死较量；地下党所领导的城市运动；华蓥山革命根据地的武装斗争和农民运动。这三条线索相互交织成一个整体，最终汇集到狱中斗争这条主线上。中美特种技术合作所集中营里的敌我斗争是作者着力表现的部分。虽然光明必将到来，但冲破黑暗的斗争却无比艰巨，作者生动展现了这种艰巨，以及革命者无比坚定的信念、为实现理想而进行的殊死斗争。

书名来源：为什么叫《红岩》

《红岩》在正式出版之前，作者和编辑部曾拟有《地下长城》《地下的烈火》《激流》《红岩朝霞》《红岩巨浪》《红岩破晓》《万山红遍》《嘉陵怒涛》等十多个书名，经反复斟酌，最后一致商定，取名为《红岩》。

为什么叫《红岩》？

原因有二。其一，中美特种技术合作所就在红岩村。红岩村位于重庆市郊化龙桥附近，抗日战争时期，中共中央南方局和八路军驻渝办事处就设在这里的大有农场内。毛主席在重庆谈判期间，也曾在此居住。当年，投奔延安的青年如果不熟悉红岩村，很容易就会被特务引到中美特种技术合作所集中营。其二，红色是革命的颜色，岩石又是极其坚硬的物质，"红""岩"二字结合在一起，象征着革命者们在狱中坚持斗争、坚韧不拔的品质。

红岩，不仅是一个地理坐标，更是一个精神坐标。

精神传承："红岩精神"永流传

《红岩》一经面世，便引起轰动，先后被改编成电影《烈火中永生》、豫剧《江姐》等艺术作品。从 1961 年出版至今，《红岩》发行量逾 1000 万册，雄踞我国红色经典高峰数十载，激励着一代又一代青年永葆爱国情怀和奋斗热情。《红岩》还被译成多国文字发行，被中宣部、文化部（现改为"文化和旅游部"）、团中央列入百部爱国主义教科书。《红岩》及其相关作品的发表和出版，在读者中产生了巨大反响。通过读者的文章、革命者亲属的回忆以及战友的叙述，红岩故事加速传播。从1962年6月开始，《中国青年报》就开设了"红岩精神礼赞"专栏。这是在中国第一次提出"红岩精神"。

1985年10月，邓颖超重返重庆红岩村，挥笔写下"红岩精神永放光芒"八个大字，让红岩精神正式冠名并传扬开去。红岩精神，是抗日战争、解放战争时期，以周恩来同志为书记的南方局领导下的革命志士，在为民族自由、为新中国成立而进行的艰苦卓绝斗争中所形成的革命精神。其精神内涵是：刚柔相济、锲而不舍的政治智慧；"出淤泥不染，同流不合污"的政治品格；以诚相待、团结多数的宽广胸怀；善处逆境、临难不苟的英雄气概。红岩精神是共产主义精神、民族精神、时代精神的结晶，是它们在抗日战争时期国统区斗争中的特殊表现，是中国共产党优良传统与优良作风在特定历史环境中的体现，也是中华民族的宝贵精神财富。围绕小说《红岩》而展开的持续不断的创作，形成了独特的"红岩现象"，彰显了广大中华儿女对红岩精神的传承与弘扬。红岩精神影响着一代又一代人，在今天依然是人们精神力量的源泉。

"大家熟知的《红岩》，虽然是小说，但主要人物有原型，主要事件有史实。"习近平总书记多次提到红岩精神，勉励广大党员干部"把红色基因传承好，确保红色江山永不变色"。《红岩》还是"七一勋章"获得者、丽江华坪女子高级中学校长张桂梅"心中的经典"，江姐则是她"一生的榜样"。

【艺术篇】

《红岩》不同于一般革命小说的黯淡阴沉，整部作品呈现出热情洋溢、乐观光明的基调。《红岩》结构宏大却严谨有序，人物众多又深刻生动，斗争生活场面描写复杂却毫无零散混乱之感。

艺术基调：终结禁锢的世界

《红岩》的初稿完成之后，作者先印出几十本送各方征求意见。彼时，它还不叫《红岩》，而叫《禁锢的世界》。

因为罗广斌、杨益言两位作者并不是专业写手，初稿的思想性、艺术性都不高。为了帮助他们提高作品格局境界和小说创作技巧，不少专家提出了很中肯的意见，认为"小说的精神状态要翻身"。著名作家沙汀读过作品之后，给出了非常关键的建议："你们现在还是关在牢房里，戴着手铐脚镣写这场斗争。要从牢房里走出来，把手铐脚镣全丢掉，以胜利者的姿态，眉飞色舞地写这场斗争。"

这些意见给予两位作者极大的帮助，他们意识到初稿的创作基调过于低沉黯淡，也看到了下一步改稿的方向。同时，他们获得特批前去北京参观。当时北京刚刚建成的中国历史博物馆和革命军事博物馆正在展出 1947 年至 1949 年间，中央军委指挥解放战争的电报、指示、文件、社论等历史档案原件。北京之行，极大地开阔了他们的视野，让他们对解放战争的全局有了更清晰的认识，思想也从局部的集中营生活中跳脱了出来。他们最终将这场斗争与整个时代背景联结呼应起来，实现了小说整体格局的提升。

他们对于如何写好监狱内外的革命斗争，如何塑造好革命烈士的英雄形象，有了新的构思。1961年12月，数易其稿、经过反复加工整理后的小说《红岩》正式出版。终稿最终放弃了《禁锢的世界》这一书名，而定名为《红岩》。小说也着力刻画了在严酷的环境中，革命者对党的坚定信念，以及高昂的乐观主义精神。整部作品一扫过去的黯淡阴沉，呈现出热情洋溢、乐观光明的基调。整部作品的思想性、艺术性都大大提升。从创作的角度来说，两位作者也打破了"禁锢的世界"，进入了创作的新世界。

小说结构：宏伟严谨又富于变化

《红岩》共三十章，前十章侧重写重庆地下斗争和川北的武装斗争；后二十章主要写革命者的狱中斗争。前后互相关联，而以狱中斗争为中心。整部作品背景广阔、人物众多，斗争生活丰富而复杂，但阅读起来却流畅清晰，毫无零散混乱之感，原因就在于它的结构宏伟而严谨，错综而集中。

作者采用了多线索的网状结构方式，由"点"及"线"，将各个层面纷繁复杂的斗争和生活交错起来，形成复杂多变又浑然一体的格局。

由"点"及"线"，"点"是指小说里的重点人物，而

"线"则指小说里的故事线索。在《红岩》里，作者巧妙借用许云峰、江雪琴、齐晓轩、刘思扬、成岗、华子良等重点人物的一连串活动，引出并连接起种种复杂的矛盾斗争。如由余新江、成岗的活动，引出工人运动；由江姐工作调动，带出华蓥山根据地的武装斗争；由陈松林、成瑶的活动，引出学生运动；由甫志高叛变使许云峰、成岗、刘思扬、余新江、江姐等被捕，而引出狱中斗争；又通过刘思扬的被"释放"和再度被捕，把渣滓洞和白公馆这两个集中营的斗争联系起来。其中白公馆和渣滓洞集中营里革命者的狱中斗争是主线，重庆地下党领导的工人运动和学生运动，以及华蓥山革命根据地的武装斗争是副线。在这些线索之上，又通过不同人物的活动，生发出小的支线。

这样的设置，能够更完整地反映重庆解放前夕革命斗争的真实面貌，更能让读者体会到特殊历史时期革命任务的艰巨性和复杂性。从艺术的角度来说，整部作品在形成了宏大结构、开阔视野的同时，也摇曳多姿、富于变化，更有可读性，更具感染力。

人物刻画：着力塑造英雄群像

《红岩》最突出的艺术成就是出色的人物刻画。

作者成功地塑造了英雄群像。《红岩》里出现的英雄革命者非常多，他们的共同点是都具有坚定的共产主义信仰，对革命事业无限忠诚，为了革命视死如归，但我们在阅读的时候，却没有雷同感。原因就在于，《红岩》不仅展示了英雄们的高贵品质和崇高气节，还成功地刻画了他们不同的性格特征。这些革命者来自不同家庭，生活在不同的环境，从事不同的工作，拥有不同的经历。无论是许云峰、江雪琴、齐晓轩、成岗、刘思扬，还是华子良和双枪老太婆，甚至短暂出现的小萝卜头，都血肉饱满、个性鲜明、令人印象深刻。他们的形象让整部作品充满了磅礴的气势和悲壮的色彩。

《红岩》对反面人物的刻画也很成功。对于反面人物，作者并未将其简单地丑化和脸谱化，而是极力按照生活的本来面目、人物性格发展的基本逻辑去塑造，着重从矛盾冲突、人物关系中去解剖他们的灵魂，揭示他们的反动本质。特务头子徐鹏飞是书中着墨较多的反面人物，他把杀人当作"终身职业"，有一整套反革命经验。作者在描写其嗜血成性、凶狠残暴的同时，用了不少篇幅深入其内心，揭露了他濒临死亡时的绝望和空虚。此外叛徒甫志高、白公馆所长陆清、特务郑克昌等也刻画得活灵活现。

《红岩》在塑造人物时善于变化角度，既有正面描写，也有侧面描写，有时候从他人的叙述里补述另一人物的故事，有时候则从档案中引出人物。同样是写受刑，作者对成岗是正面描写，对江姐、许云峰则是侧面描写；同样是写牺牲，龙光华、江姐、许云峰、齐晓轩各不相同。龙光华是新四军战士，勇敢忠诚，牺牲前在昏迷中，以为自己又回到了战场，他喊着："指导员……给我……一支枪！"最后，他立在牢门边，以迎接大部队到来的姿势逝去。江雪琴的个性沉静从容，平时很注重仪表。她在赴刑场之前，换装、梳头，一丝不苟，以一种充满仪式感的方式去面对自己的死亡。许云峰在牺牲前与徐鹏飞舌战，他的话，如刀枪剑戟般直刺反动派虚弱又绝望的灵魂。身中数弹的齐晓轩为了掩护狱友，吸引住敌人的火力，顽强屹立于一块巨大高耸的岩石上……角度的不断变化，展现了人物形象的丰富多彩。

《红岩》注重挖掘人物的精神世界。这种挖掘，既有对人物动作、神态的描写，传神刻画人物的精神状态，也有对人物的心理描写，直接解说人物的思考和情感逻辑。比如，在表现江雪琴意外发现丈夫牺牲、见到丈夫的头颅之后，为了不暴露身份，强忍悲痛和华为继续赶路，作者这样写她："脚步愈走愈急，行李在她手上仿佛失去了重量"，甚至"提着箱子伴随她的华为，渐渐地跟不上了"。人物汹涌澎湃的感情极为凝练地表现了出来。又比如，作者写甫志高被捕之前的心理活动，以一系列人物的感受、思考和分析来解说其所思所想，不仅揭示了甫志高叛变的必然性，也深入挖掘了一个叛徒的侥幸、软弱和投机心理。

《红岩》擅长通过环境描写来刻画人物。比如，小说里"监狱之花"的父亲，是个无名英雄，他在被敌人秘密处决的那个晚上，是一个雷雨之夜，而他"像铁铸的塑像似的崛立在狂风和闪电里"，接着，他在"震耳的雷鸣"中，高举双臂，向狱中的战友们高声告别。而枪声响起（暗示无名英雄被执行死刑）之后，"粗大的雨点，狂暴地洒落在屋顶上，黑沉沉的天像要崩塌下来。雷鸣电闪，狂风骤雨，仿佛要吞没整个宇宙"，更是进一步渲染了悲壮、压抑、愤懑的气氛，也将一位坚贞不屈、视死如归的革命者形象，塑造得光芒四射。

《红岩》善用细节描写来丰满人物性格。比如，作者写革命者丁长发，其标志性动作就是常年叼着一个无烟的黄泥巴烟斗，说话的时候、做事的时候，甚至战斗的时候，都叼着这个烟斗。这个细节不仅透露出丁长发的农民出身和农民习惯，也制造了很多有趣的话题和场景，让我们看到革命者除了斗争之外，还有乐观和幽默的性格底色。又比如，龙光华去世以后，刘思扬发现他身上藏着一个五角星帽徽。这个细节不仅揭示了龙光华新四军战士的身份，也让读者看到了他对党的忠诚，对革命的至死不渝。再比如，作者写伪装成疯子的华子良，提到了他每天都会在监狱跑步这样的细节。这个细节既是一个伏笔，为后续华子良联络游击队进攻集中营的情节提供可信支撑，同时也反映了华子良为了革命的坚忍和坚持。

【人物篇】

小说《红岩》塑造了许云峰、江雪琴、华子良、成岗、刘思扬等一系列英雄形象，他们身上都闪耀着革命者为了党和人民的事业，无私忘我、敢于牺牲一切的无上光辉。

许云峰：卓越的革命领导者

许云峰是作者着力刻画的人物，也是书中最令人难忘、最光芒四射的人物之一。在他身上，我们看到的是一位极具代表性的卓越革命领导者的形象。

许云峰沉着冷静、遇事不乱，思维缜密、深谋远虑，斗争经验极为丰富，处处表现出一位领导者非凡的胆识和善于应付瞬息万变局势的才能。在沙坪书店一出场，他就从种种细节和与陈松林的谈话中发现郑克昌的可疑，立即意识到沙坪书店已经被特务盯上，当机立断，指示相关同志撤离。虽然甫志高的叛变让他猝不及防，但他采取措施，尽量减少这一危机造成的损失。入狱之后，他又巧妙地引导敌人做出错误的判断，掩护了同志，保护了地下党组织。

许云峰意志坚定，内心强大。在与特务头子徐鹏飞的几次较量中，他在精神气势上都完全碾压徐鹏飞，让反动派可笑又可耻的阴谋暴露无遗。徐鹏飞秘密处决许云峰前，为了从精神上击溃许云峰，便故意对他说共产党是即将胜利，可惜你却看不到了。然而许云峰不仅没有崩溃，反而表示自己的生命能和党的革命事业联系在一起，是"无上的光荣"。他反将一军，对茫然失措的徐鹏飞道："你不敢承认，可是不得不承认：你们的阶级，你们的统治，你们的力量，已经被历史的车轮摧毁，永劫不复了！"许云峰的镇定自若，正是源自对党的承诺，对信念的坚持，对革命形势的了如指掌，以及普通人所没有的大局观。

许云峰无比顽强，在逆境中从不妥协，从不放弃斗争。在严刑拷打之后，他被关入渣滓洞集中营的单独牢房里。就是在这样戒备森严的监狱中，他仍想办法用秘密方式和党员联络，成立了狱中临时党支部，并任党支部书记，组织和领导狱中的地下斗争。后来，敌人为了切断他和地下党组织的联系，便将他投入白公馆集中营的地牢。在那里，他孤身一人，戴着沉重的镣铐，终日不见阳光，生活环境极端恶劣，但他却用双手，在地牢的石壁上，挖出了一条生命的通道。

许云峰一切以党的利益为中心，为了组织和同志，可以牺牲自我。在甫志高叛变之后，许云峰为了掩护市委书记李敬原，在茶园挺身而出；在监狱里，为了保护组织，他将地下党的领导活动都揽在自己身上；在被秘密处决前，他本已经挖出了通道，完全可以提前越狱，但他认为这条通道应该留给同志们，让更多的人逃生。许云峰最后带着对胜利的坚定信念从容就义。他视死如归、赴汤蹈火的英雄气概，就连敌人都感到敬畏，说："对付这样的人，只有用迅雷不及掩耳的手段，才能摇撼他的意志，摘掉他那颗镇定的心！"然而，即使敌人用尽手段，也未能让这位无产阶级革命者低下自己的头颅。

江雪琴：温和可亲的江姐、刚强坚忍的战士

江雪琴是《红岩》中最为人熟知的人物之一，甚至大家并不直呼她的名字，而更愿意称她为"江姐"。这个称呼有一种亲切感，也有一种依赖感，有敬有爱。这既体现了江雪琴作为富有斗争经验的同志，性格成熟冷静，处事审慎小心，让战友信赖、尊重；同时也体现了她作为一名更为年长、更具有母性的同志，对待战友的温和可亲，对他们有一种情感上的支持。

作为一名地下工作者，江雪琴与许云峰一样，善于从细节中发现蛛丝马迹。在重庆的朝天门码头，甫志高穿着西装给她捎行李，她立即意识到其中的不妥，并诚恳地指出了甫志高的问题；在川北的小县城，她从华为那里听说余新江被捕，联系老蓝同志说的县城里来了重庆的特务，她立即意识到现在的联络处已经不安全了，让华为尽快撤离，尽量减少因甫志高叛变带来的损失。这些都是一个成熟的地下工作者的表现。

她同时还是一名极为坚定的共产主义战士。面对敌人惨无人道的酷刑，她忍受百般折磨，甚至十指被竹签扎入，都绝对不动摇，对党的秘密守口如瓶。在狱中，无论碰到多么困难的情况，她的心态都是乐观的，并且以这种乐观去感染身边的同志，坚持斗争。面对死亡，她毫无惧色，以一种充满仪式感的方式从容就义，令人动容。江姐临死前整衣、梳头、吻别"监狱之花"的一系列行动，成了《红岩》里的经典场景。她临别时的话，也是一个无产阶级战士最具代表性的心声："如果需要为共产主义的理想而牺牲，我们每一个人，都应该、也可以

做到——脸不变色，心不跳。"

江雪琴是一个情感丰富但又极为坚忍的女性。她在赴华蓥山途中，看到挂在城头自己丈夫的头颅，悲痛欲绝，但她以坚强的革命意志和非凡的毅力克制着自己的感情，并化悲痛为力量，勇敢地担负起丈夫未竟的事业。在狱中，她尽己所能地关怀每一个同志，对牺牲的无名同志充满敬意，像爱自己的孩子一样爱着在狱中出生的女孩"监狱之花"。在入狱之前，她甚至还会关注到同志们的个人问题，当成岗说不希望因为恋爱、结婚而掉入庸俗窄小的家庭中去时，她会温和委婉地纠正他过于偏激的想法。

江雪琴的性格既有刚强的一面，也有温柔的一面。不管是对战友来说，还是对读者来说，江姐的形象都有一种鼓舞人心的东西。她的经历仿佛在告诉我们，即使是一个弱女子，也是有尊严、有力量的，也可以为了真理、为了信仰而坚持到底。也正因此，江姐作为现当代文学作品中一个经典人物，她的故事被不断改编成影视剧和话剧，她的形象永远铭刻在读者和观众心里。

华子良：忍辱潜伏 15 年的传奇英雄

华子良是《红岩》中潜伏最深的地下党员，他的经历堪称传奇。他出场非常晚，在《红岩》的后半部分才开始出现，所占篇幅也不能跟许云峰、江姐相比，但是他在书中有着非常重要的位置。

他最初因为被叛徒出卖而入狱。被捕后，辗转关押于多个秘密监狱，最后被关进白公馆集中营，入狱时间长达 15 年。为了完成党的秘密任务，他装疯卖傻，整日蓬头垢面，神情呆滞，从来不跟任何人说一句话。天长日久，特务们终于对他放松了警惕，以为他真的疯了，便让他做一些外出采购、给关押在白公馆的人送饭的活儿。华子良正是通过这样的机会，与监狱之外的地下党接上了头，最后在得知"提前——分批——密裁"的罪恶计划后，逃到解放区，为越狱计划的成功实施作出了巨大贡献。

华子良最大的特点就是能够为了党的事业忍辱负重。为了不暴露自己的身份，尽可能地保存力量，这样一位足智多谋、勇敢无畏的共产主义战士，却在敌人面前装得瑟瑟发抖、神志不清，甚至连自己的战友在不知道真相的时候，对他都是看不起的。比如再次入狱的刘思扬，"对这可怜虫似的老疯子，不知道应该鄙弃还是应该同情"。华子良与其他狱友不同，其他人通过秘密联络，彼此之间有着信息上的沟通和感情上的支持，而他只能在孤独的绝境里，一点点找寻生路，最终完成那几乎不可能完成的任务：这是一种长期的精神上的"磨难"，也是一种长期的精神上的"磨炼"。华子良经受的考验，让我们想起春秋时代的程婴、勾践，以及汉代的苏武，但是华子良所面临的情况更加困难和复杂，他的胸襟也更为博大和开阔。他不是为了个人荣辱而活，而是为了同志、组织和国家而活，他的境界，更加崇高。

华子良另一特点是深谋远虑。他在漫长的监狱生活里，为革命做了很多准备。除了装疯卖傻，每到放风的时候，他就在白公馆集中营的院坝里跑步，无论刮风下雨。有一次下大雨，院坝里积满了水，他周身湿透，还是踏着积水乱跑。这看上去是他"疯了"的另一个佐证，但同时也是一个伏笔。后来，当他被中美合作所游击训练总部特务抓去，找到机会逃跑了，这个时候，或许大家才明白，原来他15年来的跑步，都是为了关键的时候能用上。

华子良也有着过人的胆识和机智。他15年来从不与人说话，但当他觉得"党需要我现在发挥作用"的时候，便果断找到同志，利用自己能够外出的条件，建立起监狱内外的联系。他总有很多办法去解决面临的危机，他是《红岩》里能力极为出众的革命者。

在小说的后面部分，我们可以了解到，华子良的妻子是双枪老太婆，儿子是华为，这两位都是了不起的革命者。这也从侧面说明，华子良不是一个普通人物。从他身上，我们能看到一个无产阶级战士异于常人的韧性和坚定，无论如何艰难困苦，他为了崇高理想勇于接受任何考验和磨难的精神不会变，在任何环境中都能保持革命信仰的品格和意志不会变。

小萝卜头：共和国最年轻的烈士

在《红岩》的英雄群像里，小萝卜头是一个非常特殊的形象。

小萝卜头本名宋振中，他的父亲宋绮云和母亲徐林侠都是共产党员。小萝卜头还是乳婴时，就因为父母被捕跟随进了监狱。由于终年住在阴暗潮湿的地下牢房里，又缺少必要的食物，他发育不良，九岁多却只有五六岁孩子那么高，成了一个大头细身子、面黄肌瘦的孩子，狱友们都疼爱地叫他"小萝卜头"。

他的特殊性在哪里？

小萝卜头牺牲时只有九岁，是共和国最年轻的烈士，与牺牲的父母一起被誉为"一门三烈"。他之所以被称为烈士，是因为他小小年纪，却为狱中革命作出了特殊的贡献。在当时的特殊情况下，他拥有成年革命者所没有的"相对自由"，因为年纪太小，没有戴脚镣，可以四处走动，他便为狱友四处联络、传递情报等，成为一名"小小交通员"，甚至在离开白公馆之前，还留下了重要信息，为狱中的革命斗争作出了特殊贡献。

小萝卜头虽小，却清醒成熟，聪慧过人。他跟随黄以声将军学习，不仅学到了很多知识，而且在狱中复杂的环境中成长，还培养了对形势和人物异常准确和犀利的判断力。刘思扬刚进白公馆集中营，小萝卜头便看出他是从渣滓洞集中营过来的，而且从他的胡须长度判断，他在渣滓洞关了大半年；看守特务问他想不想和谈成功之后被释放，小萝卜头却知道和谈是假的，因为"报上都登了地址，杨伯伯（指杨虎城）还是没有放"；当他通过试探，知道成岗是共产党员，一句"我晓得你……可是我不说"就表现出他内心的准则和成熟。

小萝卜头让人深深触动的地方还在于，即使在那么黑暗的条件下，他依旧保有孩子特有的纯真。有段故事令人感动：小萝卜头在牢房的走廊里捉到一只有着翠绿翅膀的小虫，他非常喜欢这只虫子，但当他要将虫子关进火柴盒时，却突然意识到这会让虫子"失去了自由"。最后他放飞了这只虫子。这段故事将孩子内心的天真、善良和对自由的向往描写得淋漓尽致，仿佛是阴暗牢房里的一束光。此外，小萝卜头向成岗叙述自己的那个噩梦以及他画的画，都深刻地表现出，在那压抑得令人窒息的环境中，一个孩子如何以自己的方式在对抗着。

小萝卜头还有着很强的成长性，远远超过了普通儿童。他很有教养，虽然在监狱这样的特殊环境里，他对待家人、老师和其他狱友都彬彬有礼。他很自律，有很强的革命意志。在离开白公馆之前，他因为做了噩梦而头晕，妈妈让他再睡一会儿，他却想到自己还有事情要做，不愿意再睡。他责任心强，因为特务看得太紧，他没有打探到新进地牢狱友的情况，没有完成齐晓轩交代的任务，内心十分愧疚……他的这些特质让我们相信，如果假以时日，他一定会成为一名极为优秀的共产党员，也一定会为党赓续红色基因。

小萝卜头在《红岩》中出场次数不多，对他的刻画却足见作者的用心。在有限的篇幅里，作者运用了环境描写，人物肖像、语言、行动描写等多种艺术表现方式，将情感倾注于笔尖，将这个特殊的小英雄写得深入人心。

从小萝卜头的故事里，我们也能看到，即使在身心遭受折磨的环境里，党的教育依然可以让一个孩子在精神上健康成长：这正是光明的力量。反过来，我们也同样能看到，反动派连一个孩子也不放过的穷凶极恶本质。

成岗：钢铁一般的战士

在《红岩》所刻画的众多革命者里，成岗也是一位重要的、个性鲜明的人物。他本是长江兵工总厂的一名办事员，因为不愿像同事那样腐朽地活着，便向进步人士靠近，加入了共产党。在长江兵工总厂附属修配厂做管理工作时，他一边领导工人进行复工生产、争取权益等行动，一边秘密印刷《挺进报》，结果因叛徒出卖而入狱。在狱中，他经历各种酷刑，但仍然坚持斗争，坚持编写《挺进报》，直至最后倒在黎明前。

成岗是钢铁一般的无产阶级战士。

他像钢铁一般纯粹、刚直。在长江兵工总厂工作时，他对污浊的环境零容忍，绝不与那些蝇营狗苟的同事同流合污，面对女同事的撩拨，也一句"请自爱点儿"让别人自觉无趣。在加入共产党之后，他全心全意为了党的事业而工作，同时保持着高度紧张和警惕。当他发现妹妹携带《挺进报》时，严肃地批评了她的冒失和莽撞，导致兄妹气氛紧张。在谈到自己的个人问题时，他又坦诚直白地告诉江姐，他觉得恋爱和婚姻会让自己贪恋家庭的小温暖、小幸福，阻碍自己干革命。在入狱之后，他承受了非人的折磨，却以一篇惊天动地的《我的"自白"书》对反动派予以回击。他面对困难从不低头，总是以最直接的方式迎难而上。

他像钢铁一般坚硬、强韧。在《红岩》一书中，他所经历的酷刑以直接描写居多。他的肉体和精神都受到了极大的折磨，但他反而以更加强硬的姿态去反抗。对待这样强硬的对手，反动派也感到十分棘手。他们最后想出了新的花样，通过催眠术和能够让被注射者出现幻觉的"诚实注射剂"来对付他。可是在这种种非人手段的摧残下，成岗仍然以超强的意志力控制住自己，没有说出任何党的秘密。

他像钢铁一般可靠。对待同志，他是热诚、靠谱，处处保护同志、勇于自我牺牲的战友。在负责《挺进报》的印刷工作时，他以极大的热情去工作，并不断改进印刷方式，以提高效率。在即将被捕时，他首先想到的不是逃走，而是将扫帚挂到窗口，警示同志们不要来找他，以保全同志和组织。在白公馆那么恶劣的环境下，他依然坚持用仿宋字写《挺进报》。在向狱友传递信息、表达精神支持的同时，谨慎地注意着组织的安全。他还与小萝卜头成了好朋友。他和小萝卜头交谈，他们一起向往未来。对于这个特殊的孩子，他有着强烈的同情和爱。

可惜，成岗跟许云峰、江姐一样，没能看到黎明的曙光，倒在了至暗时刻。这个钢铁般的战士一直战斗到最后，信念还是像当初一样坚定。反动派费尽心思，却从他那里一无所获。对于这样的钢铁战士，要想击溃他的意志，是不可能的；能消灭的，只可能是他的肉体。

刘思扬：浪漫英雄主义知识分子革命者

刘思扬是《红岩》里极具代表性的知识分子革命者。他出身富豪之家，却投身革命，负责《挺进报》新闻稿的收听和撰写。因甫志高出卖，他和未婚妻孙明霞一同被捕。他顶住了敌人的软化政策，在狱中与战友们一起斗争，最后在白公馆越狱行动中牺牲。

刘思扬最令人敬佩的是，他为了革命，毫不犹豫地背叛了自己的阶级。他本可以过着锦衣玉食的生活，选择安定轻松的工作，却冒着生命危险去干革命。入狱之后，因为家里人为他疏通关系，他本可以登报"悔过自新"，重获自由，然而他宁愿受苦甚至牺牲，也要坚持自己的真理，与自己的战友站在一起，"不释放全部政治犯"，"决不出去"。与那些生活不下去而被迫革命的人不同，他选择革命有更强的主动性和自觉性，他是主动去经历残酷的狱中斗争，并在这样的斗争中成长起来的人，至死没有玷污党的荣誉。

刘思扬单纯善良。他因为自己生活优越，与普通革命者的生活有着极大反差而产生了一种天然的负罪感。与那些为自己的奢靡生活沾沾自喜的人不同，他入狱后，反而担心狱友们会因为自己衣着太好、没有受刑而怀疑甚至歧视他。为了不让别人觉得自己"不同"，他有意识去经受各种磨难，以期得到同志们的认同。他再渴也把水让给别人喝，他放风时主动去倒便桶，他和狱友们一起绝食，甚至因为自己戴上了镣铐而自豪。刘思扬是可爱的，也是可贵的。只有真正把自己的命运与工农大众联系在一起的知识分子，才会有这种负疚感，也才会真正采取行动来改变自己，减轻这种负疚感。

刘思扬是一个坚定的革命者，但他也有一些知识分子的弱点，比如容易有个人情绪，有时比较冲动、幼稚。他为了革命不断克服自身的弱点，在斗争中不断成长。他经历了很多诱惑，敌人曾多次对他使用软化怀柔、挑拨离间等手段，企图将他从革命者中分化出去，但是他抵抗住了所有诱惑。后来，敌人利用他受不得委屈、急于求得党的认可的心理，派出特务伪装成共产党员来找他套取党的机密。刘思扬一度也被对方拿捏住心理，但最终还是克服了自己的个人情绪，严守住了党的秘密。在白公馆集中营，他也做出过将马克思画像贴在书籍封面的幼稚举动，但在图书管理员老袁提醒之后，他意识到自己的错误，从此也变得更加细心、成熟。

刘思扬也有知识分子独有的浪漫主义。他比别的革命者更多地去关注文字、思想的东西。他一入狱就观察到墙上留下的诗篇，会为了前人的文字和故事而激动；他自己平时也经常会思考，会写诗，通过文字来表达自己的内心世界。在最后越狱行动中，他中弹将死，心中很想像成岗那样高呼口号，但为了不暴露战友，他只是喃喃吟诵了一首诗，表白心志——"我们——没有玷污党的荣誉"。

刘思扬作为知识分子革命者中的代表人物，是革命者中一面特殊的旗帜。他不断追求真理，在革命的火与血中不断成长，最后为党的事业奉献出自己的生命。正如他的诗中所写，他，"没有玷污党的荣誉"。

7 拓展阅读

他们是《红岩》英雄人物的原型

罗世文：许云峰原型

罗世文是许云峰最重要的原型之一。他是四川省威远县人，1904 年出身于一个大盐商家庭，但因父亲破产后病死狱中受尽歧视冷遇。但他发愤读书，在学生时代就加入进步团体，并在 1925 年加入中国共产党。

土地革命战争时期，罗世文先后任中共四川临时省委宣传部部长、省委军委书记、省委书记，参与领导了江津、荣（县）威（远）、广汉、梁山、德阳等地的农民暴动和兵变。长征途中，他和战友两翻雪山、三过草地，经受了最严酷的考验。抗日战争时期，他被党中央派回四川工作，先后任中共四川省临时工作委员会书记、川康特委书记，从事抗日民族统一战线工作。

1940 年，罗世文被国民党特务逮捕，先后关押在重庆歌乐山白公馆看守所、贵州息烽监狱和重庆渣滓洞监狱。在狱中，他和车耀先、韩子栋、许晓轩等组织了临时党支部，领导狱友同敌人展开坚决的斗争。

1946 年 8 月 17 日，罗世文在被害前给党组织写下最后一封信，表示："坚决面对一切困难，高扬我们的旗帜！" 8 月 18 日，他和车耀先一起被杀害于重庆歌乐山松林坡。中华人民共和国成立后，人民政府将两位烈士的骨灰从松林坡挖出来，隆重安葬。周恩来总理亲自为他们题写了碑文。

罗世文重情重义，对同志、难友关怀备至，同时也深爱着自己的母亲。1944 年中秋节，身陷囹圄的罗世文从亲友口中得知母亲思念自己，每天在门口望着大路叫他的小名，无限感慨。他倚着铁窗，写下《无题》一首："慈母千行泪，顽儿百战身。可怜今夜月，两处各凄情。"

江竹筠：江雪琴原型

2009 年，江竹筠当选为"100 位为新中国成立作出突出贡献的英雄模范人物"，而她正是《红岩》中江姐江雪琴的人物原型。她在渣滓洞监狱受尽酷刑，坚贞不屈，是一名优秀的共产党员、让人崇敬的革命烈士。

1920 年 8 月 20 日，江竹筠出身于四川省自贡市大山铺镇江家湾一个农民家庭。1939 年，她加入中国共产党，第二年在中华职业学校学习时担任该校地下党组织负责人，秘密从事学生运动组织工作。

1943 年，党组织安排她为当时中共重庆市委领导人之一的彭咏梧当助手，做通信联络工作。他俩扮作夫妻，他们的住所成为重庆市委的秘密机关和地下党组织整风学习的指导中心。1944 年，组织安排江竹筠进入四川大学，以学生身份为掩护进行党的工作。1945 年，江竹筠与彭咏梧结婚，留在重庆协助彭咏梧，负责处理党内事务和内外联络工作，同志们都亲切地称她"江姐"。

1948 年，彭咏梧在组织武装暴动时不幸牺牲。江竹筠强忍悲痛，毅然接过丈夫的工作，但因叛徒出卖，不幸被捕，被关押在渣滓洞监狱。在狱中，她面对敌人的严刑拷打，始终不曾吐露党的秘密。虽然是弱女子，但她的内心无比坚强，她说："毒刑拷打是太小的考验！竹签子是竹做的，共产党员的意志是钢铁！"

1949 年 11 月 14 日，重庆解放前夕，江竹筠被国民党军统特务杀害于歌乐山电台岚垭刑场，为共产主义理想献出了年仅 29 岁的生命。

陈然：成岗原型

他是著名诗篇《我的"自白"书》的作者；他在刑场上喝令敌人"从正面向我开枪"，连敌人都称他为"慷慨悲歌之士"：他就是《红岩》中成岗的原型陈然同志。

1923 年 12 月 18 日，陈然出生于河北省香河县。他 15 岁就参加了中共领导的抗战剧团，投入抗日救亡运动，16 岁入党。曾任中共重庆地下党主办的《挺进报》特别支部书记并负责《挺进报》的秘密印刷工作。1948 年被捕。

在渣滓洞集中营，陈然面对敌人的用刑、逼供、恐吓、欺诈、利诱，自始至终没有供出《挺进报》的相关人员，他一口咬定《挺进报》从编辑、印刷到发行，全部是自己一人所为。

作为一名重犯，陈然后来被从渣滓洞监狱转押到白公馆监狱。不久，他和狱中党组织取得了联系，并凭着记忆把一些胜利的消息写在小纸片上，在狱中秘密流传。那些小纸片被狱友们亲切地称为"狱中《挺进报》"。与此同时，重庆地下党组织也通过各种方式，将一条条振奋人心的消息传到狱中，并通过"狱中《挺进报》"传播开来，使坚持狱中斗争的同志们受到极大的鼓舞。

陈然在狱中被折磨得奄奄一息，腿部严重受伤，但他的心中有一首诗已经酝酿成熟。在就义的前几天，他用富有激情的语言将诗的内容一句句告诉了同室狱友。狱友后来脱险出狱，整理发表了他的遗诗，这便是那首振聋发聩的《我的"自白"书》。

此外，他本着对党的事业负责和面向未来的态度，和狱友们还留下了一份披肝沥胆的报告。这份报告凝聚成的"狱中八条意见"，至今仍发人深思。

虽无缘看到梦想中的新中国，但新中国成立的消息令他满心喜悦。在生命最后时刻，他与一同赴刑的同志互致革命的敬礼，笑赴刑场。1949 年 10 月 28 日，他在重庆大坪刑场壮烈牺牲，年仅 26 岁。

刘国鋕：刘思扬原型

他出身名门望族，是大家庭里备受宠爱的幺儿，却不惧牺牲，投身革命；因叛徒出卖被捕入狱后，他先是被囚于重庆渣滓洞集中营，后被转囚白公馆；在家族营救之下，他本可以重获自由，但他坚定信念，决不背叛组织，拒绝出狱，最终于

1949 年 11 月 27 日在国民党特务的大屠杀中殉难：他便是《红岩》中刘思扬的原型刘国鋕。

1921 年，刘国鋕出生于四川泸州，家族在四川有权有势。大学时，他就读于西南联合大学经济系。1940 年加入中国共产党，毕业后在中共南方局的领导下开展工作。1945 年加入民盟后，他积极参加并组织青年抗日民主活动。

1947 年 3 月，《新华日报》被迫停刊后，刘国鋕大力协助《挺进报》的出版发行。同年 6 月 1 日，国民党在成渝两地进行大逮捕，仅重庆一夜之间就逮捕进步教授、学生、记者等爱国民主人士两百多人。刘国鋕终日奔走，成立"六一"事件后援会及共产党外围组织"六一社"，领导抗暴游行，营救"六一"大逮捕中被捕师生。不久中共重庆市委决定成立沙磁区学运特别支部（简称"特支"），他任书记。

1948 年 4 月，由于叛徒出卖，他不幸被捕，一同被捕的还有其未婚妻曾紫霞。在经历酷刑之后，他先被囚禁于渣滓洞集中营，后被转囚白公馆集中营。为了营救他，刘家从香港请回刘国鋕的五哥、国民党四川省建设厅厅长何北衡的女婿刘国錤。刘国錤两次出面营救，敌人在丰厚利诱下已同意放人，但是刘国鋕坚决不同意登报声明退出党组织。他说："我死了，有共产党，我等于没有死；如果出卖组织，我活着也没有什么意义。"就这样，两次营救都宣告"失败"。

1949 年 11 月 27 日，刘国鋕从容就义。他怒斥特务道："你们有今天，我们有明天！"彼时，他年仅 28 岁。

韩子栋：华子良原型

华子良是《红岩》里的传奇人物，他的原型韩子栋的人生比他更传奇。

韩子栋 1908 年出生于山东省阳谷县。1930 年前往北平，一边在书店打工，一边在中国大学经济系听课。1932 年，韩子栋加入中国共产党，两年后由于叛徒出卖被捕。被捕之后，韩子栋被辗转关押在武汉、益阳、南京、贵阳等地，最后到了白公馆，共被关押 14 年之久。被关押期间，他什么酷刑都受过，但就是不招供，这使得敌人始终没搞清楚他是不是共产党员，只是把他当成嫌疑犯、老政治犯看待。

1946 年 8 月 18 日，狱中党支部负责人罗世文、车耀先被敌人杀害。韩子栋想起罗的叮嘱——"不要暴露共产党员身份"；全体越狱不成，"逃出一个是一个"——开始秘密计划越狱。他跟谁都不说话，整日神情呆滞、蓬头垢面，一个人在牢房里走来走去，行为怪异；无论刮风下雨，他总在白公馆的放风坝里跑步。时间一长，特务认为他被关傻了，已经疯了，对他放松了警惕，常常让他随看守去磁器口镇上买东西。他便借此机会与狱外的地下党组织建立起了联系。

有一天，韩子栋又随看守去磁器口买菜。他趁看守打麻将的机会，借口上厕所顺利逃脱，赶到嘉陵江边，找到一只小木船，迅速过江。经过 45 天的长途跋涉后，终于到达河南解放区。

1948 年 1 月，韩子栋向中共中央组织部递交了一份报告，详细汇报了自己入狱和脱险的经过。组织审查后，恢复了他的党籍。当时的中组部负责同志感慨道："你能经受 14 年的秘密监狱生活的考验，即使在全党党员中也是罕见的，堪称难能可贵。"他问韩子栋有什么要求，韩子栋说："只希望再活几十年，亲眼看到蒋家王朝覆灭，看到建成社会主义。"

中华人民共和国成立后，韩子栋先后担任人事部副处长、贵阳市委副书记等职。1992 年，韩子栋在贵阳病逝，享年 84 岁。

写出名著的他们都曾是囚徒

《红岩》作者罗广斌、杨益言因进行地下党工作，被敌人关押在渣滓洞、白公馆。出狱后，两人根据自己的亲身经历合作写成了《红岩》一书。其实，世界上有很多著名作家都曾因各种原因入狱，监狱生活给他们的写作带来了深远影响。

司马迁与《史记》

人固有一死，或重于泰山，或轻于鸿毛。

——《史记》

司马迁（前 145—?），西汉著名史学家、文学家、思想家。他以"究天人之际，通古今之变，成一家之言"的史识创作的，我国历史上第一部纪传体通史《史记》，被公认为中国史书的典范。他年轻时曾周游各地，也曾担任过郎中，出使西南。父亲过世后，他承继父业，担任太史令，多次跟随汉武帝出巡，遍览各地风土人情。他一直有志于整理中华民族的历史，试图撰写一部囊括历代史实的著作，于是便搜集阅读史料，为修史做准备。

天汉二年（前99），他因为替投降匈奴的李陵辩护触怒汉武帝而入狱，后又因家境贫寒拿不出钱赎罪，被判处宫刑。宫刑对他而言简直是奇耻大辱，狱中生活也极为艰难，但司马迁隐忍屈辱，坚持写作。

三年后，汉武帝大赦天下，司马迁出狱，并担任中书令。征和二年（前91），他终于完成了《史记》（原名《太史公书》）。这部史家巨著被鲁迅先生誉为"史家之绝唱，无韵之离骚"，列为"二十四史"之首，与《资治通鉴》并称为"史学双璧"。

塞万提斯与《堂吉诃德》

没有时间磨不掉的记忆，没有死亡治不愈的伤痛。

——《堂吉诃德》

塞万提斯（1547—1616），西班牙最伟大的作家之一，其作品《堂吉诃德》既是西班牙古典艺术的高峰，同时也标志着欧洲近代现实主义小说创作进入了新阶段。塞万提斯一生坎坷，曾被海盗俘虏过，至少入狱过三次，最不幸的是每次入狱都不是因为他自己违法犯罪。这些悲惨经历让他一生穷困潦倒，让他对命运、对社会有了更深刻的感受和思考，同时也为他积累了不少创作素材。

就是在这样的情况下，塞万提斯坚持创作，最后于 1605 年出版《堂吉诃德》上卷。这部作品非常畅销，但因为被出版商压榨，塞万提斯的生活并未得到改善。十年后，他又出版了《堂吉诃德》下卷。1616 年，塞万提斯病逝于马德里，他的坟茔究竟在哪里，至今无人知晓。直到二十世纪二三十年代，马德里才为这位西班牙人衷心爱戴的作家建立了一座纪念碑，堂吉诃德和侍从桑丘的雕像也高高地立在马德里广场上。

伏尔泰与《老实人》

愚夫愚妇对于一个大名家的东西，无有不佩服的。可是我读书只为我自己，只有合我脾胃的才喜欢。

——《老实人》

伏尔泰（1694—1778），法国启蒙思想家、文学家、哲学家，本名是弗朗索瓦-马利·阿鲁埃，伏尔泰是笔名。代表作有《哲学通信》《路易十四时代》《老实人》等。出身于巴黎一个富裕的中产阶级家庭，父亲希望他成为一名法官，他自己却希望成为一名诗人，为捍卫真理而"面临一切，对抗一切"。

伏尔泰擅长以机智的讽刺来抨击社会丑恶，这给他带来了牢狱之灾。1715 年，他因为写诗讽刺当时的摄政王而被流放。1717 年，他又因写讽刺诗影射宫廷的淫乱生活，被投入巴士底狱关押了 11 个月。就是在巴士底狱，他完成了自己的第一部剧作《俄狄浦斯王》。1726 年，伏尔泰遭人诬告，入狱一年，后被驱逐出境，流亡英国。之后又经历许多曲折，但他始终坚持写作和斗争。他创作剧本、历史著作和哲理小说，其中哲理小说《老实人》是他的代表作，延续了他哲理讽刺的文风，是在反对专制主义和封建特权，追求自由平等和资产阶级君主立宪制的斗争中创作的不朽作品。

最终，84 岁的他重回巴黎，同年因病去世。伏尔泰死后，仍然受到教会迫害，人们只好秘密将他的遗体运到香槟省。直到 1791 年法国大革命期间，人们才把他的遗体运到首都，并在他的柩车上写着："他教导我们走向自由。"

车尔尼雪夫斯基与《怎么办?》

人人都希望他的内心生活中有一个不容任何人钻进来的角落，正如人人都希望有一个自己独用的房间。

——《怎么办?》

车尔尼雪夫斯基（1828—1889），俄罗斯著名作家，19 世纪 60 年代反对沙皇农奴制度的代表人物和先进思想的启蒙者。他从 1856 年起参加进步刊物《现代人》的编辑工作，《现代人》就此成为传播革命思想的论坛。

1862 年，《现代人》因宣传革命思想被勒令停刊，车尔尼雪夫斯基被捕。在彼得保罗要塞的牢房里，他被关押了 678 天。在这段日子里，他利用一切可能写作，最终完成了长篇小说《怎么办?》。这部作品是俄罗斯 19 世纪现实主义文学杰作之一，被当时的俄国青年奉为"生活的教科书"，被后世誉为"代代相传的书"。

沙皇政府因为找不到车尔尼雪夫斯基的罪证，最后采取伪证方法，强行判处他七年苦役，剥夺一切财产，流放西伯利亚。第一次苦役期满之后又延长，于是，车尔尼雪夫斯基前后共被流放了 21 年。在漫长的流放期间，他一直在坚持写作。

伏契克与《绞刑架下的报告》

我爱生活，为了它的美好，我投入了战斗。

——《绞刑架下的报告》

伏契克（1903—1943），捷克斯洛伐克作家、新闻工作者、文艺评论家。他出身工人家庭，在俄国十月革命鼓舞下投身革命，18 岁加入捷克斯洛伐克共产党，长期从事新闻工作，曾任捷克斯洛伐克共产党中央机关报《红色权利报》编辑、该报驻苏联记者和党的文化刊物《创造》主编等职。1942 年，因叛徒出卖，伏契克被捕入狱，被关在布拉格近郊的庞克拉茨监狱二十七号牢房。

在狱中，伏契克经受了种种严刑拷打，但他始终坚贞不屈，甚至在极为艰难的情况下，写下了纪实作品《绞刑架下的报告》。书中记述了他和同志们与纳粹分子的斗争经历以及自己被捕入狱的经过，表达了他对生活的热爱，对祖国和故乡的眷恋。虽是狱中所作，但他的文字却毫无阴暗沮丧之气，相反，充满了浩然正气和革命乐观主义精神。

1943 年 9 月 8 日，他高唱着《国际歌》英勇就义，牺牲时年仅 40 岁。他的这部遗作先后被译成九十多种文字，迄今还在世界各地广为流传。

中国当代经典革命历史小说集锦

二十世纪五六十年代，除了《红岩》之外，中国当代文坛还涌现出了许多优秀的革命历史小说，讴歌我国人民艰苦卓绝的奋斗历程和蓬勃向上的精神风貌。这些作品以其特有的魅力，影响了几代读者。

《保卫延安》

作者：杜鹏程

首版时间：1954 年

作品评价：

《保卫延安》是中国当代文学史上第一部大规模正面描写解放战争的长篇革命历史小说。作品结构宏大，风格雄壮，充满激情，语言质朴，艺术地再现了 1947 年延安保卫战的历史画面。作品成功塑造了解放军各级指战员的英雄形象，揭示了革命英雄主义精神是战争胜利的内在力量这一思想主题。

作品简介：

小说以中国人民解放军某个纵队参加青化砭、蟠龙镇、榆林、沙家店等战役为主线，以周大勇连长的英雄事迹为核心，出色地反映了解放战争中著名的延安保卫战。

1947 春，胡宗南奉蒋介石之命，率领数十万大军进攻中国共产党中央所在地延安。中国人民解放军的一个纵队奉命从山西出发，渡过黄河去保卫延安。

为了粉碎胡宗南集中兵力在安塞地区与中国人民解放军决战的企图，中国人民解放军一部途经原始森林，穿过沙漠，翻越千山万壑，神速包剿了胡宗南的重要帮凶马鸿逵匪徒，收复了三边分区，然后奔赴榆林前线。周大勇的一连配合兄弟部队，攻克三岔湾，打开了通向榆林城的门户。

8 月，西北战场将要从防御转入反攻。沙家店战斗打响了，彭总司令指挥中国人民解放军向敌三十六师发起总攻。周大勇奉命带一个营夜袭敌人的一个重要据点，并胜利完成了任务。经过七天七夜的阻击战，五六万敌军全被歼灭，溃散的敌军也没能逃脱人民解放军撒下的天罗地网。

24 岁的周大勇在战斗中成长，能指挥一个营了。战斗胜利后，他回到连队看望老战友后，又跃马奔向新的征程。

《铁道游击队》

作者：刘知侠

首版时间：1954 年

作品评价：

《铁道游击队》虽采用了革命史的叙事方式，但作品以一支真实的抗日游击队为原型，借鉴中国传统文学创作手法，以波澜起伏的故事情节、富于传奇色彩的人物形象、质朴通俗的语言描写，使之经典化、通俗化，因而成为一部历久弥新的红色经典。

作品简介：

抗日战争时期，鲁南枣庄矿区以刘洪、王强为首的一批煤矿工人和铁路工人，不堪日寇的烧杀掠夺和蹂躏，在中国共产党的领导下，秘密地组织起一支铁道游击队。他们利用煤矿、铁路作掩护，抢夺敌人的武器、物资，破坏敌人的运输、交通。他们充分利用熟悉的环境和铁路作业、行车制度，让敌军火车相撞、脱轨，给当地的日寇和伪军以沉重的打击。

太平洋战争爆发，日寇加紧了军用物资的运输，铁道游击队趁机频繁偷袭。敌人为了保证物资的运输，调集鲁南地区全部兵力进攻微山湖，企图全部消灭铁道游击队。游击队员化装成日寇突出重围，还歼灭了冈村特务队。铁道游击队取得了战斗的胜利，并且不断壮大。

《林海雪原》

作者：曲波

首版时间：1957 年

作品评价：

《林海雪原》作为畅销至今的红色经典，一直被视作"革命通俗小说"的典型代表，并被誉为"新的政治思想和传统的表现形式互相结合"的光辉典范。它出色地描绘了解放军侦察员艰苦卓绝的战斗生活，塑造了人民战士的英雄形象，尤其是成功地刻画了满腹智谋、浑身是胆的侦察英雄杨子荣。

作品简介：

《林海雪原》描写的是解放战争初期，东北民主联军一支小分队与东北匪帮斗智斗勇的故事。

1946年冬，我国人民解放军进入东北林海雪原，搜剿被我军击溃之国民党残匪，他们已流窜到解放军后方。牡丹江军区派少剑波率小分队深入林海雪原执行剿匪任务。小分队在向威虎山匪窠开进途中，发现神河庙老道士实际上是威虎山匪帮的情报员。小分队抓获了座山雕手下的情报副官"一撮毛"和许大马棒手下的联络副官小炉匠栾平，缴获了敌匪的地下先遣军联络图。

经反复提审"一撮毛"和小炉匠，侦察英雄杨子荣提出打进威虎山内部，探得敌情，配合小分队里应外合全歼座山雕匪帮的建议。少剑波召集会议反复推敲了他的设想，迅速据此制订了周密的作战计划。

在威虎山上，杨子荣巧妙地应答了座山雕及手下"八大金刚"的多方盘问，并利用座山雕急于扩大实力、扩展地盘的心理，献上了缴获的敌匪地下先遣军联络图。初步取得座山雕的信任后，杨子荣被封为威虎山上的"老九"上校团副。最后在"百鸡宴"上，杨子荣和战友们一举全歼威虎山的顽匪，战斗取得了全面胜利。

《青春之歌》

作者：杨沫

首版时间：1958 年

作品评价：

《青春之歌》是中国当代文学史上第一部描写中国共产党领导下的爱国学生运动和革命知识分子斗争生活的优秀长篇小说。小说以"九一八"事变到"一二·九"运动的爱国学生运动为背景，通过主人公林道静的经历，揭示出知识分子成长道路的历史必然性。全书结构宏大，人物众多且形象鲜明，描写的社会生活十分广阔，且均由林道静的个人经历串联，显得既丰富又清晰。

作品简介：

《青春之歌》描写了出身地主家庭的小资产阶级知识分子林道静，经过艰苦的磨炼和曲折的改造过程，走上革命道路，并成为无产阶级战士的故事。

林道静为了寻找个人出路，摆脱被男人当"玩物"和"花瓶"的命运，踏上流亡之路。她逃离家庭，到北戴河附近的杨家村小学投亲不遇，做了代课教师。然而，校长余敬唐却阴谋把她嫁给当地的权贵，走投无路之下她投海自尽，被一直注意着她的北大学生余永泽搭救。"诗人兼骑士"的余永泽唤醒了林道静对生活的热情，她答应和他共建爱巢。可林道静不甘心被人供养和囿于家庭，没多久她就开始厌倦自己的生活。

"九一八"事变打破了乡村的宁静，林道静关心国家危亡，忧心如焚。她遇上了有爱国激情的北大学生卢嘉川，发现他身上有着余永泽所没有的勇敢和刚毅，同时从他那里开始接触到革命思想。余永泽一再阻拦林道静参加革命活动，不满她和卢嘉川往来，危急关头他拒绝救助，导致卢嘉川被捕。林道静在惨痛的事实面前如梦方醒，决心离开庸俗自私的余永泽，投身到抗日救亡的洪流中去。从此，她在革命者的指引下，一步步克服软弱，最终成为一名成熟的无产阶级革命战士。

《敌后武工队》

作者：冯志

首版时间：1958 年

作品评价：

《敌后武工队》是一部描写冀中军民抗日斗争的红色经典。它通过以魏强为首的武工队同日伪军的复杂艰苦的斗争，讲述了"中国人民是永远不可战胜"的这样一个道理。小说情节惊险曲折，人物鲜活生动，语言通俗流畅，着重表现了武工队和人民群众不屈不挠的斗争精神和抗战必胜的坚定信念。

作品简介：

1942 年，日寇的七八万精兵在冈村宁次指挥下，对我冀中抗日根据地进行了残酷的"五·一"大扫荡。这里的军民损失惨重，抗日活动被迫转入地下。同时，根据党中央指示，冀中军区九分区派遣魏强、贾正等人组成了一支精干的敌后武工队，杀回冀中，钻进敌人心脏，开展敌后工作。

　　武工队在群众的掩护下，频频打击敌人，而敌人的"联合清剿队"连他们的影子也摸不到。群众对武工队的信任和对党的支持热情日渐高涨，抗日思想深入民心。武工队与根据地民众通力合作，给敌人造成了不小损失。在一次次正面遭遇和交火中，武工队击毁了敌人的炮楼、据点，破坏了敌人砍树、缴粮的计划，打死许多敌人，缴获大量战利品。

　　随着日军正式宣布投降，判决汉奸、日军头目的公审大会也昭告了最后的胜利。人民群众沉浸在喜悦中，而魏强他们却走向了新的征程，为保卫抗战果实，又加入到了反对国民党反动派的战斗中。

8 考点速记

1. 《红岩》的作者是（罗广斌）（杨益言）。

2. 狱中斗争是小说的主要部分，围绕（江姐）（许云峰）等人物的斗争活动展开，真实地表现了共产党人英勇无畏的精神，揭露了敌人的残暴。

3. 在《红岩》这部小说里，有一位传奇式人物，令敌人闻风丧胆。她就是被誉为（"双枪老太婆"）的华蓥山游击队司令员。

4. （华子良）是《红岩》中隐藏最深的共产党员。他忍辱负重，装疯卖傻，利用特务对他放弃戒备，经常叫他出去买菜的机会，将狱中的情报送出去。

5. （刘思扬）是出身于豪门大户的中共党员，在党的教育下彻底地背叛了家庭，放弃享受，甘愿吃苦，为人民大众谋幸福。

6. （成岗）面对敌人的严刑拷打，以满腔热情写下了《我的"自白"书》。

7. 五星红旗是（江姐）带女囚室的姐妹们一起绣的。

8. 甫志高是叛徒，被他出卖的第一个人是（许云峰）。

9. 中共重庆市委决定出版一种群众性的宣传刊物，取名（《挺进报》），由（江姐）负责处理，（成岗）负责印刷。

10. 在渣滓洞中，（龙光华）为了保护狱友挖出的泉水而受重伤牺牲，狱友通过绝食抗议迫使敌人妥协，为他开了追悼会。

11. 在追赶特务的过程中，《彗星报》主编（黎纪纲）被打破了头。

12. 成岗入党是（大哥）介绍的。他在成岗调动工作后，要求他（团结工人）、（恢复生产）、（组织斗争）。成岗把党的指示牢记着，接受了新任务。

13. 炮厂纵火的是（特务），他们是奉（西南长官公署第二处）的命令，后来，（徐鹏飞）在公文上批了一行字："迅速公开处决，以平民愤！"

14. 江姐初次到川北，（华为）成了她的向导。

15. 大哥带给成岗的油印文件，文件的正面刻印着（毛主席）在重庆红岩村写下的光辉诗篇《咏雪》，这正是（李敬原）亲手刻写的。

16. 老街三十二号，正是国民党西南长官总署的一部分，他的公开名称是（西南长官公署第二处），实际上却是伪国防部（保密局）在西南的公开领导机关。

17. 特区副区长（沈养斋）是毛人凤的心腹，又是徐鹏飞在黄埔军校的同班同学，他成了毛人凤和徐鹏飞故意插在（严醉）心上的一颗钉子。

18. 趁严醉到云南，徐鹏飞把（黎纪纲）叫来刺探情况，准备抓捕甫志高和陈松林。

19. 郑克昌把（大衣）卖掉，筹费给甫志高办文艺刊物。

20.《挺进报》的领导过去是（江姐），现在是（李敬原）。

21.（罗广斌）（杨益言）都是重庆"中美合作所"集中营的幸存者，他们亲身经历了黎明前血与火的考验，目睹了许多革命同志为革命牺牲的壮烈场面。根据这些亲身经历，他们于 1958 年写出了革命回忆录（《在烈火中永生》），随后在这个基础上创作了长篇小说《红岩》。

22. 小说《红岩》中，国民党反动派囚禁共产党员和进步人士的集中营，主要包括两个地方：一个是（白公馆），由军阀白驹的别墅改造而成；另一个是（渣滓洞），由煤少渣多的小煤窑改造而成。

23.（许云峰）在地牢里创造了一个奇迹：把地牢挖穿了。他挖穿地牢后不久就牺牲了，一部分难友顺着他生前挖的秘密通道，逃出了虎口。

24. 1948 年，为配合工人运动，重庆地下党工运书记（许云峰）指派（甫志高）建立沙坪书店，作为地下党的备用联络站。（甫志高）为了表现自己，不顾联络站的保密性质，擅自扩大书店规模，销售进步书刊。

25.（甫志高）自作主张吸收一名叫（郑克昌）的青年进入书店工作，（许云峰）几经分析发现这名青年形迹可疑，便命令（甫志高）通知所有人员迅速转移。（甫志高）不听劝告，结果被捕并叛变。

26.（江姐）不幸被捕后，在狱中受尽折磨，特务把竹签钉进她的十指。面对毒刑，她傲然宣告："毒刑拷打是太小的考验！竹签子是竹做的，共产党员的意志是钢铁！"

27. 为了表示和谈"诚意"，集中营假意释放了一些政治犯，来自资本家家庭的共产党员（刘思扬）是其中之一。他回家后，一个自称姓朱的人来找他，说自己受（李敬原）的委派，前来了解其在狱中的表现。

28.（郑克昌）在诱骗刘思扬失败后，又伪装成同情革命的记者（高邦晋）打入渣滓洞，妄图通过苦肉计刺探狱中地下党的秘密。

29. 解放军日益逼近重庆，地下党准备组织狱中暴动。在（白公馆）装疯多年的共产党员（华子良）与狱中党组织接上了关系。

30. 小说《红岩》出版后在社会上引起强烈反响，被誉为（"共产主义的奇书"），并被翻译成多种外文，在国内外为中国社会主义文学赢得了巨大声誉。

31. 在监狱中写下《铁窗小诗》的是（刘思扬）。

32. 在白公馆，（成岗）被带到医院注射了诚实注射剂，但他以惊人的意志力抵抗住了药物的迷惑，敌人没有得到任何情报。

33. （叶挺）被关进重庆"中美合作所"后，写下了著名的《囚歌》。

34. 龙光华牺牲后，（余新江）和（刘思扬）作为代表去与敌人谈判。

35. 小萝卜头和成岗告别时，给成岗看了一幅他的画，名字叫（《黎明》）。

36. 小萝卜头是杨虎城将军的秘书宋绮云的儿子，真实名字叫（宋振中）。在监狱中，（黄以声）是他的老师。

37. "小萝卜头"的称呼是怎么来的？（小萝卜头从小生活在监狱中，艰苦的监狱生活导致他生长发育不良——身体细弱、头很大，所以大家管他叫"小萝卜头"。）

9 阅读笔记

1.《红岩》中你印象最深刻的情节是什么?

2.《红岩》塑造了许云峰、江姐、成岗、刘思扬等一系列英雄形象,你最喜欢谁?

3. 小萝卜头给你留下了怎样的印象?

4. 作为新时代接班人,应该如何继承和发扬"红岩精神"?

5. 请用 100 字以内的文字向朋友推荐《红岩》。

哈利·波特与死亡圣器

◎不要怜悯死者，哈利。怜悯活人，最重要的是，怜悯那些生活中没有爱的人。

◎"大难不死的男孩"仍然象征着我们为之奋斗的一切：正义的胜利，纯洁的力量，以及继续抵抗的必要性。

◎你才是死亡的真正征服者，因为真正的征服者绝不会试图逃离死神。他会欣然接受必死的命运，并知道活人的世界里有着比死亡更加糟糕得多的事情。

1 导 读

"哈利·波特"系列小说中，哈利在父母被黑魔法师伏地魔杀害后，被姨妈一家收留，但姨妈一家明显不喜欢他，他一直在姨妈姨父的嫌弃和表哥达力的欺压下长大。十一岁生日前，哈利

名师读名著

接到霍格沃茨魔法学校的入学通知书，从此开启了他在魔法学校六年开心快乐又惊险丛生的生活。在学校，哈利·波特找回了自我，有了自己的朋友，也开启了"打怪升级"的人生经历。他人生的最大"怪兽"是伏地魔。这个杀死他父母和许多善良魔法师的大魔头，在每一部作品的故事里变换着不同面目，试图杀死哈利·波特。而哈利·波特在朋友和师长的帮助下，每次都惊险地逃过一劫，并逐渐变得强大。

《哈利·波特与死亡圣器》① 是英国女作家 J. K. 罗琳"哈利·波特"系列小说的第七本，是整个系列的终结篇，交代了所有重要人物的最终命运。主要讲述了十七岁的哈利本应在霍格沃茨魔法学校继续最后一年的学业，但为了完成魔法学校已故校长邓布利多的遗嘱，他和好友面对伏地魔及其追随者食死徒的穷追不舍、堵截袭击，隐形遁迹，历经重重困难，销毁多个魂器，最终消灭伏地魔，正义和爱获得胜利的故事。罗琳通过塑造虚构的魔法世界，不仅展现了想象的魅力，也探讨了爱和拯救、忠诚和背叛、善恶共生等话题，表达了自己对社会、对人性的思考，并成功塑造了哈利·波特、赫敏和罗恩等众多经典形象。

---

① 〔英〕罗琳（Rowling, J. K.）著，马爱农、马爱新译，北京：人民文学出版社，2007 年 10 月第 1 版。

2 阅读计划

篇幅：36 章加"尾声"，约 52 万字。

阅读时间：每天半小时，五周读完。

要求：

1. 通读全书。和寻找魂器小分队一起寻找伏地魔的魂器，并找到摧毁它们的办法和摧毁它们的人物。

2. 人物解读。了解书中主要人物之间的关系和矛盾点。厘清围绕哈利·波特的人物关系网，分析邓布利多、斯内普等重要人物形象。

3. 自主查阅资料。了解哈利·波特的"前世今生"。准确把握《哈利·波特与死亡圣器》的艺术价值和思想主题，并写下阅读笔记。

3 作者名片

J. K. 罗琳，本名乔安妮·凯瑟琳·罗琳，1965 年 7 月 31 日出生于英国的格温特郡，自小喜欢写作，当过短时间的教师和秘书。爱看书的父亲是她的启蒙老师。在她生病的日子里，父亲经常坐在她的床边给她读古典英国童话读物《柳树间的风》，这本书潜移默化地影响了她以后的文学创作。

24 岁那年，J. K. 罗琳在前往伦敦的火车旅途中萌生了创作"哈利·波特"系列小说的念头。1997 年 6 月，"哈利·波特"系列小说第一部《哈利·波特与魔法石》问世，之后她陆续创作了《哈利·波特与密室》《哈利·波特与阿兹卡班的囚徒》《哈利·波特与火焰杯》《哈利·波特与凤凰社》《哈利·波特与"混血王子"》和《哈利·波特与死亡圣器》，在世界范围内掀起规模宏大的"哈利·波特"阅读狂潮。2008 年，这位"哈利·波特之母"作为演讲嘉宾出席哈佛大学毕业典礼，与毕业生们分享了自己的失败经历和从中学到的经验，以及想象力给她带来的力量。她激励哈佛学子们，"失败使人受益，想象力使人充实"。2017 年，J. K. 罗琳被英国皇室授予荣誉勋爵。

4 名著概要

第一章　黑魔王崛起

伏地魔在食死徒卢修斯·马尔福的家中召开会议，作为背叛者的西弗勒斯·斯内普也来到了这里。斯内普向伏地魔报告了凤凰社要把哈利·波特从女贞路 4 号转移的计划，食死徒们交换着情报，计划杀死哈利·波特。伏地魔很不满唐克斯与一个狼人结婚，认为这样混淆了血统，并当着大家的面把霍格沃茨魔法学校为泥巴种辩护的麻瓜研究课教师凯瑞迪·布巴吉杀害。

第二章　回忆

哈利在女贞路 4 号姨妈家收拾准备开学的东西，不小心被魔镜碎片划破了手指，这引起他对往事的回忆。在一张旧报纸上，他重新读了《怀念阿不思·邓布利多》一文，更多地了解了校长邓布利多的童年和青年时代。他又读了《邓布利多——终于真相大白?》这篇文章，丽塔在文中对邓布利多的诽谤引起了他的厌恶和愤怒。

第三章　德思礼一家离开

德思礼一家虽然对哈利不好，但也算是哈利仅剩的亲人，哈利害怕自己一满十七岁，安全符咒解除，伏地魔就会找到他们，并以他们为人质来威胁自己，于是决定让凤凰社的人带他们离开。当哈利再次解释了德思礼一家所处险境后，姨父终于勉强答应带全家离开女贞路了。离别时，表哥达力似乎也变得明白事理了。

第四章　七个波特

为了保护哈利·波特成功从女贞路转移到凤凰社总部，蒙顿格斯提出使用替身的计划。罗恩、赫敏、弗雷德、乔治、芙蓉和蒙顿格斯六个人喝下复方汤剂变成哈利·波特的模样，连同哈利本人，七个"哈利"同时向不同的安全房屋出发以迷惑伏地魔和食死徒。转移途中，食死徒包围了他们。恶战中，为了保护哈利，海格身受重伤，生死未卜。

第五章　坠落的勇士

海格和哈利死里逃生，甩掉了伏地魔和食死徒，被唐克斯夫妇救下。之后他们凭借门钥匙来到陋居，另外几组假哈利队伍也陆续赶了回来。可遗憾的是，乔治失去了一只耳朵，勇敢、强悍、久经死亡考验的疯眼汉献出了自己的生命。为此哈利深感愧疚和自责，大家回忆整个过程，开始怀疑是不是出现了叛徒。

第六章　穿睡衣的食尸鬼

哈利因为疯眼汉穆迪的死而悲伤，想立刻去找所有魂器。罗恩阻止了他，劝他留下来参加比尔的婚礼。韦斯莱夫人不想让他们卷入这些事，她希望孩子们能把邓布利多的任务告诉她，但是哈利他们以"邓布利多不想让别的任何人知道"为由拒绝了。哈利、罗恩和赫敏在房间里讨论这些事情，阁楼上的食尸鬼总发出噪音，他们发现食尸鬼竟然穿着罗恩的睡衣，这又是怎么回事呢？

第七章　阿不思·邓布利多的遗嘱

哈利十七岁生日这天，凤凰社的人都给哈利准备了礼物。生日宴会要开始的时候，魔法部部长斯克林杰来了，他带来了阿不思·邓布利多的遗嘱。按照遗嘱，应给罗恩熄灯器，给赫敏《诗翁彼豆故事集》，给哈利金色飞贼和戈德里克·格兰芬多的宝剑，可斯克林杰以格兰芬多的宝剑是历史文物为借口，不给哈利。大家为此发生了争执。之后，哈利三人组讨论，邓布利多的遗嘱到底是什么用意。

第八章　婚礼

在比尔和芙蓉的婚礼上，哈利被装扮成一个红头发麻瓜男孩儿模样，和罗恩、弗雷德、乔治等人负责接待来参加婚礼的客人。当大家都在舞池狂欢时，哈利看见了凤凰社成员埃非亚斯·多吉，他们一起说到邓布利多。这时，穆丽尔姨婆来到他们中间，说了些哈利之前闻所未闻的邓布利多的事情。正当此时，一只银色的猞猁突然从天而降。

第九章　藏身之处

一群食死徒从天而降，婚礼现场一片混乱。危急时刻罗恩出现，他带着赫敏和哈利来到一个叫托腾汉宫路的地方。细心的赫敏随身带着必需用品，她叫哈利穿上隐形衣，罗恩也换了服装。他们遇见两个食死徒，于是他们又来到格里莫广场。这里又会有什么危险等着他们？这里是不是他们的藏身之处呢？

第十章　克利切的故事

在格里莫广场12号一觉醒来，为了摆脱内心的烦乱，哈利独自一人上楼，想一探究竟。果然有收获。他不但发现了小天狼星曾经生活的印迹，还发现了父亲的照片、母亲曾经写的书信，以及自己儿时的照片。更令人惊喜的是，他和罗恩、赫敏一起来到小天狼星弟弟雷古勒斯的房间，发现了家养小精灵克利切。克利切告诉了他们更多的事情。

第十一章　贿赂

哈利在等克利切，希望克利切抓回蒙顿格斯，因为他偷走了雷古勒斯用生命掩护的挂坠盒，突然卢平来了。他们交流了婚礼之后大家的情况。卢平的太太唐克斯怀孕了，卢平却要将她留在父母那里，哈利觉得他这样做不对，两人产生争执。一气之下，卢平离开。这时，克利切带回了蒙顿格斯。哈利向蒙顿格斯追问挂坠盒的下落，却得知已被这个家伙贿赂给了魔法部的老妖婆乌姆里奇。

第十二章 魔法即强权

在格里莫广场 12 号，哈利、罗恩和赫敏谋划如何闯进魔法部，窃取被乌姆里奇拿走的魂器——伏地魔的挂坠盒。他们经过四个星期的侦察，摸清了哪些人会在每天同一时间单独出现，然后实施行动计划。他们服用复方汤剂后，顺利变成魔法部的三个人的模样，打入魔法部。他们发现被伏地魔渗入的魔法部，已经变成压迫麻瓜出身的人的腐败机构。

第十三章 麻瓜出身登记委员会

赫敏变身的马法尔达陪同乌姆里奇去参加庭审，哈利趁机去探乌姆里奇的办公室。哈利发现疯眼汉的魔眼被镶在她办公室门上，他将魔眼取下进去找挂坠盒，但没有找到。哈利决定去找罗恩把赫敏从法庭弄出来，改天再来，但被摄魂怪追逐。最终，他们救出了在麻瓜出身登记委员会受审的人并拿到了挂坠盒。三人准备通过壁炉返回格里莫广场 12 号，却只见大门和蛇形门环一闪又迅速没入黑暗。

第十四章　小偷

哈利发现自己和赫敏、罗恩到了举行魁地奇世界杯的那片森林。罗恩受了重伤，赫敏为罗恩医治伤口后，他们又支起帐篷，把罗恩弄进帐篷休息。为安全起见，夜间赫敏和哈利轮流值守。哈利在值守的时候做了一个奇怪的梦，梦里伏地魔要格里戈维奇交出一样东西，格里戈维奇说它被偷走了，那个小偷的样子哈利看着很面熟……这个梦让哈利百思不得其解。

第十五章　妖精的报复

哈利三人既无法摧毁挂坠盒魂器，也想不出找到其他魂器的办法，又担心魂器长时间戴着对身体有害，便决定轮流佩戴挂坠盒。在流浪中，他们偶然听到几个人的对话，得知古灵阁那把格兰芬多宝剑是赝品。赫敏通过魔法召唤菲尼亚斯·奈杰勒斯，得知格兰芬多宝剑可以摧毁魂器。正当哈利欣喜不已时，长期流离失所、食不果腹加上受伤，罗恩的坏情绪爆发。激烈争吵之后，罗恩离开。

第十六章　戈德里克山谷

罗恩的离开，让哈利和赫敏两人很是悲伤。他们继续寻找格兰芬多宝剑，可是找不到任何线索，这让哈利无比懊恼。赫敏在读《诗翁彼豆故事集》的时候，发现了一个特殊的符号。

哈利认出那个图案和卢娜爸爸脖子上戴的金链子上的符号一样，是格林德沃的标志。哈利和赫敏决定去戈德里克山谷。

第十七章　巴希达的秘密

夜里，哈利和赫敏幻影移形来到戈德里克山谷。他们先去看了哈利父母的坟墓。走出墓地，在一条黑暗的街道，成为废墟的老房子那里，他们遇见了被大蛇附身的巴希达。巴希达将他们带进自己的房子，并诱导哈利上楼。在楼上，大蛇现身偷袭哈利。哈利被蛇咬伤，魔杖也损坏了。

第十八章　阿不思·邓布利多的生平和谎言

当哈利身心疲惫、万分沮丧的时候，赫敏给了哈利一本书，她在巴希达的起居室找到的《阿不思·邓布利多的生平和谎言》。哈利通过这本书了解了更多邓布利多的过去。这让他内心更加痛苦，他不知道该相信书中的内容，还是相信邓布利多真的关心过他。

第十九章　银色的牝鹿

赫敏跟哈利一起幻影移形到了迪安森林。哈利在深夜站岗放哨时发现一只牝鹿，他跟着牝鹿来到一个结冰的池塘，发现格兰芬多宝剑就在池底。哈利跳入池塘去拿宝剑，差一点就被挂坠盒魂器勒死。在熄灯器指引下回来的罗恩救了他，捞出了宝剑。哈利打开挂坠盒，罗恩用格兰芬多宝剑摧毁了挂坠盒魂器。三人再次相聚，解开误会，冰释前嫌，罗恩还送给哈利一根新魔杖。

第二十章　谢诺菲留斯·洛夫古德

哈利和罗恩说着分开后的各自经历，他们想继续寻找消灭其他魂器的办法。赫敏从《诗翁彼豆故事集》中得到启示，提议去见一下谢诺菲留斯·洛夫古德。因为在比尔和芙蓉的婚礼上，他脖子上戴的金链子上那个三角形眼睛符号，就是书中反复出现的标志。谢诺菲留斯·洛夫古德告诉他们，那是死亡圣器的标志。

第二十一章　三兄弟的传说

谢诺菲留斯·洛夫古德解释说，这个标志出自《三兄弟的传说》，赫敏在《诗翁彼豆故事集》中看到过这个故事，她将故事大声朗读出来。谢诺菲留斯说，如果谁拥有了老魔杖、复活石、隐形衣三件圣器，就能成为死神的主人。谢诺菲留斯说卢娜在溪边捕彩球鱼，可哈利发现房子里并没有卢娜生活的迹象。逼迫之下，谢诺菲留斯道出原委。

第二十二章　死亡圣器

心思缜密的赫敏带着哈利、罗恩成功逃脱谢诺菲留斯处。

三人继续讨论死亡圣器和《三兄弟的传说》。哈利认为自己已经拥有两件圣器，而缺少的老魔杖，也正是伏地魔苦苦寻找的。罗恩成功找到波特瞭望站的电台广播，从广播中三人得知伏地魔正在国外。哈利推测伏地魔正在寻找老魔杖，他不小心说出了伏地魔的名字，破坏了他们的防护魔法，危险再次来临。

第二十三章　马尔福庄园

哈利三人被狼人格雷伯克擒获，狼人带着他们去见伏地魔。狼人和贝拉特里克斯等人因为邀功发生争执，后来他们三人除赫敏外都被关进了地牢。哈利见到卢娜、迪安和奥利凡德等人。最后，他们在小精灵多比的帮助下，在伏地魔到来之前成功离开了地牢。

第二十四章　魔杖制作人

小精灵多比被贝拉特里克斯的银刀刺中去世。哈利亲手埋葬了多比并重新将注意的重点从死亡圣器上转回到魂器寻找上。哈利见了妖精拉环和魔杖制作人奥利凡德先生，他希望拉环帮助他进入贝拉特里克斯·莱斯特兰奇家的金库，又从奥利凡德先生那里打探出老魔杖的秘密。哈利用魔法看见，伏地魔获取了邓布利多的老魔杖。

第二十五章　贝壳小屋

哈利他们一起到了比尔和芙蓉的贝壳小屋。拉环同意帮助哈利闯入古灵阁，条件是格兰芬多宝剑归他，他认为宝剑真正的主人应该是妖精。哈利和罗恩佯装答应，但没有讲具体交宝剑时间，他们计划保留宝剑直到寻找魂器结束。时间一长，大家发现妖精拉环身上的种种毛病，都不喜欢他。卢平带来了好消息，唐克斯生了个男孩。贝壳小屋的人都庆祝这个新生命的诞生，除了拉环。

第二十六章　古灵阁

制订好计划，一切准备妥当，拉环带哈利三人来到古灵阁。他和哈利藏在隐形衣下，赫敏变作贝拉特里克斯，罗恩也换了个样子。他们施展魔法，在古灵阁各种防卫措施对他们实施防卫之前，来到莱斯特兰奇家的金库。在金库里他们找到了赫奇帕奇的金杯，但是格兰芬多宝剑被拉环拿走了。最后他们释放了守卫金库的巨龙，并骑着它飞出了古灵阁。

第二十七章　最后的隐藏之处

哈利、罗恩、赫敏骑在巨龙身上飞了很久，太阳落山的时候才到一个湖边悄悄跳下。哈利的伤疤又开始疼痛，他进入了伏地魔的脑海，看见伏地魔被告知金杯被盗的消息后气得要命，要去检查其他魂器是否安全。哈利推断伏地魔会去霍格沃茨，决定在伏地魔之前赶到霍格沃茨，找到藏在那里的魂器。

第二十八章　丢失的镜子

哈利三人组回到霍格莫德村，被食死徒追击，猪头酒吧老板救了他们。哈利在酒吧见到了小天狼星的双面镜，原来救他的人是邓布利多的弟弟阿不福思，多比就是他派去的。阿不福思跟哈利说起哥哥邓布利多，还有妹妹的死。哈利说邓布利多对妹妹的死一直耿耿于怀，很痛苦。阿不福思原谅了哥哥邓布利多，打开秘密通道帮助哈利进入霍格沃茨。

第二十九章　失踪的冠冕

纳威穿过阿利安娜肖像画中的隧道来到酒吧，将哈利三人通过肖像画带到了霍格沃茨的有求必应屋。在这里他们见到了很多躲在这里的 D. A.（邓布利多军）成员。哈利向大家征询一件推翻神秘人的东西，说就在霍格沃茨，但不知道具体在什么地方。卢娜说应该是拉文克劳失踪的冠冕。于是哈利跟随卢娜去寻找失踪的冠冕。

第三十章　西弗勒斯·斯内普被赶跑

哈利和卢娜闯进拉文克劳塔楼，遇见阿莱克托，卢娜用咒语将他击倒。在麦格教授帮助下，他们将卡罗兄妹击昏并绑了起来，吊在半空中。接着众人合力赶走了斯内普。麦格教授唤醒了整座城堡，许多校友都赶来抵抗食死徒对霍格沃茨的入侵。一场全面反抗伏地魔的战斗即将开始。

第三十一章　霍格沃茨的战斗

午夜到了，食死徒大举进攻城堡，正义与邪恶的决战就此打响。食死徒方面出动了大量怪兽，霍格沃茨也出动了全部的塑像、铠甲等，一场恶战就这样开始了。这场战役双方都伤亡惨重。混乱之中，哈利找到拉文克劳塔楼幽灵格雷女士，通过她提供的线索，最终找到了失踪的冠冕。

第三十二章　老魔杖

弗雷德·韦斯莱在战斗中牺牲了，大家都非常伤心。这时成群的巨蜘蛛袭来，大批的食死徒和摄魂怪出现。混战中，哈利又一次进入幻境并推断出伏地魔的所在地——尖叫棚屋。哈利三人披着隐形衣来到伏地魔身边，正巧目睹伏地魔为了能够真正拥有老魔杖的魔力，命令毒蛇纳吉尼除掉斯内普的整个过程。弥留之际，斯内普把记忆传给了哈利。

第三十三章　"王子"的故事

凶狠残暴的伏地魔的声音再次响起，他限定哈利一小时之内出来投降，否则将大开杀戒。哈利看到那么多人为自己死去，内心极度痛苦。他冲进校长办公室，把斯内普的记忆倒进石头冥想盆，进入斯内普的记忆。他窥见了斯内普从小到大，和哈利的母亲莉莉、和邓布利多交往的全过程，了解了"王子"的故事，也了解了很多事情的来龙去脉。

第三十四章　又见禁林

哈利知道了伏地魔的灵魂碎片在自己身上，他跟伏地魔的灵魂之间有着紧密的联系，只有自己被伏地魔亲手杀死，才可以去除伏地魔的灵魂。他带着对亲友的眷恋，披上隐形衣再次来到禁林，希望能用自己的死换来永久的安宁。在那里，他发现海格被押作了人质。

第三十五章　国王十字车站

哈利在国王十字车站醒来，看见一个光着身子的小孩，娇小、羸弱，正挣扎着呼吸——那正是伏地魔虚弱的灵魂，现在已经失去力量。他也看到了邓布利多。邓布利多告诉哈利，正是他勇敢赴死，顺利驱除了体内伏地魔的灵魂，实现了自身灵魂的完整。不过，邓布利多又说，"如果你选择回去，有可能他就永远完蛋了"。哈利选择了回去，即使将面对痛苦、面对丧失更多亲人的恐惧。

第三十六章　百密一疏

在纳西莎·马尔福的掩护下，伏地魔以为哈利已经死了。他令海格把"死去"的哈利带回霍格沃茨，以壮士气。哈利在大礼堂直面伏地魔。老魔杖的主人并不是斯内普，而是哈利，当伏地魔举起老魔杖，对哈利念出"阿瓦达索命"咒语时，哈利也举起自己的魔杖，喊出"除你武器"。死咒反弹到伏地魔身上，伏地魔摔在地上，变成了一具尸体。

尾声　十九年后

十九年后，哈利和金妮有了三个孩子，罗恩和赫敏也有了两个孩子。一个秋日，两家人在火车站送孩子去霍格沃茨。在这里他们遇见了不少故人。哈利摸着前额上的闪电形疤痕，十九年了，这块疤痕再也没有痛过，一切都好。

5 原文节选

第 13 章　麻瓜出身登记委员会

......

　　哈利掏出隐形衣重新披上，罗恩还在对付下雨的办公室，他得一个人想办法去把赫敏解救出来。电梯门开后，他踏入了一条点着火把的石廊，与上层铺着地毯的镶着木板壁的过道截然不同。电梯当啷当啷开走了，哈利微微打了个寒战，望着远处那扇标志着神秘事务司入口的黑门。

　　他往前走去，目标不是黑门，而是他记忆中左侧的那个门口。那里有段楼梯下到法庭。悄悄下楼时，他脑子里想象着各种可能：他还有两个诱饵炸弹，但也许不如直接敲门，以伦考恩的身份进去要求跟马法尔达说句话？当然，他不知道伦考恩是否有这么大的权力，即使能行，赫敏一直不回去也可能引起搜查，而他们还没来得及撤离魔法部……

　　想着心事，他没有马上感到一股异常的寒气悄悄袭来，好像坠入雾中那样，每一步都更冷一分。那寒气灌入他的喉咙，冰彻心肺。他感觉到那种绝望无助侵上心头，蔓延到全身……

　　摄魂怪，他想。

　　到了楼梯底部，向右一转，眼前是一幕恐怖的景象。法庭门外的昏暗走廊上，立满了戴着兜帽的高高黑影，面孔完全被遮住了，刺耳的呼吸声是那里惟一的声音。被传来出庭的麻瓜出身的巫师们恐惧地挤在一堆，在硬木板凳上瑟瑟发抖。许多人用手捂着脸，也许是本能地想挡开摄魂怪贪婪的大嘴。一些人有家人陪伴，其他人独自坐着。摄魂怪在他们面前飘来飘去，那寒气，那无助和绝望如魔咒一般向哈利逼来……

抵抗，他对自己说，但是他知道如果在这里召出守护神，肯定会立刻暴露自己。于是他尽可能悄无声息地往前走去，每走一步，脑子里的麻木便增加一分，但他强迫自己想着赫敏和罗恩，他们需要他。

穿行在那些高大的黑影间极其恐怖：当他走过时，一张张没有眼睛的面孔在兜帽下转过来，他确信它们能感觉到他，或许能感觉到一个人的躯体内仍然有的一些希望，一些活力……

突然，在冰冻般的沉寂中，过道左边一间法庭的门开了，传出带着回音的高喊。

"不，不，我告诉你我是混血，我是混血。我父亲是巫师，他是，你们去查，阿基·阿尔德顿，他是出名的飞天扫帚设计师，你们去查呀。我告诉你——别碰我，别碰——"

"这是最后一次警告，"乌姆里奇软声软气地说，声音经魔法放大，清楚地盖过了那男人绝望的叫喊，"你要是再抵抗，就会得到摄魂怪的亲吻。"

那男人的叫声低了下去，但抽噎声还在过道里回响。

"把他带走。"乌姆里奇说。

两个摄魂怪出现在法庭门口，腐烂结痂的大手抓着一个男巫的上臂，他似乎晕过去了。摄魂怪拖着他在过道里飘远，它们身后的黑暗将他吞没了。

"下一个——玛丽·卡特莫尔。"乌姆里奇叫道。

一个瘦小的女人站了起来，浑身发抖。她身穿朴素的长袍，黑发在脑后梳成一个圆髻，脸上血色全无。当这女人经过摄魂怪旁边时，哈利看到她哆嗦了一下。

他完全出于冲动，没有任何计划，只是不忍看到她一个人走进那法庭：门开始关上时，他跟在她后面溜了进去。

这不是上次以滥用魔法为由审讯他的那个法庭，虽然天花板一样高，但比那间小得多，有一种在深深的井底那样的恐怖感。

这里有更多的摄魂怪，寒气笼罩了整个房间。它们像没有面孔的哨兵，站在离高高的审讯台最远的角落里。台上栏杆后面坐着乌姆里奇，一边是亚克斯利，另一边是脸色像卡特莫尔太太一样苍白的赫敏。一只银亮的长毛大猫在高台底部踱来踱去，哈利意识到它是用来在那里保护起诉人的，不让他们感受到摄魂怪所散发出来的绝望。绝望是让被告而不是让审讯者感受的。

"坐下。"乌姆里奇用她那甜腻的声音说。

卡特莫尔太太蹒跚地走到台下中央那张孤零零的椅子旁。她刚坐下，扶手中便丁丁当当地甩出锁链把她固定在那儿了。

"你是玛丽·伊丽莎白·卡特莫尔?"乌姆里奇问。

卡特莫尔太太颤巍巍地点了一下头。

"魔法维修保养处雷吉纳尔德·卡特莫尔的妻子?"

卡特莫尔太太哭了起来。

"我不知道他在哪儿，他本来应该在这儿陪我的!"

乌姆里奇不予理睬。

"梅齐、埃莉和阿尔弗雷德·卡特莫尔的母亲？"

卡特莫尔太太哭得更厉害了。

"他们很害怕，担心我可能回不去了——"

"行了，"亚克斯利轻蔑地说，"泥巴种的崽子引不起我们的同情。"

卡特莫尔太太的抽泣掩盖了哈利的脚步声，他小心地朝高台的台阶走去。经过那银猫守护神走动的地方时，他马上感到了温度的变化：这里温暖而舒适。他敢肯定这守护神是乌姆里奇的，它如此明亮，是因为她在这儿很开心，得其所哉，维护着她参与制定的被扭曲的法律。哈利一点一点地、小心翼翼地在乌姆里奇、亚克斯利和赫敏的后面移动，最后在赫敏身后坐了下来。他怕把赫敏吓一跳，本来想对乌姆里奇和亚克斯利施闭耳塞听咒，但轻声念咒也有可能吓着赫敏。这时乌姆里奇提高嗓门对卡特莫尔太太说话了，哈利抓住了机会。

"我在你后面。"他对赫敏耳语道。

果然不出所料，她猛地一震，差点打翻了做记录用的墨水瓶。但乌姆里奇和亚克斯利的注意力都在卡特莫尔太太身上，没有察觉。

"你今天到魔法部时，被收走了一根魔杖，卡特莫尔太太，"乌姆里奇在说，"八又四分之三英寸，樱桃木，独角兽毛做的杖芯。你确认这一描述吗？"

卡特莫尔太太点点头，用袖子擦着眼睛。

"能否告诉我们，你是从哪位巫师那里夺取这根魔杖的？"

"夺——夺取？"卡特莫尔太太哭泣道，"我没有从谁那里夺——夺取。它是我十一岁的时候买——买的，它——它——

它选择了我。"

她哭得更凶了。

乌姆里奇发出一声小姑娘似的娇笑,哈利真想把她痛揍一顿。她身子前倾,为了越过障碍更好地审视她的猎物,一个金色的东西也随之荡到胸前,悬在那里:挂坠盒。

赫敏看见了,轻轻尖叫一声,但乌姆里奇和亚克斯利仍然一心盯着猎物,听不见别的声音。

"不,"乌姆里奇说,"不,我不这么认为,卡特莫尔太太。魔杖只选择巫师,而你不是巫师。我这里有上次发给你的问卷调查表——马法尔达,拿过来。"

乌姆里奇伸出一只小手:她看上去那么像癞蛤蟆,哈利一时很惊讶那短粗的手指间怎么没有蹼。赫敏的手因为震惊而发抖,她在身边椅子上的一堆文件中摸索了一阵,终于抽出了一卷有卡特莫尔太太名字的羊皮纸。

"那个——那个很漂亮,多洛雷斯。"她指着乌姆里奇上衣褶裥里那个闪闪发亮的坠子。

"什么?"乌姆里奇厉声说,低头看了一眼,"哦,是啊——一件古老的传家宝。"她拍拍贴在她那丰满的胸脯上的挂坠盒说。"'S'是塞尔温的缩写……我与塞尔温家族有亲戚关系……实际上,很少有纯血统的家庭跟我没有亲戚关系……可惜,"她翻着卡特莫尔太太的问卷调查表,提高了嗓门说,"你就不能这样说了。父母职业:蔬菜商。"

亚克斯利不屑地大笑。台下,毛茸茸的银猫在踱来踱去,摄魂怪立在屋角等候。

乌姆里奇的谎言使哈利血液直冲头顶,忘却了谨慎。她从一个不法小贩那里受贿得来的挂坠盒，现在却拿来证明自己的纯血统身份。哈利甚至没有顾到继续藏在隐形衣下面，就举起魔杖，喝道："昏昏倒地！"

红光一闪，乌姆里奇倒了下去，脑袋撞在栏杆边沿，卡特莫尔太太的文件从她腿上滑到了地上，那只来回走动的银猫消失了，冰冷的空气像风一样袭来。亚克斯利莫名其妙，扭头寻找骚乱的来源。他看见一只没有身子的手正拿魔杖指着他，赶紧去拔自己的魔杖，但为时已晚。

"昏昏倒地！"

亚克斯利滑到地上，蜷成一团。

"哈利！"

"赫敏，如果你觉得我会坐在这里看着她假装——"

"哈利，卡特莫尔太太！"

哈利急忙转过身，甩掉了隐形衣。台下，摄魂怪已经从角落里出来，正朝捆在椅子上的女人飘去。不知是因为守护神消失，还是因为感觉到主人已经失控，它们似乎肆无忌惮了。卡特莫尔太太恐怖地尖叫起来，一只黏糊糊的、结痂的大手捏住了她的下巴，把她的脸向后扳去。

"呼神护卫！"

银色的牡鹿从哈利的杖尖升起，向摄魂怪跃去。它们纷纷后退，又融进了黑影之中。银鹿在屋里一圈圈地慢跑，它的光芒比那只猫更强、更温暖，充满了整个法庭。

"拿上魂器。"哈利对赫敏说。

他跑下台阶，一边把隐形衣塞进包里，来到了卡特莫尔太太身边。

"你?"她望着他的脸,低声说,"可是——可是雷吉说是你把我的名字报上去审查的!"

"是吗?"哈利嘟囔道,一边扯动她手臂上的锁链,"哦,我改主意了。四分五裂!"没有反应。"赫敏,怎么去掉这些锁链?"

"等等,我正在做一件事——"

"赫敏,我们周围都是摄魂怪!"

"我知道,哈利,可是如果她醒来发现挂坠盒没了——我必须复制一个……复制成双!好了……这样她应该看不出来了……"

赫敏冲下台阶。

"我看看……力松劲泄!"

锁链丁丁当当缩进了椅子扶手里。卡特莫尔太太看上去还是非常害怕。

"我不明白。"她喃喃道。

"你得跟我们离开这儿,"哈利说着把她拉了起来,"回家带上你的孩子们逃走吧,实在不行就逃出国去,化了装逃。你看到了现在是什么情况,你在这儿得不到公道的。"

"哈利,"赫敏说,"门口那么多摄魂怪,我们怎么出去?"

"守护神。"哈利说,用魔杖指着他自己的守护神:银色的牡鹿放慢脚步,依然明亮地闪耀着,向门口走去,"越多越好,把你的也召出来,赫敏。"

"呼神——呼神护卫。"赫敏说,什么也没出现。

"这对她是惟一有点困难的魔咒,"哈利对完全呆住了的卡特莫尔太太说,"有点不幸……加油,赫敏……"

"呼神护卫！"

一只银色水獭从赫敏的魔杖尖里跳了出来，在空中优雅地游向银色的牡鹿。

"走。"哈利领着赫敏和卡特莫尔太太朝门口走去。

守护神飘出法庭时，等在外面的人群发出惊叫。哈利四下扫了一眼，两边的摄魂怪都在向后退却，融入黑暗中，被银色的灵物驱散了。

"现在决定了，你们都回家去，带着家人躲起来。"哈利对那些被守护神的光亮照花了眼，仍然有点畏缩的麻瓜出身的巫师说，"如果可能就到国外去，离魔法部远远的。这是——呃——新的官方立场。现在，只要跟随守护神，你们就能逃出大厅。"

他们一直走到石梯顶上，都没有受到阻拦。但向电梯走去时，哈利担心起来。要是他们跟着一头银色牡鹿和一只银色水獭走进大厅，还带着二十来个人，其中有一半是被指控的麻瓜出身的巫师，他不由得感到太引人注目了。正当他得出这个不愉快的结论时，他们面前的电梯门哐当一声开了。

"雷吉！"卡特莫尔太太叫了起来，扑进罗恩的怀里，"伦考恩把我放出来了，他击昏了乌姆里奇和亚克斯利，还叫我们大家都逃出国去。我想我们应该这么做，雷吉，真的。赶快回家带上孩子——你怎么搞得这么湿？"

"水，"罗恩嘟囔着，挣脱出来，"哈利，他们知道有人闯进魔法部了，好像乌姆里奇办公室门上有个洞。那样的话，我想我们还有五分钟——"

赫敏的守护神噗地消失了，她大惊失色地转向哈利。

"哈利，要是我们被困在这儿——!"

"只要行动迅速就不会。"哈利说道。他转向身后那群目瞪口呆地望着他的人。

"谁有魔杖?"

约有一半人举手。

"好，没有魔杖的找个有魔杖的跟着。我们动作要快——抢在被他们堵住之前。上吧。"

大家挤进两部电梯，哈利的守护神在金色的栅栏门前守着。门关上了，电梯开始上升。

"第八层，"女巫冷漠的声音说，"正厅。"

哈利马上知道有麻烦了。正厅里有许多人，在那些壁炉前面走来走去，正在封闭壁炉。

"哈利!"赫敏尖叫道，"我们怎么——?"

"住手!"哈利大喝一声，伦考恩有力的声音在正厅中回响，那些封锁壁炉的巫师们都愣住了。"跟我来。"他低声对惊恐的麻瓜出身的巫师们说，这群人由罗恩和赫敏领着往前拥去。

"怎么啦，艾伯特?"先前跟着哈利滚出壁炉的那个秃顶男巫问道，他看上去很紧张。

"这些人要在你们封闭出口前离开。"哈利竭力用最威严的语调说。

那帮巫师面面相觑。

"我们奉命封闭所有出口，不许任何人……"

"你在违抗我吗?"哈利气势汹汹地说，"是不是要我调查一下你的家谱，像德克·克莱斯韦那样?"

"对不起！"秃顶男巫吃了一惊，朝后退去，"我没别的意思，艾伯特，只是我想……我想他们是受审讯的……"

"他们的血统很纯正，"哈利说，他低沉的嗓音在大厅中回响，很有震慑力，"我敢说比你们中的许多人都要纯正。走吧。"他高声对那些麻瓜出身的巫师们说。他们急忙钻进壁炉，一对对地消失了。魔法部的巫师迟疑地留在后面，有的一脸困惑，有的惊恐不满。突然——

"玛丽！"

卡特莫尔太太回过头，真正的、不再呕吐的雷吉·卡特莫尔刚从一部电梯里跑出来。

"雷——雷吉？"

她看看丈夫又看看罗恩，后者大声诅咒了一句。

秃顶男巫张大了嘴巴，脑袋在两个雷吉·卡特莫尔之间可笑地转来转去。

"嘿——这是怎么回事！"

"封闭出口！封闭！"

亚克斯利从另一部电梯里冲出来，奔向壁炉旁的人群。这时，那些麻瓜出身的巫师除了卡特莫尔太太之外全都已经从壁炉消失了。秃顶男巫刚举起魔杖，哈利就举起硕大的拳头，一拳把他打飞出去。

"他在帮麻瓜出身的巫师逃跑，亚克斯利！"哈利喊道。

秃顶男巫的同伴们一片哗然，罗恩趁乱拽住卡特莫尔太太，把她拉进仍然敞开的壁炉里消失了。亚克斯利迷惑地看看哈利，又看看那挨打的男巫，这时真的雷吉·卡特莫尔高叫道："我太太！跟我太太在一起的那个人是谁？发生了什么事？"

哈利看到亚克斯利转过头来，愚钝的脸上现出一丝醒悟的神情。

"快走！"哈利大声对赫敏说，抓住她的手，两人一起跳进壁炉，亚克斯利的咒语从哈利头顶飞过。他们旋转了几秒钟，从抽水马桶中喷射出来。哈利打开小隔间的门，见罗恩站在水池旁，还跟卡特莫尔太太扭在一起。

"雷吉，我不明白——"

"放开，我不是你丈夫，你必须回家去！"

身后的小隔间里轰隆一响，哈利回过头，亚克斯利刚好跳了出来。

"我们走！"哈利高喊，抓住赫敏的手和罗恩的胳膊，疾速旋转。

黑暗吞没了他们，还有那种被带子束紧的感觉，可是有点不对劲……赫敏的手似乎要从他手中滑脱……

他怀疑自己要窒息了，他无法呼吸，也看不见，世界上惟一实在的东西就是罗恩的手臂和赫敏的手指，可她的手指正在慢慢滑落……

然后他看到了格里莫广场 12 号的大门和那蛇形的门环，但他还没来得及透一口气，就听到一声尖叫，紫光一闪，赫敏的手突然变得像钳子一般抓住他，一切重又没入黑暗。

6 名著赏析

【剧情篇】

在《哈利·波特与死亡圣器》中，"哈利·波特"系列迎来了终结，所有重要人物的命运都有交代，所有谜团都被解开。让我们一起走进 J. K. 罗琳的魔法世界，去探寻魔法背后的力量。

霍格沃茨，魔法火车要一直向前
二月二

出生于英国格温特郡的乔安妮·凯瑟琳·罗琳，从小喜欢写作，是一个对世界充满好奇和无限幻想的姑娘。在一次去往伦敦的短途旅行中，罗琳遇见了一个瘦弱、戴眼镜的黑发小巫师。这个小巫师的形象激发了罗琳创作"哈利·波特"系列小说的念头。

突然有一天，我们发现，许多大人和小孩都拿起了魔杖，口中念着"荧光闪烁""阿瓦达索命"。请不要惊讶，欢迎你来到罗琳创造的魔法世界——一个历时十年创作完成，热度经久不衰，令无数成人与儿童都向往的魔法次元。

打开"哈利·波特"系列，书中隐藏着无数神秘而有趣的东西，尤其是在霍格沃茨——有求必应屋隐藏着人类无穷无尽的欲望，魁地奇比赛挥洒着青春与热血，禁林里有着令人战栗的恐惧与未知……那一切，都仿佛是对我们现实生活的象征性映射，或许，我们的潜意识早已经无数次呼喊，看呀，那些欲望、那样的冒险、那样的好奇心，就是我们内心所想要拥有、探寻的一切！不论是超级英雄还是魔法力量，都在命运轮回中暗自契合我们的幻想——拥有超凡力量，拯救世界。

主人公哈利·波特是个眼镜"正太"，从住在楼梯下的储物间里备受欺凌，到被巨人海格从刻薄的亲戚手中拯救，像梦游仙境的爱丽丝一样，他一不小心就成了霍格沃茨魔法学校的学生——他去采购坩埚与魔杖，在麻瓜进不去的站台搭上去学校的专列；他品尝到不可思议的糖果，遭遇活泼可爱的鬼魂；他常常怀疑自己一定是在做梦，学校一定有哪里搞错了，上不了几堂课就会把他扔回去，却被破格选为最年轻的魁地奇选手；他刚刚习惯了一点，开始享受奇妙的校园时光，可很快就要期末考了……随着系列小说情节的发展，罗琳的笔调也愈趋老练成熟，加之故事主角哈利·波特不断成长，无论从内容上还是风格上，所有读者都在经历着一个又一个高潮，希望这场魔法旅途就像我们的青春一般可以永不完结，我们可以永远热血、永远年轻。

和大多数小说一样，"哈利·波特"系列也充满了对善恶的思考：明线是以哈利为代表的善与伏地魔为代表的恶之间的对立；暗线则是哈利自我心中对恶的抗争，它同时也是吸引无数读者的焦点部分。可以说，书中最精彩揪心的心理描写，就是主角哈利的自我抗争。当英雄有了缺点、有了欲望、有了挣扎，英雄的形象才更为饱满——英雄不等同于"伟光正"（伟大、光荣、正确），反派也有思想之光。"哈利·波特"系列的魅力之一就是，绝不生产"工具人"。

在伏地魔终于成功复活后，邓布利多重启凤凰社，带领大家对抗伏地魔和其追随者食死徒，试图找到并摧毁魂器，并将哈利作为接班人，把事情全盘展现给他看。在寻找魂器的过程中，邓布利多受重创而亡。《哈利·波特与死亡圣器》的故事，正是从这里开始。凤凰社的成员精心谋划了秘密转移哈利的计划，以防哈利遭到伏地魔和食死徒的威胁与袭击。此时，卷土重来的伏地魔已经悄悄来到霍格沃茨魔法学校，占领了魔法部，控制了半个魔法界，形势急转直下。哈利感到很悲伤。他即将迎来自己十七岁的生日，他即将成为一名真正的魔法师，然而，他却不得不提前离开，或许是永远离开这个他曾经生活了将近十七年的地方。

哈利在好友罗恩、赫敏的陪伴下，不得不逃亡在外，隐藏自己的行踪。为了完成校长邓布利多的遗命，哈利一直在暗中寻机销毁伏地魔的魂器。在一次意外中，哈利获悉，如果他们能够拥有传说中的三件死亡圣器——复活石、隐形衣、老魔杖，就能成为死神的主人。而他们手中已经有了两样，只缺老魔杖。但是，伏地魔也早已开始了寻找老魔杖的行动，布下天罗地网追捕哈利，哈利还有反击的机会吗？

罗琳深谙，小说里，善与恶只有势均力敌才有看头。霍格沃茨激烈的战斗后，哈利为了不让更多的人为自己牺牲，选择凛然赴死。他来到魔法学校的禁林，倒在伏地魔的致命圣器下。然而，伏地魔也未能如愿以偿，魂器不可能战胜纯正的灵魂。拥有纯正灵魂的哈利赢得了这场殊死较量的最终胜利。这是善的胜利，是魔法世界必将迎来的胜利，也是万千读者期盼的胜利。

结局如读者们期待的一般，幸福又美满。哈利·波特虽然差点身亡，最后却奇迹般生还，还和好朋友罗恩的妹妹金妮结婚生子。罗恩和赫敏也逃过一劫，还幸福地走上了红毯。至此，所有的秘密都解开封印，重见天日。多年后，哈利和金妮有了三个可爱的孩子，赫敏和罗恩也有了两个孩子。两家人重聚九又四分之三站台，送孩子们去霍格沃茨……

作为货真价实的平凡"麻瓜"，我们向往奇幻故事的世界，向往飞翔与魔法，本质上都可以说是源自对现实的逃避；但想象一旦深入到每一个细节，堆积起深刻的感情，那个虚构的世界也就有了自己的生命与呼吸，它们最终都成为我们不甘于枯燥现实的灵魂的栖息之所——这或许才是"奇幻"的真正意义，我们的灵魂总是愿意栖居在诗意、快乐的地方。

打败伏地魔后十九年来，哈利额上的伤疤再没有痛过。开往霍格沃茨的火车，轰鸣向前。我们有些忧伤，哈利的青春定格在书本，我们却一直在长大。很多人说，无论你多大年纪、什么身份，只要再次打开"哈利·波特"，它都会有一种魔法，能够让你一瞬间回到童年。有句话说，全世界都在催你长大，只有迪士尼一直在守护你的童心，"哈利·波特"也是如此，它就是能够治愈你、保护你心灵的魔法。当我们的灵魂日益成长，身体逐渐成熟，心智不断健全，当我们快速地步入成人的世界，面对成人世界的诡谲，我们始终不甘心放下少年时代所幻想的一切，这或许也是魔法的力量所在，生生不息，永远纯净。

【主题篇】

　　"哈利·波特"系列蕴含众多主题，比如忠诚、勇气、欲望、死亡等，而"爱"可以说是小说最深层的主旨。爱不仅仅是一种情感，更是魔法世界中最为强大的力量。同时，作品对现实与人性的映射，也让它成为超越一般魔幻的普世经典。

爱与陪伴——成长永远的命题

　　魔法伴随着哈利·波特一群人的成长：从初入霍格沃茨，到学会用"呼神护卫"来召唤守护神，再到击败伏地魔。我们看到的，是他们学习魔法的过程，也是我们自己的成长过程。魔法小分队的互相扶持与我们一路陪伴的挚友何其相似，那些学习魔法的笨拙和我们解化学题的样子何其相似，书中关于陪伴与爱的无数情节，仿佛都能从我们自己的生活中找到似曾相识的画面，或许，"爱"与"陪伴"这两个词，本身就是我们自身成长的永恒命题。

　　我们终此一生都在寻找"成长"这道命题的最优解，可我们一直忽视着生命中的细节。正如书中哈利·波特三人组成员发生的每一次争吵，他们之间的陪伴，斯内普教授与邓布利多教授、麦格教授对哈利·波特或"坏"或好的关心，还有哈利·波特每一次深刻的自我反省，这些都是哈利成长的助推剂。好好想一想，在我们的生活中，有多少被我们所忽视的细节，如妈妈的唠叨、师友的鼓励，记录分数的试卷、写满字的笔记本，还有深夜听过的歌……它们也都是记录我们成长的最佳档案啊。

"被一个人这样深深地爱过，尽管那个爱我们的人已经死了，也会给我们留下一个永远的护身符。"邓布利多这句话揭示了人类的本质所在，也让后知后觉的我们深深地明白，我们存活在这个世界上的意义——爱与被爱。

《哈利·波特与死亡圣器》是个很好的故事，它收起了十年来前六部所有重要的伏笔与线索，对一切关键问题予以解答，而它所表达的最深层的主旨，也许就是爱吧。"爱"充满着整个霍格沃茨，不管是莉莉为了保护哈利而献出生命的血肉之情，还是罗恩和赫敏之间的小爱情，都不辜负 J. K. 罗琳迫切想传递给世人的价值观——唯爱至上。我们不禁要猜想，罗琳的童年是不是特别幸福，才能写出这般怀有浓浓善意的文字，她以这样的方式结束哈利·波特的传奇，一定是希望自己创造出来的世界，一直干净纯真吧。

十年一梦——超越魔幻的普世经典

十年间，罗琳创作了这部魔幻经典，而她在魔法的舞台，又赋予了作品更多的社会意义，展示了现实社会的一切：

政治，魔法世界被移入了完整的行政、立法、司法体系，伏地魔的血统论和种族主义都对应着现实世界存在的政治现象；哲学，邓布利多和伏地魔对死亡的不同态度，对应着相互对立、成鲜明对比的生命哲学；神学，苦难中的救赎正是大多数善良人对宗教的理解；科学，用科学的方法阐述并非科学的巫术，可谓魔幻领域的空前创举；伦理，波特、斯内普、布莱克、邓布利多、伏地魔这些家族的人伦悲剧，引人思考；爱情，斯内普对莉莉的爱，是对爱的最佳诠释；成长，哈利三人组的悲欢离合，他们的小伙伴的成长历程，恰如我们的青少年时代。

作品中蕴含的政治、哲学、神学、科学、伦理、爱情、成长这七大因素，使"哈利·波特"超越魔幻，成为普世的经典。作家陈丹燕说，"哈利·波特"是很有文学特质的小说，如果只看一本可能看不出其中的名堂，但要是读完了全套，就能看出有英国文学和英国历史的传统；而且结构庞大，不是"小开小合"的故事，只有具备了一定的文学素养和逻辑能力，才能够写出这样的作品。《星期日泰晤士报》评论道，"哈利·波特"系列已是经典，它让读者在一个不道德的时代看到了德行的力量。

【写作技法篇】

"哈利·波特"系列小说在母题的运用和文化寓意的传承两方面，明显深受欧洲经典文学影响。再者，设置伏笔是罗琳的强项。另外，罗琳笔下的人物并非十全十美，正因为哈利也和我们一样有缺点，我们才更加爱他。

"哈利·波特"系列的现实启示与写作手法

罗琳把现实社会中存在的种族主义偏见、种族灭绝论等加入了情节中，反映了罗琳女士对现实社会的思考。小说中以马尔福一家为代表的纯种魔法师，对于自己的血统有着高度的优越感，他们看不起像赫敏这样的非魔法家庭出身的魔法师，并嘲笑她为"泥巴种"。即使是在魔法世界，也会因为出身低贱而遭受不公平待遇。像赫敏这类魔法师，无论他们多么努力、多么优秀，还是会遭到纯种魔法师的蔑视。伏地魔所构建的魔法世界的宗旨，就是保留纯种魔法师，对那些非纯种的魔法师进行残忍的杀戮。

而相反，以邓布利多校长和哈利为代表的魔法世界则兼容并包，他们认为出身并不重要，最重要的是个人的努力。这是在出身问题上两种思想的对立。而在最后的战斗中，哈利一方取得了彻底的胜利，伏地魔势力土崩瓦解。这也正体现了小说对仍旧存在于现实社会中的，因出身卑微而遭受不平等待遇现象的态度，这无疑是一种进步的思想。现今社会，种族歧视问题虽然有所缓解，但不可否认的是，在某些地区仍然存在。作品传达的思想对于现实世界具有警醒意义。

"哈利·波特"系列小说在创造性地构思情节曲折、充满想象力的魔法故事的同时，也很好地继承了欧洲经典文学传统。主要体现在两大方面，即母题的运用和文化寓意的传承。母题也许是文学研究领域最难解释清楚的一个概念，一般认为母题是指在文学作品中反复出现的一些概念和现象，诸如生、死、离别、爱、时间、空间、季节、海洋、山脉、黑夜，等等。可以说，欧洲经典文学也是罗琳女士创作的源泉。

罗琳在情节设置方面特别擅长埋伏笔，有许多不起眼的小人物或是小事件，其实影响着整个剧情走向。比如在《哈利·波特与火焰杯》中，伏地魔取了哈利的血液，邓布利多教授听说后，并没有惊慌，反而是一种轻松的状态。而在第七部《哈利·波特与死亡圣器》中，借由邓布利多之口解开了谜底，因为伏地魔取了哈利的血，所以莉莉的符咒同时存在哈利和伏地魔的体内，故而只要伏地魔不死，哈利的生命也不会终止。

罗琳在设置人物形象时，一般喜欢采用先抑后扬或先扬后抑手法，从而使故事更加扑朔迷离。典型代表为斯内普。小说从第一部就着力刻画斯内普令人厌恶的反面形象，多次展现哈利与斯内普的冲突，直到整部系列的尾声，才揭示斯内普对哈利诚挚的保护和爱。这样的反差形成鲜明的对比。在第二部《哈利·波特与密室》中，吉罗德被形容成一个经验丰富的优秀魔法师，故事的最后才暴露出他胆小如鼠，并无真才实学的真面目，同样形成鲜明反差。第四部《哈利·波特与火焰杯》

中，疯眼汉穆迪看似和善友好，却是伪装的小克劳奇——伏地魔安插在哈利身边陷害哈利的反面人物，正是他一步一步将哈利逼上绝境。正是有了这些对于传统童话创作艺术的继承和升华，故事情节才得以进一步推动发展，也更丰富多彩。

哈利作为小说的主人公，虽然是正义的象征，但罗琳女士并没有把他塑造成一个无所不能、如同神一样的英雄。通过不同的场景，罗琳以哈利自己的口吻和想法，表现出他的一些弱点，如哈利并不爱学习，有时还会在学习中偷懒。进入青春期的哈利对秋·张有好感，赫敏对罗恩的喜欢，也是孩子们在青春期都可能有的经历。小说中的哈利有着与现实世界中的孩子们一致的共性，这样的共性也是"哈利·波特"系列小说，之所以能吸引全球数以万计读者的重要因素。

【人物关系篇】

罗琳在设置小说人物形象时，不仅关键人物刻画深刻，次要角色也活灵活现。罗恩、赫敏、邓布利多、斯内普等人和中心人物哈利·波特一起，共同谱写了一首爱的赞歌。

教父之爱如山——小天狼星布莱克

小天狼星布莱克在哈利·波特的生命中，有着不可取代的位置。他作为哈利父亲生前最好的朋友、哈利的教父，将哈利视作自己的孩子一般疼爱有加。他的出现，弥补了哈利从小没有家的缺憾。即使后来小天狼星因为被诬陷，无法正大光明地给哈利一个家，但是他在生前依旧是哈利最强大的心灵依靠与最可信赖的港湾。对于成长中的青少年来说，父辈的指导尤为重要，小天狼星则正是这样一个最佳人选——既像父亲一般可以请教而不用怕被嘲笑，又像真诚的大朋友一般可以坦诚交流。小天狼星对哈利而言，是一个可以永远依靠、信赖的特殊的存在。小天狼星布莱克在战斗中牺牲，无疑给哈利·波特的成长又蒙上了一道浓重的阴影，但同时也让他开始慢慢地明白：会有更多的人倒下，这才只是个开始；总有一天，不会再有人阻挡在自己和伏地魔之间，最终的一切只有自己去亲自面对与解决——那是自己的使命，也是自己的选择。

同时，小天狼星的牺牲也给哈利上了另外一课：善待所有人，只有善待他人，别人才会同样友好地对你。这份善待之心，在哈利身上得到了完美传承。相比之下，亲情的部分在伏地魔的世界里几乎完全匮乏。他不仅没有哈利的父母那样深爱自己的双亲，更没有代替父母关怀自己的教父教母等亲人。伏地魔没有哈利所拥有的亲情，没有哈利这样的幸运，由此带来的影响对他而言是毁灭性的。

友谊之爱如花——黄金三人组

在"哈利·波特"系列黄金三人组里，哈利代表勇气，罗恩代表忠诚，赫敏代表智慧。

"救世主"哈利，一个黑发绿眼，戴着破旧的、用许多透明胶带粘在一起的圆框眼镜的瘦弱男孩，因在经历黑巫师伏地魔的死咒后仍安然无恙而在巫师界名声大噪。然而，他从小却是在被忽视被虐待的环境之下成长的。姨父姨母德思礼夫妇待他显然并不好，表哥达力则是经常把他当沙袋"练拳击"。在这样的环境下成长起来的他有些腼腆，还有点自卑，而十一岁后巫师界对他突如其来的关注又使他有点不自在。哈利总是试图遮掩前额上的伤疤，他不想要一拥而入的关注，只希望能拥有真挚的友情和亲情。多年后，哈利终于战胜伏地魔，第二次巫师大战完美落幕，而那个"大难不死的男孩"的成长史，那个关于爱和勇气的故事，并没有被岁月的尘埃湮灭，依旧熠熠生辉。

从某种程度上来说，我们每个人都曾是罗恩·韦斯莱。你还记得那个渴望光环、渴望荣誉，却常常被忽略的自己吗？

　　罗恩·韦斯莱是韦斯莱家的第六个男孩，红头发，高个子，满脸雀斑，看起来有些笨手笨脚。在罗恩的成长经历中，有五个优秀的哥哥可能是最让他耿耿于怀的事情了。作为有些贫困的韦斯莱家最小的儿子，罗恩被迫时时与五个哥哥比较，并用他们剩下的东西。他这样对哈利说："你要是有五个哥哥，你就永远用不上新东西。"这样的家庭氛围和成长环境也让他有些自卑。可能正因为有着相似的境遇，罗恩和哈利才更能相互理解。

　　罗恩是一个非常完美的朋友，是最好的骑士。在《哈利·波特与魔法石》中，十一岁的罗恩挑战了最难的一关——巫师棋，即便在棋局最后牺牲自己，也要保护哈利与赫敏二人。骑士精神在他身上体现得淋漓尽致。整整七年中的七场战役，罗恩时时刻刻帮助着哈利，陪他深入虎穴，陪他勇闯难关，他们一起出生入死。他不是英雄的附庸，他和哈利一样，有着自己的坚持与信念，是值得被尊重、被钦佩的伟大巫师。罗恩有很多"粉丝"，读者评价他：罗恩或许不是最耀眼的，但他是无可替代的。

　　赫敏，作品中对她的外貌描述是"一头浓密的棕色头发和一对大门牙"。同学们喜欢称呼她"万事通小姐"，多洛雷斯·乌姆里奇教授称她为"问题多小姐"，还有书中提到的"十全十美小姐""大板牙"，赫敏·格兰杰可谓是书中拥有绰号最多的可爱姑娘。为什么一个麻瓜出身的小女生，却常年霸占霍格沃茨魔法学校的年级第一呢？因为她不仅足够聪明，而且百分百努力。

　　在这部《哈利·波特与死亡圣器》中，哈利、罗恩、赫敏三人组一边逃亡一边寻找魂器。作为"智囊"的赫敏为三人组出了不少主意，平时的衣食住行，关键时刻的提醒，处处体现出赫敏的细心和严谨。赫敏还曾经对自己的串珠小包施出了超高难度的无痕伸展咒，这也体现出她非同一般的聪明。作为铁三角中唯一一个不带有任何巫师血统的人，赫敏的天赋与努力显而易见。

她作为铁三角的智囊，总能帮助哈、罗二人化险为夷。从第一次并肩作战打败巨怪，到霍格沃茨最后大战，赫敏永远支持着哈利。罗、赫二人是欢喜冤家，哈、罗二人也曾有过兄弟反目，只有哈、赫二人始终相伴，不曾离开，他们的友情早已超越爱情。

除了罗恩、赫敏这两个最好的朋友，哈利还有很多信任他、支持他的朋友。性格不同但都很正直的韦斯莱家的兄弟姐妹、与他同样是孤儿的勇敢的纳威、有点疯疯癫癫但心地善良的卢娜、为帮助他勇敢地反抗旧主人最终牺牲的家养小精灵多比，还有信任他支持他的邓布利多军成员们，为反抗伏地魔赢回正义的最终胜利而组织的凤凰社的成员们，霍格沃茨魔法学校的校友们，甚至还有与哈利在学校之间的友谊比赛中打过交道的其他学校的同学……他们在帮助哈利取得最终胜利的道路上，都做出了自己的贡献。无论是作为战场上的战友，还是生活中的朋友，他们都表现出了信任、忠诚、团结、友爱，有艰辛共进退，有苦难共分担的可贵品质。

师长之爱如灯——邓布利多教授

回顾哈利·波特的成长历程，不得不提那些时时指引着他的教授们，霍格沃茨德高望重的校长邓布利多教授正是其中最主要的代表人物。从哈利一岁大难不死的那个夜晚，他将哈利寄养在其姨父姨妈家开始，他就一直在暗中以各种方式保证哈利在那里平安长大、不被赶出家门。在哈利长大迈入霍格沃茨校门后，他也一直在引领着哈利成长：交给哈利隐形衣；提醒哈利厄里斯墨镜中的景象只会使人沉沦；提示赫敏用时间转换器救出小天狼星和鹰头马身有翼兽巴克比克；派斯内普教授教哈利学习大脑封闭术；将组建邓布利多军的责任揽到自己身上；指引哈利明白自己和伏地魔之间的联系，帮助他走出迷惑与痛楚……

似乎所有人都相信，只要有邓布利多在，伏地魔就不能把霍格沃茨怎么样，那么学生尤其是哈利就是安全的。只是最终，这样的想法被现实无情地击碎——邓布利多教授被杀。哈利瞬间明白，挡在自己和伏地魔之间的最后一位守护者不复存在了。不过，即使邓布利多生命已逝，他还是在生前，为实现那个最终目标，制订了几乎万无一失的计划。哈利虽然失去了自己最敬重的师长，但没有失去人生的航向，没有陷入不知所往的迷茫。他在前人踏出的道路上继续扎实地迈出自己的脚步，艰辛并坚定地走了下去。

生命之爱如光——西弗勒斯·斯内普

他是个勇敢的男人，为了自己心爱的女人，付出了所有的所有，甘愿承受一切误解和仇恨。他是个聪明的王子，在他的课本上用好看的字体写满了他发明的小咒语，他创造了流传于世的魔法。他是个沉默的男人，却有着深沉而伟大的爱。

伴随着一句"阿瓦达索命"，莉莉也失去了生命。生命的终点，莉莉挡在了小哈利和伏地魔之间。她对小哈利最后的爱触发了古老的魔咒：当某个本没有生命危险的人为了保护某个他或她所爱的人而牺牲的时候，会将自己"爱的保护"留存在被保护人的血液里，使被爱的人免于被害，而那个害人者，则会被自己的魔咒所反噬。莉莉用自己的生命换取了儿子的生命，伏地魔的肉身被灭，魂飞魄散……

昨夜雨疏风骤，仿佛在为此次浩劫中死去的人们哀伤。斯内普晚来一步，看着这屋子里发生的一切，他死死地抱住莉莉，泪洒不止。这个他一直爱着的女孩儿，直到她死，他才第一次抱住了她。斯内普从未在她面前表露爱意，一直默默地守护着她，却也终究没能护住她。此刻所有的爱意和悔恨一涌而出，他无力的哀号和小哈利的哭声，却被窗外肆虐的雷雨掩盖。

从那晚起，这个男人不再为自己而活。

一份充满遗憾的爱能使一个人为此付出多少？斯内普付出了一生。尽管哈利对他一直都有偏见，但当危险到来时，斯内普还是会义无反顾地保护他。从哈利的视角看，斯内普的形象一直是作为敌人出现的，实际上，斯内普一直在暗中保护他。许多次，不管是明处还是暗处，斯内普都是无比坚定地挡在哈利身前。

霍格沃茨大战，斯内普被伏地魔杀害。在生命的最后一刻，他将自己的记忆传给了哈利。哈利将斯内普的记忆接回冥想盆，这才重新认识了这个不苟言笑的人——一个早已将自己的生死置之度外，只为守护他人和为心中早该消散的爱而复仇的人。他的一生，充斥着悲情与伟大。

如此痴情到悲情，或许即是浪漫，即是至死不渝；以最宽广的胸怀守护那双眼眸，甚至不惜生命，或许这才是真正高贵的斯莱特林。

J. K. 罗琳在书中写道："最后一个要消灭的敌人是死亡。"我们不断成长、不断进步，随之而来的，也有困难与挑战，迷茫与无助。关于成长的真谛，也许从哈利一行人的身上，我们也能找到属于自己的最佳答案。说到这，为何不挥舞一下你的"魔杖"呢？说不定你的胸襟上，已经别上了一朵芬芳，绽开了笑颜。

7 拓展阅读

"哈利·波特"系列内容速览

《哈利·波特与魔法石》

从小被寄养在姨丈家的哈利·波特，饱受姨丈一家人的歧视与欺侮。然而就在十一岁生日那天，哈利·波特得知，自己原本是巫师，并且被录取为霍格沃茨魔法学校中的一员。登上开往霍格沃茨的特快列车，哈利开始了他的魔幻旅程。一切都那么新奇。在那里，他第一次有了自己的好朋友——罗恩和赫敏。许多魔法课程也正在等着他研习，有飞行课、黑魔法防御术、魔药学与变形术等等，当然还有让所有魔法师都疯狂的魁地奇球赛。

另一方面，教授魔药学的斯内普教授似乎对哈利有偏见，对他总是不友善。哈利也无意间发现了魔法石的秘密。邪恶的阴谋在平静的霍格沃茨校园悄悄滋长，哈利、罗恩与赫敏决定一同去探个究竟。凭借他们的勇敢、智慧，哈利最终阻止了邪恶阴谋的发生，保护了魔法石，同时哈利也第一次直面他的宿敌——伏地魔。

《哈利·波特与密室》

哈利·波特被困在了姨妈家，幸亏罗恩及时前来搭救，哈利在罗恩家愉快地度过了剩余的假期。小精灵多比劝诫并用一切手段阻止哈利回学校，因为哈利如果回学校，会有生命危险。被关在站台外的哈利和罗恩只能私自开飞车回到学校。

传说中的密室被斯莱特林的继承人汤姆·里德尔打开，哈利因为会蛇佬腔被所有人怀疑。哈利发现一本神秘的日记，里面记录了汤姆·里德尔五十年前的记忆。随之恐怖袭击事件在原本平静的校园内不断发生。罗恩的妹妹金妮被带到密室，校园的墙上出现了让人恐惧的密室警告。霍格沃茨面临被迫关闭的危机。

哈利终于找到密室入口，迎接他的将是可怕的挑战。最终金妮苏醒，汤姆·里德尔留下的神秘日记被销毁，哈利挽救了霍格沃茨。

《哈利·波特与阿兹卡班的囚徒》

暑假，哈利·波特十分不情愿地待在姨妈家里，得不到魔法界的一切消息，罗恩和赫敏的信便成了他仅有的安慰。玛姬姑妈前来探望哈利的姨夫，哈利因为受不了她对自己父母的污蔑，把玛姬姑妈变成了一个胀大的气球。害怕受到惩罚的哈利逃进夜幕，于是开始了新的冒险。

慌乱中哈利看到一条黑色的大狗，而在魔法界这是死亡的象征。在回学校的火车上，哈利见到了传说中的摄魂怪，许多可怕的感觉包围着他。在学校里哈利又看到了那条象征死亡的大狗，此时哈利也知道了他父母的死因，一切都归罪于小天狼星布莱克。哈利决定报仇。

卢平教授教会了哈利抵制摄魂怪的魔法。在活点地图的帮助下，哈利终于在尖叫棚屋里找到了小天狼星。小天狼星用魔杖直指罗恩的宠物斑斑，随着斑斑化成人形，小天狼星讲述了哈利父母被害真相。眼看小天狼星就要恢复清白，斯内普破坏了一切。

小天狼星被捕了。哈利不忍自己的教父受摄魂怪的折磨，在校长邓布利多的指导下，帮助小天狼星成功逃脱。

《哈利・波特与火焰杯》

暑假的一天夜里，哈利・波特突然被噩梦惊醒，额上的伤痕一阵阵刺痛。不久在魁地奇世界杯赛上，恐怖的事发生了，消失十三年的邪恶魔法师伏地魔的恐怖标记——黑魔标记在空中出现……

霍格沃茨迎来了魔法界的盛事——"三强争霸赛"。伏地魔用魔法使不够年龄的哈利成为三强争霸赛的第四位选手。在好友赫敏、罗恩的帮助下，哈利顺利完成三项任务。当哈利与他的同学塞德里克一起捧起奖杯迎接胜利时，噩梦才刚刚开始。奖杯是一把门钥匙，把哈利带到了一座墓地。塞德里克被虫尾巴杀死，哈利的血液让藏在蛇身十三年的邪恶的伏地魔复活了。

《哈利・波特与凤凰社》

漫长的暑假，哈利・波特被困在女贞路4号，有次还意外遭遇摄魂怪的袭击。邓布利多与凤凰社的成员正在加紧秘密活动，以对抗日益强大的伏地魔，但是所有人都不愿向他透露更多的情况……

哈利在茫然和愤怒中来到霍格沃茨，然而邓布利多不愿见他，海格也不知去向。更糟糕的是，哈利越来越频繁地梦见一道长廊，而每当他快要走进长廊尽头的门时，他都会头痛欲裂从梦中惊醒。他觉得自己的身体里蠕动着一条大蛇。大蛇的影子在哈利的脑海里越来越清晰，伏地魔走近了哈利。这时，邓布利多告诉了哈利一个天大的秘密……

《哈利·波特与"混血王子"》

新学期就要开始了，邓布利多教授却来到德思礼家找到哈利·波特。哈利六年级的学习就这样出人意料地开始了。更出人意料的事还在接踵而至，哈利从教室的储藏柜里翻到一本魔药课本，它的前任主人是"混血王子"。从此哈利在神秘"王子"的帮助下一步步成为"魔药奇才"。

邓布利多开始给哈利单独授课。在课上哈利经历了几段少年伏地魔的惊心动魄的记忆，揭开了伏地魔不同寻常的身世之谜。邓布利多带着哈利去寻找伏地魔的魂器，在遥远山脉的洞穴中，邓布利多喝下了不知名的毒药。

霍格沃茨天文塔上空出现了黑魔标记，邓布利多和哈利急忙赶回学校。在塔楼上，斯内普向邓布利多教授发出了索命咒。邓布利多掉下塔楼，凤凰唱起最悲壮的挽歌。葬礼结束后，哈利决定完成邓布利多的遗愿，去寻找剩下的魂器。

"哈利·波特"魔法世界趣味盘点

威力最强的魔法物品 TOP10

在"哈利·波特"的魔法世界中，不仅有神奇的咒语和神秘的生物，还有很多拥有神奇用途的魔法物品。它们有的在生活中为巫师们提供方便，例如陋居里那些有趣的物品，而有的则是顶尖的宝物，受到严格的保护和管控。

1. 熄灯器

熄灯器是"哈利·波特"系列作品中第一个登场的魔法物品。它的制造者就是伟大的阿不思·邓布利多。别以为熄灯器只是用来点亮或熄灭灯光的普通级魔法物品，它还有一个隐藏的强大功能——"定位导航"。这个功能在《哈利·波特与死亡圣器》中才被罗恩无意间发现。只要你心中想着某个人，无论他距离你多远，熄灯器都能指引着你找到他。

2. 格兰芬多宝剑

格兰芬多宝剑的历史，可能比霍格沃茨城堡还要古老，毕竟，它曾经是格兰芬多学院创始人戈德里克·格兰芬多的佩剑。自从主人去世后，它就一直住在分院帽中，但它每次现身，都会凭借强大的魔力怒刷存在感。此外，它附带的吸收能力，会一直给它增加各种力量，如果不是长期待在分院帽里的话，以它的"学习"能力，魔力应该会更加强大。

3. 活点地图

活点地图的魔法效果仅限于霍格沃茨城堡内，而且还有几处不可描绘的地方没包括其中，例如有求必应屋。但它是霍格沃茨的最佳监控，因为它能剥掉一切魔法伪装。不论是披着隐形衣，还是喝下复方汤剂伪装成别人，抑或是变身为阿尼马格斯形态，在活点地图上都只会显示本尊的名字。

4. 复活石

三件死亡圣器中，复活石可能是实用性最小的。虽然它名为"复活"，但实际并没有这样的功效，只是让逝去的亲人短暂地以类似幻象的方式出现，连幽灵也算不上。不过他们的精神却是真实的，可以进行真情实感的交流，所以，尽管时间短暂，对很多人来说也是一种安慰了。

5. 分院帽

分院帽肯定是"哈利·波特"的魔法迷们最熟悉的魔法道具了，毕竟大家很期待霍格沃茨的分院测试。分院帽被灌输了四大创始者挑选学生的标准，因而它拥有"看穿人心"的能力。尽管不能做到 100% 准确，但是大多数学生经过分院帽的测试，还是能被分到最适合他们的学院。也许你看出来了，分院帽似乎偏袒格兰芬多学院一点。

6. 隐形衣

哈利·波特冒险之路上最不可或缺的东西，也是他最常用的死亡圣器，就是隐形衣。尽管魔法世界中也有其他隐形衣存在，但哈利的这件是公认威力最强大的。不仅历经数百年，魔力没有一点衰弱的迹象，而且能抵御一些恶咒和毒咒。当然，像"阿瓦达索命"这样的黑魔法是不行的。

7. 老魔杖

就像哈利的隐形衣是公认的最强隐形衣一样，老魔杖则是魔法界公认的最强魔杖。据传老魔杖是死神用接骨木制作而成，它没有感情，只效忠能力，即效忠打败原先主人的人。就这样，老魔杖通过易主的方式，一代代传下来，同时积累不同主人手中的魔法，让自己的魔力增强。用老魔杖施展的咒语，威力最强大。

8. 魂器

制作魂器的咒语，可能是黑魔法中难度最高的咒语，毕竟也没有几位真的能创造出来。当然，也可能是因为很多顶尖的巫师并不屑于制作魂器给自己"加条命"。而且，魂器本身就会给靠近它的人在精神上带来很大的负面影响，即使本身就是魂器的哈利，同样也无法对它免疫。

9. 魔法石

尼可·勒梅炼制的魔法石，是魔法史上已知的唯一一块。其炼制难度之大，可想而知。连邓布利多、伏地魔这样的超级天才，都无法自己炼制出来。魔法石的功效，除了可以使人长生外，还可以把任何金属变成纯金。正是借助魔法石的力量，尼可·勒梅拥有了无尽的生命和财富。

10. 时间转换器

别看在《哈利·波特与阿兹卡班的囚徒》中，赫敏使用时间转换器就是为了能回到几小时前上更多的课，它的出现，本来就是一个很厉害的设定。当然，同时也是一个大的漏洞，既然可以穿越回去，为什么邓布利多不用它将伏地魔扼杀在摇篮里呢？J. K. 罗琳也意识到了时间转换器的这个漏洞，她后来不停地为这一设定打补丁，最后干脆让它们在神秘事务司之战中全部被毁。

霍格沃茨团体排行榜

在霍格沃茨，有各种各样的团体，有正义的凤凰社、英勇的 D. A.……他们各有各的实力。那么，你会怎么给他们排名呢？让我们一起来看看吧！

第 7 名：高布石俱乐部

高布石是一种在巫师儿童之间流行的游戏，它的玩法类似于麻瓜的弹子游戏，主要区别在于每次失分的时候，获胜的石头就会往失败者的脸上喷射一种难闻的液体。西弗勒斯·斯内普的母亲艾琳·普林斯，曾在学校担任霍格沃茨高布石俱乐部主席兼霍格沃茨高布石队队长。

该俱乐部首次出现是在《哈利·波特与凤凰社》，其中说："七层，魔法体育运动司，包含英国和爱尔兰魁地奇联盟指挥部、官方高布石俱乐部和滑稽产品专利办公室。"既然该俱乐部是教高布石游戏的，平均战斗力自然很低。

第 6 名：调查行动组

调查行动组是霍格沃茨魔法学校成立最晚但门槛最低的俱乐部。它给人的第一印象，像是征用学生来做一些本该由教师完成的调查工作，不仅有一定危险性，还得和一些令人讨厌的家伙一起行动。不过，参加调查行动组也并不容易，可列入高光时刻！首先，调查行动组不是由学生自行选择是否参加，而是采用邀请制。再者，调查行动组拥有惩罚其他同学的权力。最后，入组后还能戴上闪闪发光的小徽章。

第 5 名：魅力俱乐部

魅力俱乐部也可称为魔咒俱乐部，是学习魔咒的一个俱乐部，类似 D. A.，但没有 D. A. 厉害。魅力俱乐部首次出现是在《哈利·波特与凤凰社》中。安吉丽娜告诉哈利，维基·弗罗比舍是魅力俱乐部的一员，维基参加魁地奇选拔赛后表示，如果魅力俱乐部的时间与魁地奇训练的时间有冲突，她会把魅力俱乐部放在第一位。对于魅力俱乐部，书中并没有太多的描述，但是，魅力俱乐部的指导老师如果真的是弗立维教授，那一定很有意思！

第 4 名：决斗俱乐部

决斗俱乐部的第一次集会由洛哈特和斯内普主持。洛哈特举办决斗俱乐部的初衷是扩大自己的声誉，后来他成为圣芒戈魔法伤病医院的永久患者，就再没举办过集会。而在洛哈特失去记忆离开霍格沃茨后，决斗俱乐部可能就自动解散了。

决斗俱乐部存在时间虽然较短，但哈利在那里还是学到了不少本领，如他的招牌咒语——缴械咒。如果你并不害怕物理伤害，甚至想体验一下搏斗的乐趣，那就试试加入决斗俱乐部吧。

第 3 名：鼻涕虫俱乐部

鼻涕虫俱乐部是斯拉格霍恩教授以自己为纽带，联结各方优秀人士的集会行为的戏称。斯拉格霍恩教授通过聚集各领域杰出人士的子弟，以及在魔法界人际关系良好的家族中的孩子，为自己谋得一定的利益。斯拉格霍恩教授在第一次任教时就建立了鼻涕虫俱乐部，在第二次任教时，他又邀请了一些人加入了鼻涕虫俱乐部。该俱乐部既然拥有来自四面八方的优秀人士，实力自然不容小觑。

第2名：邓布利多军

邓布利多军英文缩写为"D. A."，是由哈利·波特带领一批学生为学习黑魔法防御术而开设的防御协会，也是唯一一个由哈利担当领导者的组织。该组织在《哈利·波特与凤凰社》中首次出现，虽然组织取名邓布利多军，但阿不思·邓布利多本人并没有参与该组织的任何活动。开办邓布利多军的设想最先由赫敏·格兰杰提出。

D. A. 的魔法水平，光从"呼神护卫"咒就能看出来。在《哈利·波特与阿兹卡班的囚徒》中，卢平说"呼神护卫"咒远远超过了普通巫师考试水平。而在 D. A. 集训时，有许多五年级甚至四年级的学生都学会了守护神咒，这就可以看出 D. A. 整体能力之强了。

第1名：凤凰社

凤凰社是邓布利多在第一次巫师战争中为了抵抗伏地魔而建立的一个组织。第二次巫师战争伏地魔复活后，邓布利多重建了凤凰社。凤凰社内有许多优秀的巫师，他们坚忍不拔、勇敢无畏，实力非常强。更重要的是，还有邓布利多这位公认的最伟大巫师坐镇。除此之外，小天狼星布莱克、莱姆斯·卢平等人也是凤凰社的代表人物。虽然许多老凤凰社成员都英勇牺牲了，但凤凰社的实力排在首位，当之无愧。

七大魂器是被谁销毁的

1. 汤姆·里德尔的日记

看似普通的空白日记本，实际上是伏地魔在霍格沃茨魔法学校读书时留下来的，其中记录了很多重大事情。伏地魔将它作为一种武器，用来在自己毕业后重新开启学校的密室。后来日记本控制了金妮，再次开启了密室，许多麻瓜出身的学生被蛇怪石化。最后是哈利·波特使用蛇怪的毒牙将其摧毁。

2. 马沃罗·冈特的戒指

这枚戒指其实是冈特的传家宝，后来伏地魔将这枚戒指做成了魂器用以对抗魔法师。最后邓布利多用格兰芬多宝剑摧毁了它。不幸的是，邓布利多的右手也因此中了伏地魔的魔咒。

3. 萨拉查·斯莱特林的挂坠盒

斯莱特林的挂坠盒原本是霍格沃茨创始人之一斯莱特林的遗物，被伏地魔藏在非常难找到的地方，同时还设置了很多障碍。邓布利多经历重重阻碍，却拿到了一个假的。哈利他们不得不重新寻找，最后这个魂器被罗恩·韦斯莱用格兰芬多宝剑摧毁。

4. 赫奇帕奇的金杯

这个魂器由赫奇帕奇制造，不仅制作精美，还拥有神奇的魔法，是作为他们家族的传家宝而存在的。后来被伏地魔抢走，交给他最信任的食死徒莱斯特兰奇保管。最后被哈利·波特用蛇怪的毒牙摧毁。

5. 纳吉尼

原本拥有温柔善良一面的纳吉尼，因为受到诅咒而彻底沦为一条巨蛇，并成为伏地魔的杀人利器。她和伏地魔相遇很早，跟伏地魔有非常深厚的感情。纳吉尼身体十分灵活，战斗力非常强，是伏地魔一件特殊而强大的魂器。最后被纳威·隆巴顿用格兰芬多宝剑杀死。

6. 拉文克劳的冠冕

拉文克劳的冠冕是拉文克劳留下的最后一件遗物。外形是耀眼夺目的王冠，因为拉文克劳给它施了魔法，佩戴者可以变得更有智慧。后来被拉文克劳的女儿偷走，最后被文森特·克拉布用厉火摧毁。

7. 哈利·波特

哈利并非是伏地魔自主选择或制造出来的魂器，那只是一个意外，所以哈利不是一个标准的邪恶的魂器，但是伏地魔对此并不了解。邓布利多知道这件事情并且告诉了哈利，让他杀死伏地魔。哈利为了彻底杀掉伏地魔坦然赴死，不过最后还是被魔咒所救。最后伏地魔的灵魂碎片被消灭，哈利的自我灵魂实现完整。

霍格沃茨魔法学校的四大学院

关于格兰芬多学院，分院帽说："你也许属于格兰芬多，那里有埋藏在心底的勇敢，他们的胆识、气魄和豪爽，使格兰芬多出类拔萃。"

关于赫奇帕奇学院，分院帽说："你也许属于赫奇帕奇，那里的人正直忠诚，赫奇帕奇的学子们坚忍诚实，不畏惧艰辛的劳动。"

关于拉文克劳学院，分院帽说："如果你头脑精明，或许会进智慧的老拉文克劳，那些睿智博学的人，总会在那里遇见他们的同道。"

关于斯莱特林学院，分院帽说："也许你会进斯莱特林，也许你在这里交上真诚的朋友，但那些狡诈阴险之辈却会不惜一切手段，去达到他们的目的。"

格兰芬多学院（Gryffindor）

格兰芬多学院由戈德里克·格兰芬多创办，院长是麦格教授。该学院崇尚勇敢、活力、骑士精神，代表颜色为红色、金色，火是它的象征元素，动物标识为狮子，常驻幽灵是差一点就失去脑袋的尼克。

格兰芬多人以"决斗"闻名，他们十分看重荣誉，也有极高的忍耐力，他们愿意为了正义而置生死于度外。他们的学生一般都很有主见，勇敢无畏，喜欢冒险，敢于挑战权威，为了朋友会奋不顾身；但他们也有一个缺点，不怎么遵守规矩，比如哈利、韦斯莱双胞胎他们经常违反校规。

"哈利·波特"系列大部分主角都在格兰芬多学院，比如哈利一家人、赫敏、罗恩一家人、邓布利多、卢平、小天狼星等。

赫奇帕奇学院（Hufflepuff）

赫奇帕奇学院的创办者是赫尔加·赫奇帕奇，院长是斯普劳特教授。正直、忠贞、诚实、不畏艰辛为该学院的精神，代表颜色为黄色、黑色，土是它的象征元素，动物标识为獾，常驻幽灵是胖修士。这个学院在四大学院中最低调，主张众生平等，可以接纳所有的人和动物。

赫奇帕奇学院择生条件为忠厚诚实，他们的学生性格温和、待人诚恳，不会去做违背道德的事情，守规矩、有原则。正因如此，赫奇帕奇的学生有时候会被其他学院的人欺负，甚至有人认为他们是"饭桶"。但是我们始终要相信，正直善良的人，是这个世界最需要的，因为有他们存在，世界才会和平、美好。

赫奇帕奇学院典型的代表人物有知恩图报的塞德里克·迪戈里和可以自由改变自己容貌的尼法朵拉·唐克斯。

拉文克劳学院 （Ravenclaw）

拉文克劳学院的创办者是罗伊纳·拉文克劳，院长是弗立维教授。学院精神为机智、心思敏捷以及博学，代表色为蓝色、青铜色，风是它的象征元素，动物标识为鹰，常驻幽灵为格雷女士。

拉文克劳的学生都很智慧、博学，他们脑子灵活，具有超高的智商，好奇心强，喜欢研究新事物，也很有远见。除了哈利的初恋女友秋·张，卢娜也是拉文克劳学院的代表人物。

斯莱特林学院 （Slytherin）

斯莱特林学院的创办者是萨拉查·斯莱特林，院长是斯内普教授。该学院信奉为达目的不择手段，代表色为绿色、银色，水是它的象征元素，动物标识为蛇，常驻幽灵为血人巴罗。斯莱特林学院的择生条件是血统纯正，意志坚强，有野心。它们的传统对手是格兰芬多学院。

斯莱特林学院的名声不是很好，因为大部分反派都出自这里，比如汤姆·马沃罗·里德尔，即后来的伏地魔。食死徒中的大部分也是来自斯莱特林学院。但并不能说来自斯莱特林学院的巫师都是坏的，比如最后良心发现，亦正亦邪的德拉科·马尔福，还有深爱哈利母亲、暗中保护哈利的斯内普，他们也是斯莱特林学院的典型代表人物。

古代东方神话志怪作品盘点

早在几千年前，亚洲就孕化了人类早期神话。在古代的东方世界，不同国家的文化彼此碰撞、互相渗透，众多民族的神话相互影响，共同繁荣，为世界神话志怪宝库提供了大量瑰宝。

中国

《搜神记》：东晋著名史学家干宝所撰，原本散佚，今本系后人缀辑增益而成，共二十卷，四百多个故事。集我国古代神话传说之大成，开创了我国古代神话小说先河。

此书以辑录鬼怪神仙故事为主，如神仙术士的变幻、精灵物怪的神异等，其中相当一部分故事取材于西汉流传下来的历史神话传说和魏晋时期的民间故事。故事大多篇幅短小，情节简单，设想奇幻，极富浪漫主义色彩，对后世影响深远。其中《干将莫邪》《李寄》《韩凭夫妇》《吴王小女》《董永》等，在一定程度上反映了古代人民的生活和情感，揭露了统治阶级的残酷，歌颂了反抗者的斗争，常为后人称引。

《广异记》：唐朝戴孚所撰大型志怪传奇小说集。约四十五篇传奇作品，内容涉及豪侠、法术、公案、异遇、情缘、世态等诸多方面。

作品虽上承六朝志怪模式，但各方面技法都有进步，其"以志怪之体而用传奇之法"，堪称初唐小说由志怪演进为传奇的代表。作品具有较高艺术水准，人物性格鲜明，情节曲折多变，场景描写细腻，语言风趣幽默，对后世文学创作有深远影响。

《幽明录》：南朝宋宗室刘义庆集门客所撰，三十卷。南北朝志怪小说中篇幅较大的一种，亦作《幽冥录》《幽冥记》。

该书根据前人旧说纂辑而成，所记皆为神鬼怪异故事。原书已失传，鲁迅《古小说钩沉》中辑集佚文二百六十多篇。故事体裁多样，战争、死亡、疾病、饥饿、婚恋等是书中重点表现的主题。

《幽明录》在继承传统仙怪作品基础上有一定发展和创新：篇幅有明显增长，有的已有一千多字；神怪形象多具人情，和易可亲，极富现实性；许多作品叙事具有抒情写意的诗化特征，有的穿插诗歌，使作品充满了诗情画意。

朝鲜

《新罗殊异传》：朝鲜志怪小说的源头，大约出现于新罗末高丽初。

《新罗殊异传》的原本已散失，其十三篇遗文分别收录在《太平通载》《大东韵府群玉》等典籍中。关于《新罗殊异传》

的作者，《大东韵府群玉》作者权文海（1534—1591）认为是新罗末期的著名文人崔致远（857—?），而《海东高僧传》作者觉训（高丽中期高僧）则认为是高丽早期文人朴寅亮。《新罗殊异传》中大部分作品系转录鬼怪灵异、求仙得道之事，除极少数作品像个人创作外，多以当时民间故事为基础，经文人记录、加工而成，应是在中国志怪小说影响和朝鲜叙事文学创作长期积累下的产物。

《三国遗事》：朝鲜古籍中的一部重要史书，记录了古朝鲜三国（新罗、高句丽、百济）的遗闻逸事，作者是高丽王朝的佛教僧侣一然。

这是朝鲜半岛继《三国史记》之后的第二部史书，从书名的"遗事"两字可以看出，作者是刻意收集《三国史记》遗漏之事加以记载。

全书记述了自檀君开国至新罗灭亡三千多年的历史，其中包含了许多古朝鲜建国神话和神异的民间传说，内容涵括政治、经济、宗教、民俗、文学等各方面。全书分五卷九篇，篇目分别为《王历》《纪异》《兴法》《塔像》《义解》《神咒》《感通》《避隐》《孝善》。

日本

《怪谈》：日本灵异文学的代表作品，学者小泉八云（1850—1904）所撰的怪谈小说故事集。

全书透过鬼眼看人生，描绘了神秘幽玄中的世态炎凉和人间的诸多无奈。

书中故事，有的来自历史，比如琴师芳一为战败而死的冤魂演奏琵琶的故事；有的取自民间，比如天狗和雪女的故事；有的则取材自中国的文学典籍，比如《牡丹灯笼》《梦应之鲤》；还有部分神话传说。作品弥漫着日本传统文学的独特韵味，有着浓厚的日本乡土色彩，其语言或诙谐，或警示，或讽喻，丰富多彩，又呈现出东西方文明交融的美学境界。

《百物语》：被誉为"日本的《聊斋志异》"，借用日本传统招鬼游戏"百物语"怪谈会，将兴盛于江户时代的种种怪谈"绘"聚其中。作者兼整理者杉浦日向子（1958—2005）是漫画家和作家，也是江户风俗研究方面的权威。

书中共讲述了九十九个怪谈故事，一个个黑暗中孤独而寂寞的故事，奇诡而幽微，深得日本文学之三昧。这些故事反映了人世间的悲欢离合，描述了人们的喜怒哀乐，体现了当时人们生活的方方面面。阅读这本书，不但可以领略江户味极浓的日本风情，还可以欣赏日本第二代女性漫画大师浮世绘般的文艺画风。

印度

《摩诃婆罗多》：印度古代梵文叙事诗，印度古代的百科全书，与《罗摩衍那》并称为印度两大史诗。主要故事形成约在公元前10世纪，现存本约形成于公元前4世纪到公元4世纪，据传由毗耶娑编写定本。书名意为"伟大的婆罗多王后裔"。

全书分正文十八篇、附录一篇，以列国纷争时代的古印度社会为背景，叙述了婆罗多王后裔俱卢族和般度族争夺王位继承权的斗争。这部史诗规模宏大、内容庞杂，包含了丰富的民间传说、寓言、童话和神话，是印度文学的宝贵遗产。

《罗摩衍那》：印度古代梵文叙事诗，被称作"最初的诗"，与《摩诃婆罗多》并称为印度两大史诗。原为民间口头创作，在长期流传中屡经增润，相传最后由印度诗人蚁垤编写定本。书名意为"罗摩的历险经历"或"罗摩游记"。

全文共分七卷，内容涉及宗教信仰、政权更迭、家庭伦理等各个方面，是全面了解印度上古社会的必读书。主要情节取自《摩诃婆罗多》的一个插话——《罗摩传》，以阿逾陀国王子罗摩和他的妻子悉多的悲欢离合为主线，表现了印度古代宫廷内部和列国之间的斗争。在写作上以朴素之语为主，藻饰之语渐多，对自然景色、战斗场面的描绘极具敏感性与独特性。

越南

《岭南摭怪》：越南古代书籍，用汉语文言文编成，内容以民间流传的神话故事为主。原作者、编写时间等不详。

中国学者戴可来指出："大约正因为该书许多故事渊源于中国，广泛流传于五岭山脉以南的'岭南'地区，所以就名之曰《岭南摭怪》。"除了取材于中国志怪传奇、记录越南古代习俗和民间传说外，该书还有部分内容源自印度神话。

泰国

《昆昌与昆平》：泰国长篇叙事诗。原为口头流传的民间说唱故事，发源于素攀地区。阿瑜陀耶王朝二世王时期搜集整理，写成长诗。1767年缅甸军队攻陷阿瑜陀耶城时散失。曼谷王朝拉玛二世时期由宫廷诗人据残存材料和艺人口述，陆续补充编写成书。

长诗展现了古代泰国青年恋爱故事及城市社会生活。情节引人入胜，人物形象生动，语言简洁有力，被泰国政府列为文科教材，家喻户晓。

值得一读的经典魔幻小说

《爱丽丝梦游仙境》

自从1865年出版之后，《爱丽丝梦游仙境》就没有停印过，常年荣登畅销书榜单，甚至连英国女王、披头士、王尔德都是它的狂热粉丝。许多童话故事的开头都是"很久很久以前"，而《爱丽丝梦游仙境》的故事始于一个金色的下午。

1862年7月的一个午后，作者刘易斯·卡罗尔带着邻居家的女孩们划着小船，沿着泰晤士河一路游玩。途中，活泼好动的三个小女孩早早地就失去了耐心，吵闹着要刘易斯·卡罗尔给她们讲故事。经不住孩子们的央求，刘易斯·卡罗尔开始以邻居家排行第二的小女孩爱丽丝为主人公，编起了故事。小船一路行进，刘易斯·卡罗尔的故事也越来越精彩。等到船靠岸的时候，小姑娘们已经完全听得入了迷。爱丽丝央求他把说的故事写下来，于是才有了我们如今读到的《爱丽丝梦游仙境》。

曾是牛津大学的数学讲师的刘易斯·卡罗尔性格不算外向，还有先天性的口吃，据说《爱丽丝梦游仙境》中的渡渡鸟原型就是口齿不太清晰的作者自己。

《爱丽丝梦游仙境》以诙谐幽默、生动有趣的语言引领着读者跟随真诚、善良又聪慧的爱丽丝，穿越充满野趣和惊奇的仙境。故事开始于百无聊赖的爱丽丝发现了一只揣着怀表、会说话的白兔。爱丽丝好奇地一路尾随白兔钻入兔子洞中。在洞中，爱丽丝发现了一个瓶子。在确认了瓶子里装的不是毒药后，爱丽丝才喝下它。原来这是瓶能让人缩小的药水。此后，爱丽丝便与作品中的其他小伙伴们一同开始了神奇有趣的旅程。在探险的同时，爱丽丝也不断认识自我、不断成长。

《魔戒》三部曲

1954—1955年出版的《魔戒》三部曲是英国作家约翰·罗纳德·瑞尔·托尔金创作的长篇奇幻小说，包括《护戒同盟》《双塔奇兵》和《王者归来》三部，被公认为近代奇幻文学的鼻祖。出生于1892年的托尔金在牛津大学教授盎格鲁-撒克逊语、古冰岛语和中世纪威尔士语，是《牛津英语词典》的编纂者之一。

作品中，托尔金构建了一个有着史诗般恢宏的奇异的魔幻世界——中土世界，那里生活着各种族类，有热爱和平、生性悠闲的霍比特人，有胡须长长的巫师，有人类，有精灵族，还有爱财的矮人族，头发蓬乱、有语言天赋的恩特（树人）及奥克斯（半兽人）。他们中有善也有恶。作者还为中土的人们发明了昆雅语、辛达林语，让矮人、霍比特人吟诗歌唱。其中，人类并没有占据主要地位。托尔金似乎更愿意看到其他各种生物，比如小精灵、小矮人与人类共存的画面，而不是人类砍伐树木、制造机器，成为地球的主宰。

《魔戒》故事从第三纪元，一枚魔戒意外落入喜爱大自然、享受安逸的霍比特人手中开始。第一纪元时，黑暗魔君索伦借着魔戒建立了庞大的黑暗王国，整个中土世界都被邪恶势力控制。过了两千多年，人类和精灵联合，打算消灭黑魔王，结果两败俱伤，人皇和精灵王都战死，索伦也败亡，魔戒则失去下落。不过，索伦的肉身虽然灰飞烟灭，他的灵魂并没有散失。隐匿很长一段时间后，到了第三纪元，他转生重现，四处搜寻这枚至尊魔戒，准备重整霸业，一统天下。

魔戒具有腐蚀人心的致命力量。魔王得到它，会变得更加邪恶；贤者、善者拥有它，也会不由自主受其操纵而变得诡诈丑恶。因此几位关注世界安危的重要人士商议后，决定摧毁这枚魔戒；而只有在铸造魔戒的地方——魔王之境的末日火山，才能摧毁它。于是由巫师、霍比特人、人类、精灵、矮人等组成九人魔戒远征队，护送魔戒持有者前往魔窟，一场困难重重又惊险万分的黑暗之旅就此展开……

《纳尼亚传奇》系列

《纳尼亚传奇》的作者克莱夫·斯特普尔斯·刘易斯生于1898 年，26 岁就登上牛津大学教席，一直在牛津和剑桥两所顶级名校任教。他毕生研究文学、哲学、神学，对中古及文艺复兴时期的英国文学造诣尤深，堪称英国文学巨擘。他也精通北欧神话，特别擅长讲故事，以至于二战时期英国军事情报局秘密请他为对冰岛的公关事务提供协助。当时，BBC（英国广播公司）为了振奋战时英国人的情绪，也不断邀请刘易斯在广播上宣讲。20 世纪 30 年代，刘易斯常和同在牛津大学任教的托尔金在牛津大学附近的小酒馆聊天，分享彼此的一些稀奇古怪的想法，并相约写一部奇幻史诗。

1950 年，刘易斯发表奇幻小说《狮子、女巫和魔衣柜》，受到广大读者欢迎。此后六年间，他继续以故事中的纳尼亚王国为背景，叙述魔法王国纳尼亚的兴亡，每年一本，形成了奇幻文学巨著《纳尼亚传奇》。其中 1956 年出版的《最后一战》一书，为他赢得了英国儿童文学的最高荣誉"卡内基文学奖"。

《纳尼亚传奇》共七本，分别为《狮子、女巫和魔衣柜》《魔法师的外甥》《凯斯宾王子》《黎明踏浪号》《银椅》《能言马与男孩》《最后一战》。七本书并不完全按时间顺序排列，它们相互关联又各自独立，构建了一个完整、恢弘的平行世界。每一本都有新的成长故事，有不同的孩子加入，担负他们的使命。

故事中的纳尼亚王国是一个神秘奇幻的世界。故事中，小主人公们或凭借一枚魔法戒指，或通过一扇衣柜大门，或通过一幅画等奇妙方式进入这个奇幻世界。他们通过英勇的冒险，与暴君、女巫斗智斗勇来拯救纳尼亚的人们。书里有会说话的动物精灵鼠、半人马、巨龙、树精、地精和人鱼，有善良的羊怪和小矮人，还有伟大的狮王阿斯兰。在它们的帮助下，小主人公们通过英勇的冒险和战斗，一次次战胜邪恶，保卫了这个神奇而充满欢乐的国度。

《纳尼亚传奇》集神话、童话和传奇于一体，是为儿童创作的作品。作者笔下的人物都不是"完美小孩"，个性鲜明，各有弱点，会犯错，会相互争执，也可能受人欺负，就是现实世界中大多数孩子的真实样子。这让小读者们阅读起来更有亲切感。更重要的是，故事以正义与邪恶的斗争为线索展开，阐述了一个十分宏大的主题——"拯救"，传达了一种积极的信念：博爱、亲情、善良和正义等，是真正能够"拯救"罪恶和堕落的强大力量。

《永泊镇》系列

2017 年澳大利亚作家杰西卡·汤森出版了她的处女作——奇幻小说《永泊镇》第一部，此后这本书便在欧美不断获得各种奖项与推荐。该系列先后售出了 36 个国家的版权，连续四周登上《纽约时报》畅销书榜单，并荣获 2017 年亚马逊年度童书、2018 年水石书店童书奖等诸多奖项，在全球范围内掀起了新一阵的奇幻狂潮。作者杰西卡·汤森曾做过八年广告文案撰稿人，也为澳大利亚著名环保人士史蒂夫·欧文的澳大利亚动物园儿童野生动物杂志做过编辑。

《永泊镇》中文版目前共有六册：《烟与影的追猎者》《奇迹选拔赛》《奇迹社团的秘密》《最后的考验》《地下九层学院》《失控的城镇》。作品讲述了这样一个故事：主人公茉莉安是大狼邦唯一记录在册的被诅咒儿童，被诅咒活不过十一岁，所有人包括她的家人都不喜欢她，视她为厄运之源，对她避之不及。十一岁生日这天，一个名为朱庇特的神秘陌生男子出现在她面前，帮她逃离狼影杀手的追踪，带她乘坐蜘蛛车来到了充满魔法和神秘色彩的奇幻世界——永泊镇。

永泊镇，是茉莉安从没听过的地方，无数人梦想中的自由之地。在永泊镇处处都是意外和惊喜：会自己生长的饭店和房间、奇迹社团、伞轨车、诡计巷道、夏日市集，等等。这个城市拥有自己的生命，普通人、奇迹动物、吸血鬼……和谐融洽地生活在这里，城市依靠"奇迹能"运转、变化，居住在这里的人，也在用他们的天赋为城市创造奇迹。但这座城市再好，对茉莉安这个"非法偷渡"者而言，也非久居之地。茉莉安必须和几百个天赋异禀的少年一起竞争，只有赢得胜利，成为魔法组织奇迹社团的一员，才不会被驱逐出境。这也开启了茉莉安不断发现自我、超越自我的成长之旅。

《永泊镇》是一部构思精巧的儿童奇幻小说。它立足于庞大的"奇迹"世界观，故事的两条线索清晰可见：首先是茉莉安解开永泊镇奇迹社团背后的秘密，其次则是茉莉安从一个被人疏离的"被诅咒女孩"成长为有独立人格的"奇迹锻工"。从一个从小被周围人厌弃的孩子，到苦苦追寻奇迹锻工真相的女孩，茉莉安遇到了生命中的救星——奇迹社团成员朱庇特，遇到了忠实的伙伴——驭龙者霍桑。当然成长的路上并不容易，茉莉安也遇到了反派人物——隐藏在黑暗中的恶魔斯考尔。经过种种考验，茉莉安证明了她的勇气、坚韧、智慧与真诚。她没有被大人的偏见、同伴的嘲讽，以及深刻的自我怀疑击垮，而是鼓足了劲，勇敢地和她所认定的邪恶抗争，与藏在思想深处的疑惑和解，追寻内心一直渴求的真相，坚守患难与共的真情。

《碟形世界》系列

《碟形世界》系列的作者是英国奇幻小说作家特里·普拉

切特（1948—2015），英国前首相卡梅伦称其作品"点燃了数百万人的想象"。特里·普拉切特是英国国民级作家，他一生获奖无数，包括世界奇幻奖终身成就奖、星云奖、卡内基文学奖等，有"幻想小说家超级巨星"之称。除此之外，特里·普拉切特还保持着一个有趣的记录，即他是"全英国图书馆和书店被偷了最多书的作家"。

普拉切特生前谈到自己的作品时曾表示，奇幻小说的重点不是魔法，而是以另一种角度看世界。1983年他创作了《碟形世界：零魔法巫师》，"碟形世界"由此诞生。此后三十多年，普拉切特继续创作《碟形世界》系列，截至2015年，共出版41本。"碟形世界"热不仅燃烧英国，也随之席卷全球。目前，《碟形世界》已被翻译成37种语言出版，全球畅销超过8500万册。

所谓"碟形世界"，是一个置于巨龟之上的世界，是普拉切特用想象力为读者搭建的一个光怪陆离的平面世界。所有的故事都发生在这个像碟子一样的世界中。在这里，魔法是基本元素，老鼠和猫有可能会开口讲话，不会魔法的巫师能拯救世界，现代文明在传播，城市卫兵屡破奇案……《碟形世界》系列的每一本，都可以作为单独的故事阅读。在偌大的碟形世界里，每个角色都可以是光环加身的主角，每个地名都隐藏着精彩的故事。

不同于以托尔金为代表的严肃奇幻，普拉切特的《碟形世界》系列以卓绝的幽默和奇妙的讽刺著称。作品打破常规，从文学经典、奇幻名著和各国神话传说、民间故事中汲取灵感，甚至从好莱坞电影那里"借用"概念，带领我们从被忽略的人物视角去重新审视人类社会，对现实世界中一些不合理现象进行辛辣的嘲讽，其诙谐的语言，令人忍俊不禁，连连叫绝。正如《卫报》所评价的，特里·普拉切特不是在创造另一个世界，而是在重新想象我们的世界。那些被我们忽略的、遮蔽的部分，都被特里·普拉切特重新呈现出来。

8 考点速记

1. 本书中死亡圣器指（老魔杖、复活石、隐形衣）。

2. 死亡圣器故事里的三兄弟是（佩弗利尔）家族的成员。

3.《哈利·波特与死亡圣器》为英国女作家（J. K. 罗琳）的作品——"哈利·波特"系列小说中的第（七）部。

4. 哈利·波特就读于（霍格沃茨）魔法学校，该校分为（格兰芬多、赫奇帕奇、拉文克劳、斯莱特林）四大学院。

5. 书中打入敌人阵营的最大间谍是（斯内普）。

6. 哈利·波特通过（国王十字车站）的九又四分之三站台去（霍格沃茨）魔法学校。

7. 哈利·波特身边对抗最大反派（伏地魔）的组织是（凤凰社）。

8. 新生入学第一件事情就是戴上（分院帽），（分院帽）会根据学生的性格来判断他或她该属于哪一个学院。四个学院皆有其代表（颜色）与动物，校徽上有四个学院的代表动物。每一个学院都有常驻于该学院的（幽灵）。

9. 霍格沃茨校训——霍格沃茨校徽下的拉丁文是（"永远不要逗弄一条睡着的龙"或"眠龙勿扰"），校徽形如盾牌部分称为纹章，由象征四个学院的动物（红底金狮 格兰芬多学院）、（蓝底铜鹰 拉文克劳学院）、（黄底黑獾 赫奇帕奇学院）和（绿底银蛇 斯莱特林学院）组成，环绕着"霍格沃茨"的首字母"H"。环绕着盾牌的是写着（校名）和（校训）的两条绶带。两个部分统称饰章。在霍格沃茨特快列车等处都有霍格沃茨的饰章。

10. 被关进地牢后，哈利用魔镜的碎片向（多比）求救。他们杀死（虫尾巴）后迅速逃跑，没有遇上正匆匆赶来的伏地魔，可惜的是（多比）被杀。

11. 邓布利多的弟弟是（阿不福思·邓布利多），妹妹是（阿利安娜·邓布利多）。

12. 《哈利·波特与死亡圣器》中的"铁三角"是（哈利·波特）（赫敏·格兰杰）与（罗恩·韦斯莱）。

13. 伏地魔原名（汤姆·马沃罗·里德尔），是英国作家 J. K. 罗琳的奇幻小说"哈利·波特"系列中的最强敌人，有"（史上最危险的黑巫师）"之称，一般人不敢直呼伏地魔之名，而且这个名字在后期甚至被下了咒语来保护，一旦有人说出就会打破魔法屏障，引起伏地魔的追随者（食死徒）追踪。于是人们便以"（神秘人）""（那个连名字都不能提的魔头）"或"（黑魔王）"称呼他。

14. 阿不思·邓布利多在霍格沃茨魔法学校学习期间分在（格兰芬多）学院。

15. 邓布利多的死亡可以说是他自己一手策划的，为了保护（马尔福）的灵魂和保全双面间谍（斯内普），还有一个原因是（让自己不败而死，让老魔杖的力量消亡）。

16. （多比）是《哈利·波特》小说系列和电影系列中马尔福家的家养小精灵。

17. 书中结尾赫敏嫁给了（罗恩），哈利娶了（金妮）。

18. 哈利·波特的父亲是（詹姆·波特），母亲是（莉莉·波特）。

19.《哈利·波特与死亡圣器》中伏地魔的第七个魂器是（哈利·波特），其中一直跟随伏地魔的魂器是巨蛇（纳吉尼）。

20. 老魔杖，（死亡圣器）之一，持有者凭借该杖可以拥有极大的法力。老魔杖又名死亡棒、命运杖，或（接骨木魔杖），传说是死神用一根接骨木做成。

21. 死亡圣器的传说见于赫敏的书（《诗翁彼豆故事集》）中的（《三兄弟的传说》）。

22. 复活石，死亡圣器之一，存在于哈利身边的（金色飞贼）中。

23. 隐形衣，死亡圣器之一，佩弗利尔三兄弟中的伊格诺图斯所有，（哈利）是伊格诺图斯的后代，所以有隐形衣。

24. 死亡圣器的最初拥有者是佩弗利尔三兄弟，分别是（安提俄克、卡德摩斯和伊格诺图斯）。

25. 霍格沃茨的现任校长是（西弗勒斯·斯内普）。

26. 食死徒是（伏地魔）党羽的称号，他们都是（黑魔王）的支持者和信徒。

27.《哈利·波特与火焰杯》中，伏地魔在（小矮星彼得）的帮助下重生。

28.《哈利·波特与死亡圣器》中，七个"哈利"离开女贞路4号，（海格）带着真哈利骑着轻型摩托车成功逃离食死徒的包围圈，安全转移。

29.《哈利·波特与死亡圣器》中，为了帮助哈利成功转移，（疯眼汉）不幸牺牲。

30. 邓布利多留下的遗嘱中，赠予罗恩的物品是（熄灯器），赠予赫敏的物品是（《诗翁彼豆故事集》），赠予哈利的物品是（金色飞贼）和（格兰芬多的宝剑）。

31. 伏地魔的势力占领了魔法部，哈利与罗恩、赫敏逃离陋居后，在（格里莫广场 12 号）暂时躲避起来。在这里，他们找到了小精灵克利切。

32.《哈利·波特与死亡圣器》中，哈利在一头银色牝鹿的指引下找到了（格兰芬多的宝剑），哈利跳进池塘拿宝剑时却被挂坠盒勒住了脖子，是（罗恩）救了垂死的哈利。

33.（斯内普）一直深爱着哈利·波特的母亲，并且一直默默保护着哈利。

9 阅读笔记

1.《哈利·波特与死亡圣器》是整个小说系列的终结篇，交代了所有重要人物的最终命运。请列出文中主要人物和人物代表事件，并对人物进行简要评论。

2. 巧妙的构思让情节引人入胜，结合《哈利·波特与死亡圣器》的故事情节，请分析作者的构思技巧。

3. 请用100字以内的文字向朋友推荐这部小说。

4. 剥除小说中琳琅满目的魔幻道具，《哈利·波特与死亡圣器》讲的全是我们怎么从懵懂少年走向义勇青年的成长故事。请谈谈你的感悟。

5. 如果穿越到小说中，你最想成为哪个人物，最想拥有怎样的魔法？

文字作者

黄 菲

副编审，资深媒体人、作家，"百万大刊"《时代邮刊》主编，湖南省期刊协会副秘书长，湖南大学新闻与传播学院业界导师。获评"湖南省优秀中青年出版工作者"，策划、撰写湖湘人文地理系列图书《芳菲湖南》《泱泱湖南》《巍巍湖南》。

张 琼

北京师范大学教育硕士，高级教师，任教于长沙市明德中学。致力于引领学生享受语文学习之乐，在各类报刊发表文章多篇。

奚在银

四川省教育厅"全民阅读·书香校园"阅读活动名著板块策划人及推广人。策划出版多种读物和学术类图书。

刘一苇

广东交通职业技术学院教师，广东省示范性社区教育基地项目主持人，校园导读活动策划人；法学硕士，执业律师。

胡晨曦

资深媒体人、作家，少儿期刊编辑；国家二级心理咨询师。策划的栏目获中国少儿报刊协会二等奖，采写的报道获湖南省教育厅优秀新闻作品一等奖。

二月二（叶娅丽）

中学语文教师，少儿读物出版策划人，省级中小学阅读推广项目策划人。著有《太空历险》《初中奇妙作文课》等。

蒋芳仪

北京师范大学文艺学硕士，资深编辑、作家，《读者》《青年文摘》特约作者。著有《红楼梦故事》《多彩汉语》《遇见旗袍》等。

何淋淋

少儿类图书出版策划人、书店主理人。策划主持"湖南百所乡村学校文化建设""李欣频的人生学校"等项目。

石上（石立军）

作家，少儿图书出版人，《青春》《生活周刊》专栏作者。发表多部短篇小说。

视频作者

朱　敏

中南大学传播学硕士，主任记者，长沙市文联网络文艺发展中心文学编辑；湖南省作家协会、湖南省文艺评论家协会、湖南省报告文学学会会员。

刘　琴

高级教师，湖南省作家协会教师作家分会理事，"刘琴初中语文名师工作室"首席名师，"全国百名初中班主任之星"，湖南省教育厅"初中未来教育家"培养对象。

刘　利

高级教师，秉持"培育真人，教活语文"的教育理念，教学业绩优异，教学成果丰硕，被誉为"沅江教育的领头雁"。

田　璐

武汉市优秀青年教师，湖北省东西湖区语文学科带头人，湖北省黄鹤英才黄群芳名师工作室、东西湖区李浩文名师工作室骨干成员。

左　琦

长沙市卓越教师、长沙市优秀教师，长沙市作家协会会员。获 2020 年新体系作文微课创意设计大赛特等奖，多篇论文获省级奖项。

李玉辉

中学语文教师。文学作品散见于《星星诗刊》《小小说选刊》等报刊，有作品入选《2016 中国年度散文诗》。

孙建东

中学语文教师，湖北省十堰市作家协会会员，南阳楹联协会会员、南阳灯谜协会会员。

曹中御

湖南教育报刊集团中小学生阅读推广人，多次策划大型阅读推广活动、中小学研学实践活动。

王自洋

"一起学语文"平台联合创始人，《语文报》特邀专栏作者。原创课程"文言文那些事""大话水浒"等，网络阅读量达百万。

滕晓丽

中学语文教师，一级教师，"刘琴初中语文名师工作室"成员。多次指导学生参加各级作文竞赛，获优秀辅导奖。

陈思呈

作家，《文汇报》《瞭望东方周刊》《三联新闻周刊》《时代邮刊》等媒体专栏作者。著有《私城记》《我虚度的那部分世界》《每一眼风景都是愉快的邀请》《一走就是几万里》等作品。